Dietz Berlin / Theorie

Éric Pineault

Die soziale Ökologie des Kapitals

Aus dem Englischen von Christian Frings

Dietz Berlin

Diese Publikation wurde unterstützt durch die Rosa-Luxemburg-Stiftung
und gefördert mit Mitteln des Auswärtigen Amtes der Bundesrepublik Deutschland.

ROSA LUXEMBURG STIFTUNG

Editorische Notiz
Da in der englischen Sprache die Bezeichnungen für handelnde Subjekte in vielen Fällen keine Angabe des Geschlechts beinhalten, die deutsche Sprache sie aber in der Regel enthält, werden in der deutschen Übersetzung abwechselnd verschiedene Geschlechter gebraucht, worunter immer alle zu verstehen sind; es sei denn, aus dem Kontext ergibt sich eine geschlechtsspezifische Aussage.

Bibliografische Informationen der Deutschen Nationalbibliothek.
Die Deutsche Nationalbibliothek verzeichnet diese Publikation in der Deutschen Nationalbibliografie; detaillierte bibliografische Daten sind im Internet über http://dnb.dnb.de abrufbar.

Die englische Originalausgabe ist erschienen bei Pluto Press, London, www.plutobooks.com, unter dem Titel »A Social Ecology of Capital«,

1. Auflage 2025

Franz-Mehring-Platz 1, 10243 Berlin
info@dietzberlin.de

Gestaltung: Andreas Homann
Satz: Kerstin Davies
Druck und Bindung: Interpress Budapest
Printed in Hungary
ISBN 978-3-320-02423-9

ÉRIC PINEAULT ist Professor am Department of Sociology und am Institute of Environmental Sciences an der Université du Québec à Montréal. Seine Forschungsschwerpunkte umfassen Finanzinstitutionen, extraktive Ökonomien, ökologischen Wandel und Postwachstum.

SIMON SCHAUPP ist Soziologe. Er forscht und publiziert zu ökologischer Krise, Digitalisierung und Arbeit. Im Jahr 2024 erschien sein Buch »Stoffwechselpolitik. Arbeit, Natur und die Zukunft des Planeten« im Suhrkamp Verlag.

CHRISTIAN FRINGS ist Autor und Übersetzer, unter anderem von David Harvey. Seit den 1970er-Jahren beschäftigt er sich mit der Kritik der politischen Ökonomie von Karl Marx und Fragen der globalen Klassenkämpfe.

Inhalt

Vorwort

»Stoffwechsel? Das ist ja eine lustige Metapher!« So oder so ähnlich reagieren viele Menschen, mit denen ich über die materielle Dimension des Wirtschaftens spreche. Wenn mein Gegenüber sich dann von meinen Beteuerungen nicht überzeugen lassen will, dass es sich durchaus nicht nur um eine Metapher handelt, sondern das gesellschaftliche Naturverhältnis tatsächlich als ein Stoffwechsel verstanden werden kann, reagiere ich immer gleich: »Lest Pineault.«

Denn das ist die zentrale Botschaft von »Die soziale Ökologie des Kapitals«: Gesellschaft besteht nicht nur aus Diskursen, Institutionen und Symbolen, sondern aus der Organisation von Material- und Energieströmen. Und diese stofflichen Prozesse lassen sich nicht nur in vagen Metaphern andeuten, sondern tatsächlich messen. So bedeutet etwa »Wirtschaftswachstum«, dass zwischen 1970 und 2023 das Gesamtvolumen der weltweit extrahierten Naturstoffe um den Faktor 3,8 anschwoll. Auf 104 Gigatonnen (Gt). Damit sind die Ströme von Materie, die durch Kapital in Bewegung gesetzt werden, in ihrer Größenordnung mit der gesamten Nettoprimärproduktion der planetaren Biomasse vergleichbar (120 Gt). Entgegen der Rede von einem »immateriellen« oder »kognitiven« Kapitalismus[1] macht Pineault deutlich, dass es kaum etwas immaterielles am Wirtschaftswachstum gibt. Für ihn besteht Wirtschaft aus Extraktion, Verarbeitung, Konsumtion und Dissipation von Materie. Ein Stoffwechsel im engen Wortsinn.

Um diesen Stoffwechsel in den Blick zu nehmen, bezieht sich Pineault stark auf die Wiener Schule der Sozialökologie und deren Instrumente der Material- und Energieflussanalyse (MEFA). Auf Grundlage umfassender Datenerhebungen wird dabei genau angegeben, wie viel Naturstoffe, wie etwa Biomasse, Eisenerze oder Sande extrahiert und verarbeitet werden. Die Material- und Energieflussanalyse kann verstanden werden als eine Art Ideologiekritik mit naturwissenschaftlich-statistischen Methoden. Denn sie wird explizit als Alternative zu den gängigen monetären Messgrößen der Wirtschaftswissenschaften, allen voran dem Bruttoinlandsprodukt (BIP), entwickelt. Damit legt sie die stoffliche Basis des

1 Vgl. Michael Hardt/Antonio Negri: Empire. Die neue Weltordnung, Frankfurt a. M. 2003; und Andreas Reckwitz: Das Ende der Illusionen. Politik, Ökonomie und Kultur in der Spätmoderne, Berlin 2019.

Wirtschaftens offen, zeigt, dass hinter jedem Euro, um den das BIP eines Landes anschwillt, die Bewegung von Materie und Energie steht – mit den entsprechenden ökologischen Konsequenzen. Denn die bodenständig naturwissenschaftliche MEFA entzaubert das Märchen vom immateriellen Wirtschaftswachstum ebenso wie jenes von der perfekten Kreislaufwirtschaft. Der Schlüsselbegriff hierfür ist die Entropie: Dieses Konzept besagt, dass Energie und Stoffe bei ihrer Zirkulation durch die Wirtschaftsprozesse irreversibel transformiert und biophysikalisch zersetzt werden. Ein Brot lässt sich ebenso wenig in einzelne Getreidekörner zurückverwandeln, wie die Hitze, die beim Backen verausgabt wird, wieder eingefangen werden könnte. Alle Material- und Energieflüsse, die MEFA registriert, bezeichnen also unwiederbringliche Veränderungen unserer Mitwelt. Das stetig wachsende Ausmaß dieser Veränderungen selbst ist die ökologische Krise. Pineault möchte diese Krise aber nicht nur darstellen. Das haben vor ihm bereits unzählige Analysen in der Tradition der Sozialökologie, der Erdsystemwissenschaften usw. getan. Vielmehr möchte er zu ihrer sozialwissenschaftlichen Erklärung beitragen. Dafür ist es notwendig, über den Naturalismus der MEFA hinauszugehen. In diesem Sinne betont Pineault, dass der Stoffwechsel durch zielgerichtete, institutionalisierte soziale Beziehungen vermittelt wird. Diese sozialen Beziehungen regulieren die Ausgestaltung des Stoffwechsels – vom einzelnen Menschen bis zur gesamtgesellschaftlichen Reproduktion.

Pineault geht es vor allem darum, konkret aufzuzeigen, wie das Kapitalverhältnis alle Stationen des Stoffwechsels zu einer kontinuierlichen Expansion drängt, und so die ökologische Krise trotz aller wissenschaftlichen Erkenntnisse vorantreibt. Dies beginnt bereits bei der Extraktion. Diese verlangt in industrialisierten Ökonomien relativ große initiale Investments, nicht nur in Extraktionsanlagen wie Minen, sondern auch und vor allem in eine dem Extraktionsvolumen angemessene Transportinfrastruktur. Je schwieriger die Extraktion dabei ist, desto größer das fixierte Kapital. So ist etwa der Abbau von Lithium kapitalintensiver als derjenige von Bäumen. Diese Investitionen amortisieren sich nur dann, wenn über lange Zeit sehr viele Ressourcen abgebaut werden. So entsteht ein anhaltender Strom billiger Ressourcen, der in die Produktion gedrängt wird. Ihre Weiterverarbeitung wird zur Notwendigkeit, die Suche nach Alternativen infrastrukturell erschwert. In der Produktion führen ähnliche Prozesse zu einer strukturellen Überproduktion ressourcenintensiver Güter, für die dann in der Konsumtionssphäre wiederum durch aufwändige Werbekampagnen überhaupt erst eine Nachfrage hergestellt werden muss. Schlussendlich werden auch die Senken in ihrer kapitalisierten Form zu einem wichtigen Teil der Expansionsdynamik. Hier besteht der Zweck der Investition darin, die Abfälle der Produktion von den kapitalistischen Zentren weg zu lenken. Je besser das funktioniert, desto geringer wird der Anreiz, Emissionen bereits bei der Produktion zu vermeiden und desto größer wird der Spielraum für weitere Ausweitungen des Stoffwechsels.

Pineaults zentrale Leistung besteht darin, die naturwissenschaftliche Material- und Energieflussanalyse mit einer ausdifferenzierten Kapitalismusanalyse zusammenzuführen. Wie bei vielen wichtigen intellektuellen Leistungen ist dies retrospektiv so naheliegend, dass man sich fragt, warum zuvor niemand auf diese Idee gekommen ist. Zumal das Konzept des gesellschaftlichen Stoffwechsels sich als Scharnier zwischen den beiden Traditionen geradezu aufdrängt. Denn dieses Konzept ist nicht nur für die quantitative Sozialökologie zentral, sondern auch für den Ökomarxismus, an den Pineault seine Analysen anlehnt. Insbesondere John Bellamy Foster und Paul Burkett haben durch akribische Rekonstruktion Marx' Begriff des Stoffwechsels ans Tageslicht gezerrt.[2] Gegen den Vorwurf der marxistischen Ökologievergessenheit haben sie gezeigt, dass für Marx der Mensch selbst Teil der Natur ist und durch die Arbeit gleichzeitig auf diese zurückwirkt und sich von ihr trennt. Auch die Krisenhaftigkeit des so vollzogenen Stoffwechsels unter kapitalistischen Vorzeichen beschrieb Marx luzide anhand der Landwirtschaft: Ihre Produkte werden vom Land in die Städte transportiert und fehlen so ersterem als Dünger und erscheinen den letzteren als Müllproblem.[3] Die gemeinsamen intellektuellen Wurzeln der MEFA und des Ökomarxismus im Konzept des Stoffwechsels wurden auch von Martina Fischer-Kowalski, einer zentralen Vertreterin der Wiener Sozialökologie, bereits früh herausgearbeitet.[4] Von diesen gemeinsamen Wurzeln entfernte sich jedoch die Sozialökologie in Richtung statistischer Deskription und der Entwicklung Governance-tauglicher Praxisansätze und der Ökomarxismus in Richtung einer für Außenstehende esoterisch anmutenden Exegese von Notizen und Fußnoten des marxschen Werkes. Beide werden für sich genommen Pineaults Anspruch einer naturwissenschaftlich fundierten Erklärung und Kritik des kapitalistischen Wachstumsimperativs nicht gerecht. Die Marx-Exegese hat zwar weitere Facetten seines ökologischen Denkens zutage gefördert,[5] aber für ein konkretes Verständnis aktueller Dynamiken der ökologischen Krise und einer Evaluation möglicher Auswege sind naturwissenschaftliche Einsichten unumgänglich. Letztere

2 Vgl. John Bellamy Foster: Marx's Theory of Metabolic Rift: Classical Foundations for Environmental Sociology, in: American Journal of Sociology, 2/1999, S. 366–405; und Paul Burkett: Marx and Nature. A Red and Green Perspective, New York 1999.

3 Vgl. Karl Marx: Das Kapital. Erster Band, in: ders./Friedrich Engels: Werke [MEW], Berlin 1956ff, Bd. 23, insb. S. 453 f., 734 f., 771 ff.

4 Vgl. Martina Fischer-Kowalski: Society's Metabolism. The Intellectual History of Materials Flow Analysis, in: Journal of Industrial Ecology, Part II, 1970–1998, in: Journal of Industrial Ecology, 4/1998, S. 107–136.

5 Vgl. insb. Kohei Saito: Natur gegen Kapital. Marx' Ökologie in seiner unvollendeten Kritik des Kapitalismus, Frankfurt a. M. 2016.

wiederum erweisen sich immer wieder als erstaunlich blind gegenüber den systemischen Ursachen der von ihnen beschriebenen biophysikalischen Degradationsphänomene, wie etwa der weitgehend ungebrochene Glaube an grünes Wachstum in den Berichten des Weltklimarats immer wieder zeigt.[6]

Eine Brücke zwischen den beiden Ansätzen stellt die ebenfalls unter dem Namen Sozialökologie firmierende Herangehensweise Murray Bookchins dar.[7] Auch diese hält Pineault allerdings – wie ihr Wiener Pendent – für zu naturalistisch. Stattdessen orientiert er sich vor allem an Marx' Kritik der politischen Ökonomie. Besonders relevant für marxistische Debatten dürfte dabei Pineaults Kritik des Konzeptes der ökonomischen »Zirkulation« sein. Dieser Begriff ist sowohl für die neoklassische Ökonomie als auch für deren marxistische Kritik zentral. Beide verstehen die Wirtschaft explizit oder implizit als einen geschlossenen Kreislauf von Waren, oder sogar ausschließlich als eine Zirkulation von Geld zwischen Haushalten, Unternehmen und Regierungen. In gewisser Weise liegt die Vorstellung eines Kreislaufs auch dem Konzept des Stoffwechsels zugrunde. Doch aus Pineaults biophysikalischer Perspektive erscheint der Wirtschaftsprozess als ein *linearer* Fluss von Materie, der von der ökologischen Quelle zur Senke fließt. In diesem Sinne bedeutet Massenproduktion und Massenkonsum für Pineault vor allem Massenextraktion und Massenabfall. Während es anderen Kritiken des kapitalistischen Wachstums vor allem um die Institutionen globaler Ungleichheit geht, die dessen Kosten »externalisieren«,[8] spielt diese Dimension bei Pineault eine untergeordnete Rolle. Auch er nimmt eine dezidiert globale Perspektive ein. Statt in Begriffen der Imperialismustheorie beschreibt er den globalen Stoffwechsel allerdings vor allem in Gigatonnen und Gigajoule.

Damit schließt »Die soziale Ökologie des Kapitals« an Perspektiven an, in denen die stofflich-energetische Grundlage des Kapitalismus – insbesondere die fossile Energie – betont wird.[9] Allerdings betont Pineault, dass die materiellen Verflechtungen moderner Ökonomien nicht nur fossiler, sondern auch geologischer Natur sind. Dies zeigt er anhand historisch vergleichender Berechnungen. Vorkapitalistische Gesellschaften verstoffwechselten vor allem Biomasse, die bis 1900 selbst im indus-

6 Vgl. Timothée Parrique: Decoupling in the IPCC AR6 WGIII, Lund 2022, https://lup.lub.lu.se/record/5e170956-e539-4287-ac76-ca1265e01cfe.

7 Vgl. insb. Murray Bookchin: Die Ökologie der Freiheit. Wir brauchen keine Hierarchien. Aus dem Amerikanischen übersetzt und überarbeitet von Karl-Ludwig Schibel, Weinheim/Basel 1985 [1982]..

8 Uli Brand/Markus Wissen: Imperiale Lebensweise. Zur Ausbeutung von Mensch und Natur in Zeiten des globalen Kapitalismus, München 2017; und Stephan Lessenich: Neben uns die Sintflut. Die Externalisierungsgesellschaft und ihr Preis, München 2016.

9 Vgl. Elmar Altvater: Das Ende des Kapitalismus, wie wir ihn kennen. Eine radikale Kapitalismuskritik, Münster 2005; und Andreas Malm: Fossil Capital. The Rise of Steam Power and the Roots of Global Warming, London 2016.

trialisierten Großbritannien bei weitem die dominierende Form des Durchsatzes stellte. Auch hier lassen sich jedoch zwei unterschiedliche »Stoffwechselregime« identifizieren, die fundamental unterschiedliche Gesellschaftsformen hervorbrachten: Jäger und Sammler und Agrargesellschaften. Diese im Wesentlichen auf organischer Materie beruhenden Formen des Wirtschaftens wurden von den fossil-industrielle Gesellschaften abgelöst. Den zentralen Umbruch veranschlagt Pineault dabei nicht im Zeitalter der Industrialisierung, sondern mit dem Beginn der »Großen Beschleunigung« um 1950. Ab diesem Zeitpunkt schrumpfen die Biomasseströme auf ein Minimum, während fossile Brennstoffe, Metallerze und Mineralstoffe, einschließlich Sand, Kies und Gestein, den Durchsatz dominieren. Der ökologische wird durch einen geologischen Stoffwechsel ersetzt. Diese Verschiebung ist es, welche das geologische Zeitalter des Anthropozäns einläutet. Ohne sie wären Massenproduktion und Massenkonsum, als Kernmerkmale des fortgeschrittenen Kapitalismus, nicht möglich gewesen. Die Grenze der biologischen Produktivität war bereits im 19. Jahrhundert erreicht worden. Im fossilen Stoffwechselregime verändert sich jedoch auch die Rolle der Landwirtschaft von einem Ort der Extraktion von Energie hin zu einer Senke fossiler Energie – vor allem in Form von synthetischem Dünger. Durch diese Entwicklung wurde zwar eine ökologische Grenze des Wachstums verschoben, bekanntlich aber um den Preis des Klimawandels, der seinerseits auf die Produktivität zurückschlägt.

Insgesamt setzt Pineault mit dem vorliegenden Buch neue Maßstäbe für einen Ökomarxismus, dessen Analysen sich nicht mit Relektüren des alten Meisters begnügen, sondern auf dem aktuellen Stand der Naturwissenschaften sind. Ironischerweise bleibt Pineault gerade damit Marx besonders treu, der ja bekanntlich auf ganz ähnliche Weise die Naturwissenschaften seiner Zeit rezipierte.

SIMON SCHAUPP, JANUAR 2025

Einleitung

Dass menschliche Gesellschaften Ökologien haben, dass sie in unzählige ökologische Beziehungen mit einer Vielzahl von Lebewesen verstrickt sind, dass die Gesellschaft materiell in Ökosysteme eingebettet ist – diese These lässt sich in verschiedenen Formulierungen in allen menschlichen Kulturen finden.[1] Gesellschaften nehmen aktiv, passiv und auf ungleiche Weise an den biogeochemischen Kreisläufen und ökologischen Prozessen teil, die diesen Planeten zur Erde machen.[2] Sie haben eine Vielfalt von Sprachen und Darstellungsweisen für diese Beziehungen und Prozesse entwickelt.[3] Heute haben diese ökologischen Interdependenzen eine dramatische Wendung genommen. Wissenschaftliche Bewertungen des Klimawandels durch den IPCC, des Verlusts an biologischer Vielfalt durch die weniger bekannte IPBES[4] oder der bereits erfolgten oder drohenden Überschreitung planetarischer Grenzen deuten alle auf eine globale, rasche, oft irreversible und katastrophale Transformation der Umwelt hin. Katastrophal, weil diese geologischen, ökologischen und klimatischen Veränderungen in der Zukunft einen Planeten hervorbringen werden, der sich radikal von der Erde unterscheidet, auf der sich seit der letzten Eiszeit menschliche Gesellschaften entwickelt haben, einen Planeten, der möglicherweise nicht mehr von Menschen bewohnt werden kann, die in komplexen Gesellschaften organisiert sind.[5] Die Erfahrung und

1 Dies ist ein zentrales Argument, das von Murray Bookchins in seiner Theorie der sozialen Ökologie entwickelt wurde, insbesondere in: Die Ökologie der Freiheit. Wir brauchen keine Hierarchien. Aus dem Amerikanischen übersetzt und überarbeitet von Karl-Ludwig Schibel, Weinheim/Basel 1985 [1982]. Vgl. auch Maurice Godelier: Natur, Arbeit, Geschichte. Zu einer universalgeschichtlichen Theorie der Wirtschaftsformen. Übersetzt von Roswitha Schmid, Hamburg 1990 [1984]; und Philippe Descola: Jenseits von Natur und Kultur. Übersetzt von Eva Moldenhauer, Berlin 2011 [2005].

2 Will Steffen u. a.: Global Change and the Earth System. A Planet Under Pressure, Berlin 2004; und für eine neuere Zusammenfassung vgl.: IPCC: Climate Change 2021. The Physical Science Basis. Contribution of Working Group I to the Sixth Assessment Report of the Intergovernmental Panel on Climate Change, herausgegeben von Valérie Masson-Delmotte u. a., Cambridge 2021.

3 Descola: Jenseits von Natur und Kultur.

4 IPCC: Intergovernmental Panel on Climate Change (dtsch.: Zwischenstaatlicher Ausschuss für Klimaänderungen, auch Weltklimarat), www.ipcc.ch; IPBES: Intergovernmental Science-Policy Platform on Biodiversity and Ecosystem Services (dtsch.: Zwischenstaatliche Plattform für Biodiversität und Ökosystem-Dienstleistungen, auch Weltbiodiversitätsrat oder Weltrat für Biologische Vielfalt), ipbes.net.

5 Will Steffen u. a.: Trajectories of the Earth System in the Anthropocene, in: Proceedings of the National Academy of Sciences of the United States of America, 33/2018, S. 8252–8259.

die Sprache dieses Gefühls für die katastrophale Zukunft der Geschichte haben in den letzten zehn Jahren weltweit ökologische Bewegungen hervorgerufen und eine neue Welle des Umweltradikalismus entfacht.

Unter den verschiedenen Kämpfen und Mobilisierungen, die diese Erneuerung kennzeichnen, befassen sich viele in unmittelbarer Weise mit der Materialität der kapitalistischen Gesellschaft: Kämpfe gegen die Infrastrukturen für fossile Brennstoffe, Kämpfe gegen den Extraktivismus – seien es riesige Bergbauprojekte oder die kapitalistische Aneignung von Biomasse durch Plantagen und industrielle Monokulturen – und Kämpfe um eine sozial *gerechte* sozioökologische Transformation. Die Blockade eines kontinentalen Pipelineprojekts, der sukzessive Widerstand gegen den Bau großer LNG-Drehkreuze, die Stilllegung einer Braunkohlemine – und sei es nur für ein paar Minuten –, die Verhinderung von Ökozid-Plantagen oder der Abholzung von Urwäldern, die Verzögerung oder Verhinderung der Erschließung von Kupfer-, Grafit- oder Lithiumbergwerken – all dies sind Auseinandersetzungen mit der Zukunft des kapitalistischen Stoffwechsels. Sie zielen darauf ab, die sozioökologische Umwälzung des Planeten aufzuhalten, indem sie den gewohnten Gang der kapitalistischen Investitionen und der kapitalistischen Produktion unterbrechen.[6] Nur wenige dieser Kämpfe und Bewegungen verbleiben auf dieser negativen Stufe der *Blockadia*.[7] Die Bedingungen des Kampfes bringen es zwangsläufig mit sich, Visionen von den Stoffwechselbeziehungen zu entwickeln, wie sie angesichts der Existenz planetarischer und ökologischer Grenzwerte *sein sollten*, im Gegensatz zu jenen, die aufgrund der kapitalistischen Entwicklung *gegeben sind*.[8]

6 Für einen globalen Überblick über diese Kämpfe siehe den Global Atlas of Environmental Justice, unter: ejatlas.org.

7 Naomi Klein: Die Entscheidung. Kapitalismus vs. Klima. Aus dem Englischen von Christa Prummer-Lehmair, Sonja Schuhmacher und Gabriele Gockel, Frankfurt a. M. 2015 [2014].

8 Der normative Aspekt dieser »Visionen« eines sozial-ökologischen Wandels ist eines der Merkmale, die diese zeitgenössische Welle der sozialen Transformation von der Neuen Linken und den Neuen Sozialen Bewegungen am Ende des 20. Jahrhunderts unterscheiden, deren emanzipatorisches Projekt sich eher auf das »was sein könnte« in Spannung zu dem »was ist« konzentrierte. Diese Spannung bestand häufig darin, aufzuzeigen, wie kapitalistische gesellschaftliche Ausbeutungs- und andere Herrschaftsverhältnisse das emanzipatorische Potenzial eines bestimmten technologischen und materiellen Entwicklungsstandes, der Überfluss und Freiheit für alle versprach, aktiv unterdrückten. Dies war zum Beispiel eine zentrale Prämisse von Bookchins sozialer Ökologie. Für eine ausführliche Diskussion dieser Struktur des emanzipatorischen Projekts vgl. Pierre Charbonnier: Überfluss und Freiheit. Eine ökologische Geschichte der politischen Ideen. Aus dem Französischen von Andrea Hemminger, Frankfurt a. M. 2022 [2020]. Was es bedeutet, ein emanzipatorisches Projekt auf Selbstbegrenzung und eine Vision von dem, was sein sollte, zu gründen, wird diskutiert bei Ulrich Brand u. a.: From planetary to societal boundaries: an argument for collectively defined self-limitation, in: Sustainability: Science, Practice and Policy, 1/2021, S. 264–291. Auch heute noch gibt es Bewegungen, Gruppen und Aktivistinnen, die ein emanzipatorisches Umweltprojekt vorschlagen, das auf dem für das 20. Jahrhundert charakteristischen Muster des »was sein könnte« beruht: einige Versionen des Green New Deal sowie selbsternannte »Akzelerationisten«, für die jede Diskussion über Grenzen reaktionär und selbstzerstörerisch ist. Ein interessantes Beispiel findet sich in der ersten Auseinandersetzung der progressiven Zeitschrift *Jacobin* mit Umweltfragen in dem Artikel »Earth, Wind and Fire«, in: Jacobin 26/2017. Eine ökomodernistische Verteidigung eines ökosozialistischen New Green Deal findet sich auch bei Matthew T. Huber: Climate Change as Class War. Building Socialism on a Warming Planet, London 2022.

Je nach Ort und Kontext kann dies weite Teile der Gesellschaft um eine gemeinsame Vision des Übergangs versammeln: Umweltschützerinnen, Bürgerinitiativen, Organisationen von Arbeitern und für soziale Gerechtigkeit, *First Nations* und Bauernbewegungen, die alle nicht nur gezwungen sind, sich *positiv* auf die Debatte über die Materialität der Gesellschaft und die Notwendigkeit von gerechten und lebensfähigen Begrenzungen zu beziehen,[9] sondern auch, über ökologische Formen der Produktion und Reproduktion nachzudenken und sie auszuprobieren. Diese Kämpfe, die negativen wie die positiven, betreffen die Gestalt, die Form und den Inhalt der sozialen Beziehungen zur Natur in den heutigen Gesellschaften. Die soziale Ökologie schlägt eine Sprache und ein System der Repräsentation für diese Kämpfe vor. Alle Gesellschaften und Kulturen verfügen über philosophische Ressourcen und sprachliche Kapazitäten, die erforderlich sind, um ihre sozialen Beziehungen zur Natur in zutreffender und kreativer Weise darzustellen[10] und sich kritisch mit jenen Beziehungen auseinanderzusetzen, die von der kapitalistischen Entwicklung erzwungen wurden. Die Sprache der sozialen Ökologie kann und soll diese Weltanschauungen oder Vorstellungen vom Kosmos nicht ersetzen, aber sie kann ihre Kämpfe begleiten und unterstützen.[11]

Zum sozialen Stoffwechsel

Der Beitrag der sozialen Ökologie zu den aktuellen Umweltkämpfen besteht darin, die Materialität und die ökologischen Beziehungen der kapitalistischen Ökonomien als einen sozialen Stoffwechsel darzustellen. Der Wirtschaftsprozess menschlicher Gesellschaften im Allgemeinen kann als Stoffwechselphänomen beschrieben werden, das den Lebensprozessen einzelner Lebewesen ähnelt und denselben biophysikalischen Gesetzen unterliegt: Gesellschaften extrahieren und verwerten in ihren ökonomischen Beziehungen Materie und Energie mit geringer Entropie, die sich letztendlich als Abfall mit hoher Entropie verflüchtigen, und erhalten auf diese Weise geordnete materielle Strukturen aufrecht.[12] Bei lebenden Organismen ist dieser metabolische Austausch in ein Netz komplexer trophischer Beziehungen eingebettet, in dem der Abfall einer Art die Nahrung einer anderen ist; der Stoffwechsel wird durch Ökologie vermittelt. Für Menschen und ihre Ökonomien wird dieser Prozess des Stoffwechsels *auch* durch soziale Beziehungen, symbolische Bedeutungsstrukturen, Institutionen, Ideologie und Macht vermittelt. Ihr

9 Bengi Akbulut/Fikret Adaman: The Ecological Economics of Economic Democracy, in: Ecological Economics, 176/2020, S. 106750–106759.

10 Unai Pascual u. a. (Hrsg.): Summary for Policymakers of the Methodological Assessment of the Diverse Values and Valuation of Nature of the Intergovernmental Science-Policy Platform on Biodiversity and Ecosystem Services (IPBES), Bonn 2022.

11 Brand u. a.: From Planetary to Societal Boundaries.

12 Nicholas Georgescu-Roegen: The Entropy Law and the Economic Process, Cambridge/MA 1971.

Stoffwechsel ist eine »soziale Ökologie«.[13] So verstanden ist der soziale Stoffwechsel eine dialektische Kategorie; er existiert als Vermittlung: Soziale Beziehungen vermitteln natürliche Prozesse und natürliche Prozesse vermitteln soziale Beziehungen. Genauer gesagt, biophysikalische und gesellschaftliche Strukturen der Verursachung *vermitteln* sich gegenseitig in den Stoffwechselprozessen der Gesellschaft.[14] Von diesem Standpunkt aus kann die gegenwärtige ökologische Krise in dem Sinne als widersprüchlich betrachtet werden, dass die vorherrschenden Formen und Modi der Vermittlung zwischen biophysikalischen und sozialen Prozessen als Aporie für den Fortbestand sowohl der lebendigen Natur als auch der Gesellschaft, wie sie auf der Erde tatsächlich existieren, erscheinen. Der Zweck der sozialen Ökologie als kritische Theorie ist es, diese ökologischen Widersprüche als solche des ökonomischen Prozesses von *kapitalistischen* Gesellschaften zu erforschen und zu erklären.

Die Verwendung des Stoffwechsels zum Verständnis der Materialität und Ökologie des ökonomischen Prozesses können wir bis zu Marx' Analyse des Arbeitsprozesses im »Kapital« zurückverfolgen.[15] Für ihn war es die Arbeit, die die Stoffwechselbeziehungen des Menschen zur Natur vermittelte. Für die soziale Ökologie ist das Spektrum der vermittelnden Praktiken viel breiter als das, was Marx als Arbeit verstand, selbst in einem »ursprünglichen« und transhistorischen Sinn: Es umfasst Praktiken der Reproduktion, der Pflege und der expressiven Aktivitäten ebenso wie solche der Produktion. Abgesehen von dieser Einschränkung verstand Marx den Stoffwechsel als die notwendige biophysikalische Vermittlung der gesellschaftlichen Reproduktion – einschließlich der biophysikalischen Reproduktion der menschlichen Bevölkerung. Und, wie er in der »Deutschen Ideologie« argumentierte, darf »Reproduktion« nicht auf bloße Existenzbedürfnisse und biologisch bedingte Bedürfnisse des Menschen als Lebewesen reduziert werden. Sie ist, mit Marx' Worten, »eine bestimmte Art der Tätigkeit dieser Individuen, eine bestimmte Art,

13 Helmut Haberl u. a.: Contributions of sociometabolic research to sustainability science, in: Nature Sustainability, 3/2019, S. 173–184.

14 Vgl. Christophe Bonneuil/Jean-Baptiste Fressoz: The Shock of the Anthropocene. The Earth, History and Us. Translated by David Fernbach, London 2016. Für Jason Moore wäre dies ein Fall von »doppelter Internalität«. Obwohl dies ein interessanter Vorschlag ist, geht die Argumentation des Autors von einer latourschen Ontologie aus, die im Widerspruch zu dem dialektischen Verständnis der Beziehungen zwischen Natur und Gesellschaft steht, das von der sozialen Ökologie entwickelt wurde; vgl. Jason W. Moore: Kapitalismus im Lebensnetz. Ökologie und die Akkumulation des Kapitals. Aus dem Englischen von Dirk Höfer, Berlin 2020 [2015]. Für die soziale Ökologie sind die natürliche und die gesellschaftliche Ordnung der Kausalität autonom, auch wenn sie im Stoffwechsel miteinander verknüpft sind. In diesem Sinne mobilisiert die soziale Ökologie zwar die Binarität von Natur und Gesellschaft, aber in einer dialektischen und kritisch-realistischen Weise als Dualität von Eigenschaften und nicht von Substanzen, vgl. dazu Andreas Malm: Der Fortschritt dieses Sturms. Natur und Gesellschaft in einer sich erwärmenden Welt. Aus dem Englischen von David Frühauf, Berlin 2021 [2018].

15 Eine vollständige genealogische Analyse findet sich bei Marina Fischer-Kowalski: Society's Metabolism. The Intellectual History of Materials Flow Analysis, Part I, 1860–1970, in: Journal of Industrial Ecology, 1/1998, S. 61–78.

ihr Leben zu äußern, eine bestimmte *Lebensweise* derselben«.[16] Diese Einsicht enthält ein grundlegendes methodisches Prinzip für unsere Arbeit: Die materielle Reproduktion der Gesellschaft orientiert sich an expressiven und normativen Bestimmungen, die in sozialen Beziehungen und symbolischen Strukturen miteinander verbunden sind.[17] Der ökonomische Prozess menschlicher Gesellschaften besteht in einer Dialektik von Metabolischem und Symbolischem. Er lässt sich nicht auf rein materielle und biophysikalische Prozesse reduzieren, aber auch nicht auf einen rein sozialen Prozess der Reproduktion symbolischer Strukturen oder ideeller Repräsentationen, *abstrahiert von* jeglichen sozialen Beziehungen zur Natur. Der *soziale* Stoffwechsel umfasst beides.

Diese materiellen Beziehungen als »natürlich« zu begreifen, hebt die notwendigen biophysikalischen Transformationen hervor, die Materie und Energie durchlaufen, wenn sie im ökonomischen Prozess des Kapitals mobilisiert und in sozialen Beziehungen und Praktiken eingesetzt werden. Das Verständnis des Stoffwechsels als »sozial« hebt die Tatsache hervor, dass diese Umwandlungen durch bedeutungsvolle Praktiken gesteuert und vermittelt werden. Sie sind zielgerichtet und expressiv, auch wenn die biophysikalischen Auswirkungen und ökologischen Folgen von Extraktion, Akkumulation und Verbrauch vielleicht nicht beabsichtigt oder erwünscht sind. Und sie bilden zusammen eine Totalität, charakterisieren die Gesellschaft als Ganzes durch besondere und historische »Stoffwechselregime«.

In dieser dialektischen Tradition ist der gesellschaftliche Stoffwechsel mehr als eine Metapher, er bezeichnet den realen biophysikalischen Prozess der gesellschaftlichen Reproduktion durch zweckgerichtete, institutionalisierte wirtschaftliche Beziehungen. Dieser realistische Standpunkt impliziert, dass die individuelle Stoffwechselaktivität von menschlichen Wesen – als biologische Organismen – selbst von der Totalität des sozialen Stoffwechsels erfasst und vermittelt wird. Es könnte gesagt werden, dass es so viele Formen des sozialen Stoffwechsels gibt, wie es Gesellschaften gibt. Sozialökologinnen und Umwelthistoriker haben eine Typologie vorgeschlagen, die drei große Stoffwechselregime unterscheidet, die die Gesamtheit aller bisherigen Gesellschaftsformen umfassen: Jäger-Sammler-Gesellschaften, Agrargesellschaften und fossil-industrielle Gesell-

16 Karl Marx/Friedrich Engels: Die deutsche Ideologie [1845/1846], in: dies.: Werke [MEW], Berlin 1956ff., Bd. 3, S. 9–530, hier S. 21.

17 Dieser Ansatz zum Sozio-Symbolischen basiert auf der dialektischen Soziologie von Michel Freitag. Leider ist sein Werk in englischer [und deutscher] Sprache unzugänglich. Der französische Leser kann in Dialectique et Société, Band 2, Introduction à une théorie générale du symbolique, und Band 3, Contrôle, pouvoir et contrôle, Elemente der soziologischen Theorie finden, die den Hintergrund dieses Werkes bildet; vgl. Michel Freitag: Introduction à une théorie générale du symbolique: dialectique et société, Vol. 2, Montreal 2011; und ders.: Culture, pouvoir, contrôle: les modes de reproduction formels de la société: dialectique et société, Vol. 3, Montreal 2013. Die Vertrautheit mit dieser Theorie ist nicht erforderlich, um die soziologische Argumentation in diesem Buch zu verstehen.

schaften. Eine eher klassische Typologie, von der gesagt werden könnte, dass sie das Selbstverständnis der modernen westlichen kapitalistischen Gesellschaften (bzw. ihrer Eliten) widerspiegele, die auf eine verzerrte und voreingenommene Art und Weise auf ihren eigenen Werdegang zurückblicken. Ausgehend von der »Behauptung, dass das Energiesystem die grundlegendste Bedingung für die Differenzierung sozioökologischer Systeme darstellt«,[18] bezieht sie sich auf Gesellschaften, die die Gewinnung, Verteilung und Verarbeitung physikalischer Energieträger zu einer grundlegenden Struktur ihres Stoffwechsels gemacht haben: kapitalistische Gesellschaften. Und die Typologie ist gerade deshalb nützlich, weil sie deren historische Singularität hervorhebt, wie in diesem Stoffwechselregime biophysikalische Überschüsse extrahiert und akkumuliert werden, wie das institutionalisierte Verhältnis zwischen biophysikalischem Überschuss und Wert den Wachstumsprozess verdinglicht und neuartige ökologische Widersprüche hervorbringt.

Es war Marx, der ursprünglich die Kategorie des Stoffwechsels zum Verständnis des Arbeitsprozesses entwickelt hat, aber er hat keine Stoffwechselanalyse der kapitalistischen Gesellschaft als Ganzes oder die dafür notwendigen Kategorien entwickelt, wie sie heute benötigt werden. Einige Passagen über die kapitalistische Landwirtschaft im ersten und dritten Band des »Kapitals« lassen sich als das interpretieren, was wir heute unter einem Exposé der ökologischen Widersprüche der kapitalistischen Großlandwirtschaft verstehen würden. Auf der Grundlage dieser und anderer Passagen haben John Bellamy Foster und seine Kollegen Paul Burkett und Kohei Saito in mehreren umfangreichen Bänden dargelegt, was sie für Marx' ökologische Kapitalismuskritik halten.[19] Dass Marx heute wahrscheinlich ein »Ökologe« wäre und eine radikale ökologische Kapitalismuskritik entwickelt hätte, ist eine interessante spekulative These. Die Tatsache, dass Marx und Engels die Entwicklung der Thermodynamik, der Agronomie, der Chemie, der Evolutionstheorie und anderer Naturwissenschaften, die heute die Grundlage der Stoffwechselanalyse von Gesellschaften und der Umweltwissenschaften bilden, genau verfolgt haben, ist für das Verständnis der Entwicklung der marxschen Theorie von Interesse. Dass die im »Kapital« entwickelte Kritik nicht von vornherein anti-ökologisch oder produktivistisch ist und sogar wich-

18 Fridolin Krausmann/Marina Fischer-Kowalski/Heinz Schandl/Nina Eisenmenger: The Global Sociometabolic Transition: Past and Present Metabolic Profiles and Their Future Trajectories, in: Journal of Industrial Ecology, 5–6/2008, S. 637–656, hier S. 639.

19 Unter anderem: Kohei Saito: Natur gegen Kapital. Marx' Ökologie in seiner unvollendeten Kritik des Kapitalismus, Frankfurt a. M. 2016; John Bellamy Foster/Brett Clark/Richard York: Der ökologische Bruch. Der Krieg des Kapitals gegen den Planeten. Aus dem US-amerikanischen Englisch von Klaus E. Lehmann, Hamburg 2011 [2010]; John Bellamy Foster/Brett Clark: The Robbery of Nature: Capitalism and the Ecological Rift, New York 2020; Paul Burkett: Marx and Nature: A Red Green Perspective, Chicago 2014; und Paul Burkett/John Bellamy Foster: Marx and the Earth: An Anti-Critique, Chicago 2019.

tige Begriffe für eine marxistische bzw. marxianische kritische Theorie der ökologischen Kapitalverhältnisse enthält – wie etwa den Begriff des Risses im Stoffwechsel – ist ein sehr wichtiges Ergebnis der detaillierten Studien, die sie vorgelegt haben.[20] Und auf jeden Fall ist es eine wichtige Lehre für die Entwicklung einer ökologischen Kapitalismuskritik, dass Marx bei der Berücksichtigung der Stoffwechseldimension des Kapitalismus, insbesondere bei seiner Untersuchung des Arbeitsprozesses, die Falle der Reduzierung der sozialen Beziehungen auf biophysikalische Prozesse vermieden hat (siehe zum Beispiel seine Kritik an der »Energie«-Werttheorie von Podolinsky).[21] Aber wie Andreas Malm argumentiert, waren die Ökologie und die Analyse der biophysikalischen Dimension des kapitalistischen Prozesses keine zentralen Aspekte von Marx' kritischer Arbeit.[22] Ein ökologisierter Materialismus war einfach nicht Marx' epistemisches Projekt, obwohl es die Episteme sein könnte, die wir heute brauchen. Biophysikalische und ökologische Prozesse erscheinen nicht als *zentrale* Determinanten in Marx' Verständnis der Gesetze oder Tendenzen, die die Entwicklung des Kapitalismus zu seiner Zeit bestimmten. Aufgrund seines polemischen Verhältnisses zu Malthus war er sehr zurückhaltend gegenüber einer Integration des Begriffs der natürlichen Grenzen in das kategoriale System der Kapitalismuskritik.[23] Stoffwechselbrüche bleiben in seiner Theorie Nebenaspekte. Die Natur taucht als »Gebrauchswerte« im »Kapital« auf, aber Marx entwickelte in diesem Werk kein ausgeprägtes kritisches Vokabular, das die biophysikalischen und ökologischen Determinanten des kapitalistischen Wirtschaftsprozesses systematisch zum Ausdruck bringen könnte. Wenn also sein Werk, insbesondere das »Kapital«, ein notwendiger Ausgangspunkt für eine ökologische Kritik des kapitalistischen Stoffwechsels ist, so muss die Kritik über Marx hinausgehen, auf der Suche nach Kategorien, die den sozialen Stoffwechsel auf systematische Weise ausdrücken können.[24]

20 Timothée Haug hat in seinen jüngsten Arbeiten einen Teil dieser interpretativen Anstrengungen kritisch hinterfragt und gezeigt, dass sie auf einer selektiven und dekontextualisierten Lektüre bestimmter Passagen in Marx' Schriften beruhen. Haug zufolge muss zwischen Marx als einem »strategischem Produktivisten« vor 1863 und Marx als einem »vorsichtigen Ökologen« während der Abfassung des »Kapitals« unterschieden werden. Da unser Buch keine Intervention in das Gebiet der Marxologie und die Hermeneutik der marxschen Schriften ist, überlassen wir diese Frage jenen Philosophinnen und Historikern der Gesellschaftstheorie, die über die notwendigen theoretischen und sprachlichen Fähigkeiten verfügen, um diese Fragen zu diskutieren.

21 Paul Burkett/John Bellamy Foster: Stoffwechsel, Energie und Entropie in Marx' Kritik der Politischen Ökonomie. Jenseits des Podolinsky-Mythos (Teil 1 und 2). Übersetzung aus dem Englischen von Henrik Lebuhn und Anne Steckner, in: Prokla 159/2010, S. 217–240, und 160/2010, S. 417–435.

22 Andreas Malm: For a Fallible and Lovable Marx: Some Thoughts on the Latest Book by Foster and Burkett, in: Critical Historical Studies, 2/2017, S. 267–275.

23 Vgl. hierzu Timothée Haug: La Rupture écologique dans l'œuvre de Marx, Analyse d'une métamorphose inachevée du paradigme de la production. Philosophie. Université de Strasbourg, 2022.

24 Paul Burketts Buch »Marxism and Ecological Economics. Toward a Red and Green Political Economy« (Leiden 2006) ist ein früher und sinnvoller Versuch, sich mit nicht marxistischen Ansätzen zum Stoffwechsel kapitalistischer Volkswirtschaften auseinanderzusetzen. Leider scheint

Ein Jahrhundert nach Marx, in den 1970er-Jahren, als die ökologischen Widersprüche des fortgeschrittenen Kapitalismus[25] in den Vordergrund traten, wurde von »biophysikalischen« Ökonomen wie Nicholas Georgescu-Roegen die ökologische und biophysikalische Sprache der *stocks* (Bestände oder Vorräte) und der *flows* (Flüsse oder Ströme), der *sources* (Quellen) und der *sinks* (Senken) entwickelt, eines großen und entropischen Durchsatzes, der die Grundlage eines viel kleineren wertmäßigen Outputs bildet. Diese aufkommende kritische Perspektive schlug eine Verlagerung der Analyse von den inneren Widersprüchen des Kapitalismus auf seine äußeren Grenzen vor. Aber damit wurde der Ansatz, mit dem Ausbeutung als die Extraktion eines Mehrprodukts durch soziale Herrschaft begriffen werden sollte, fallen gelassen – ganz explizit von Georgescu-Roegen in seinem Hauptwerk »The Entropy Law and the Economic Process« (Das Gesetz der Entropie und der ökonomische Prozess).[26] Die Sprache der biophysikalischen Dimensionen genügte Georgescu-Roegen, um zu erklären, was als natürliche Grenzen des Wirtschaftsprozesses erschien. Für eine soziale Ökologie des Kapitals ist diese Sprache ebenso unvollständig wie die von Marx. Absolute und relative biophysikalische Dimensionen sind in der Tat sehr mächtige begriffliche Werkzeuge, mit denen sich die Größe einer Wirtschaft erfassen lässt, die einen Durchsatz beherrscht, der sowohl an den Schnittstellen der Quellen wie der Senken zwischen Gesellschaft und Natur unhaltbare Zwänge erzeugt. Mit diesen Werkzeugen lässt sich ausmachen, welche Wachstumsraten diese Zwänge verschärfen und neue schaffen und welche Raten der Akkumulation von Vorräten immer höhere Raten des Durchsatzes festschreiben. In dieser Sprache erscheint die Materialität des kapitalistischen Stoffwechsels als ein eskalierendes Phänomen.

Diese Begriffe und empirischen Realitäten bilden den Kern des ersten Teils dieses Buches über den kapitalistischen Stoffwechsel. Wir haben sie unter Rückgriff auf die zeitgenössische Soziale Ökologie untersucht, wie sie vor allem in Wien entwickelt wurde. Das Wiener Institut für Soziale Ökologie hat seit dem grundlegenden Artikel von Marina Fischer-Kowalski und Helmut Haberl, »Tons, Joules, and Money« (Tonnen, Joules und Geld),[27] die begrifflichen und empirischen Werkzeuge weiterentwickelt, die für

dieser Versuch, Erkenntnisse und Theorien anderer heterodoxer Schulen der politischen Ökonomie des fortgeschrittenen Kapitalismus zu synthetisieren und kritisch zu integrieren, von der Schule des Stoffwechselbruchs zugunsten einer »Rückkehr zu Marx« aufgegeben worden zu sein, abgesehen von einigen Beiträgen zur »Podolinsky-Affäre« und einer Polemik mit Joan Martinez-Alier. Dies ist umso überraschender, als John Bellamy Foster bereits ein ausgezeichnetes Werk über die Theorie des Monopolkapitalismus vorgelegt hat, das sich mit postkeynesianischen und kaleckianischen Ansätzen zum Kapitalismus auseinandersetzt und eine Kritik am marxistischen Fundamentalismus enthält. Im letzten Teil dieses Buches haben wir ausgiebig aus eben diesem theoretischen Korpus geschöpft und Bellamy Fosters Arbeit war ein nützlicher Wegweiser in dieses Gebiet.

25 Der Ausdruck »fortgeschrittener Kapitalismus« wird später in dieser Einleitung definiert.

26 Georgescu-Roegen: The Entropy Law and the Economic Process.

27 Marina Fischer-Kowalski/Helmut Haberl: Tons, joules, and money: Modes of production and their sustainability problems, in: Society & Natural Resources, 1/1997, S. 61–85.

das Verständnis der biophysikalischen Größenordnung zeitgenössischer Gesellschaften und ihrer ökologischen Implikationen erforderlich sind.[28]

Aus dieser Perspektive stellt sich die *Materialität* des kapitalistischen Stoffwechsels in einer von drei Gestalten dar: als sozialer Stoffwechsel von *durch die Gesellschaften fließenden Strömen von Energie und Materie* oder des *Durchsatzes*; als sozialer Stoffwechsel *einer Akkumulation von materiellen Vorräten;* und als sozialer Stoffwechsel als der *Kolonisierung von Ökosystemen durch menschliche Aktivitäten.*

Durchsatz – sozialer Stoffwechsel als die durch Gesellschaften fließenden Ströme von Energie und Materie

Der Durchsatz ist eine grundlegende und fundamentale Kategorie der sozialen Ökologie. Er umfasst alles, was die Gesellschaft durchläuft, und ist damit weder der wirtschaftliche Output noch eine Summe von »Gebrauchswerten« mit natürlichen Eigenschaften, die menschliche Bedürfnisse befriedigen. Er bezieht sich auf den biophysikalischen Strom von Elementen – Energie, Lebensformen und organisierte Materie – von der Quelle bis zur Senke, den Gesellschaften zur Reproduktion ihrer konstitutiven Strukturen umwandeln. Die Betonung der biophysikalischen Umwandlung ist für den Begriff des Durchsatzes von zentraler Bedeutung und unterscheidet ihn von Wirtschaftstheorien, die auf dem Begriff der Produktion und des Wertes basieren: Während der Wert produziert werden kann, lässt sich Materie nur umwandeln. Darüber hinaus erweitert die Perspektive des Durchsatzes die üblichen zweistufigen Modelle der Wirtschaft, in denen Produktion und Verbrauch aneinandergekoppelt sind, auf vier Stufen: Extraktion, industrielle Umwandlung, konsumtive Umwandlung und Dissipation als Abfall. Der Durchsatz muss aus biogeochemischen Quellen extrahiert oder geerntet werden und wird von biogeochemischen Senken als Abfall absorbiert, nachdem er eine Reihe von aufeinanderfolgenden entropischen Umwandlungen durchlaufen hat, die durch Arbeit und konsumtive Aktivitäten vermittelt werden. Dieser Strom kann quantitativ in Form des Massen- oder Energiegehalts verschiedener Elemente und qualitativ in Bezug auf seine Zusammensetzung gemessen werden. Schließlich ist der Durchsatz zwar vom Standpunkt des sozialen Stoffwechsels aus gesehen linear, aber er ist notwendigerweise Teil umfassenderer ökologischer und biogeochemischer Kreisläufe, die es nicht sind. Die ökologischen Widersprüche des Kapitals zeigen sich genau an diesen Reibungspunkten, an denen ein linearer gesellschaftlicher Prozess zyklische Naturprozesse erzwingt.

Ein offensichtliches Beispiel ist der Kohlenstoffkreislauf, der durch die massive Extraktion und Verbrennung fossiler Brennstoffe in den letzten

28 Johanna Kramm u. a.: Societal Relations to Nature in Times of Crisis – Social Ecology's Contributions to Interdisciplinary Sustainability Studies, in: Sustainability, 7/2017, S. 1042.

zwei Jahrhunderten im fortgeschrittenen kapitalistischen Kern erzwungen und beschleunigt wurde. Dasselbe gilt aber auch für andere kritische biogeochemische Kreisläufe des Erdsystems wie Stickstoff und Phosphor, die für die industrielle Landwirtschaft unverzichtbar sind.[29] Im Falle des Stickstoffs übertrafen die anthropogenen Ströme in den 1980er-Jahren die natürliche Stickstofffixierung in den terrestrischen Ökosystemen.[30] Die ökologischen Folgen der massenhaften Freisetzung dieser Ströme äußerten sich in einer zunehmenden Eutrophierung der Küstengewässer und der Entstehung von toten Zonen in Gebieten wie dem Golf von Mexiko und dem Eriesee in Nordamerika.[31] Ein weitaus weniger diskutiertes Thema sind die massenhaften Ströme von Sand und anderen Stoffen, die mit dem für den Bau von Gebäuden und Infrastrukturen (Autobahnen, Dämme, Brücken und Landschaftsgestaltung) benötigten Zement und Füllmaterial verbunden sind und die den modernen urbanisierten Raum prägen. Wie wir im ersten Kapitel sehen werden, nimmt die Extraktion dieser Materialien exponentiell zu und ihr Anteil am Gesamtstoffwechsel der menschlichen Gesellschaften beträgt heute fast 50 Prozent. Die Extraktion und Entsorgung dieser Materialien bleibt nicht ohne ökologische Folgen, denn die Bildung von Sand ist das Ergebnis geologischer Erosionsprozesse, die nur langsam und völlig losgelöst von den derzeitigen Methoden der Extraktion ablaufen. Die jährliche Extraktion wird auf 32 bis 50 Milliarden Tonnen geschätzt, während sich der Sedimenttransport durch die Flüsse der Welt auf schätzungsweise 20 Milliarden Tonnen pro Jahr beläuft. Außerdem sind sandbasierte Land-, Fluss- und Meereslandschaften wie Deltas und Strände wesentliche abiotische Strukturen, von denen viele einzigartige Ökosysteme abhängig sind, und die sandbasierte Geomorphologie ist für die Abschwächung von Überschwemmungen in Küstengebieten und Überschwemmungsgebieten unerlässlich. Der gegenwärtige Sandabbau zerstört viele dieser Ökosysteme und Landschaften und erhöht gleichzeitig die Fragilität der bebauten Küstenumgebungen, darüber hinaus sind in bestimmten Regionen der Welt die lokal verfügbaren Sandressourcen erschöpft.[32] Wir könnten noch weitere Aspekte der Materialität der heutigen Gesellschaften untersuchen und werden dies im ersten Kapitel tun. Hier soll zunächst nur allgemein festgehalten werden, dass die Massenproduktion und der Massenkonsum, zwei hervorstechende Merkmale des fortgeschrittenen Kapitalismus, mit der

29 Ein kritischer politisch-ökologischer Ansatz zu diesen Kreisläufen findet sich in der interessanten Analyse von Matt Huber: Reinvigorating Class in Political Ecology: Nitrogen Capital and the Means of Degradation, in: Geoforum, 2017, S. 345–352.

30 William Battye/Viney P. Aneja/William H. Schlesinger: Is nitrogen the next carbon?, in: Earth's Future, 9/2017, S. 894–904.

31 Robert J. Diaz/Rutger Rosenberg: Spreading Dead Zones and Consequences for Marine Ecosystems, in: Science, 5891/2008, S. 926–929.

32 Robert John: Sand geographies: Disentangling the material foundations of the built environment, in: Geography Compass, 5/2021, e12560.

massenhaften Extraktion, massenhaften Strömen von Materie und der massenhaften Entsorgung von Abfall verbunden sind. Der Begriff des »Durchsatzes« erfasst diesen Aspekt der Materialität des kapitalistischen Stoffwechsels und ist ein notwendiger erster Schritt zur Aufdeckung seiner ökologischen Widersprüche. Seine Sprache der Gigatonnen und Gigajoule, der massenhaften Ströme von roher Materie ist sicherlich nicht sehr poetisch, aber sie spiegelt wesentliche Merkmale der Logik des fortgeschrittenen Kapitalismus wider: massenhaft, abstrakt und wenig poetisch.

Sozialer Stoffwechsel als Akkumulation von materiellen Vorräten

In jeder Gesellschaft verschmelzen die Elemente des Durchsatzes zu Strukturen, seien es menschliche oder tierische Körper oder materielle Artefakte (Maschinen, Gebäude, SUVs, Geräte, Werkzeuge, Spielzeug und E-Gadgets), die die kapitalistische Welt bevölkern. In der Sprache der sozialen Ökologie werden alle als »Vorräte« bezeichnet, aber hinsichtlich ihrer Masse stellen die hergestellten und gebauten Artefakte in der kapitalistischen Gesellschaft die Körper in den Schatten, egal ob sie menschlich oder nicht menschlich sind. Unsere Arbeit wird sich daher auf diese Artefakte oder materiellen Vorräte konzentrieren. Auf einer sehr abstrakten Ebene sind in jeder Gesellschaft Material- und Energieströme erforderlich, um diese Vorräte zu erhalten. So wie die Wachstumsspirale des Kapitalismus den materiellen Durchsatz vergrößert hat, um die Produktion einer immer größeren Masse von Gütern in Warenform zu ermöglichen, hat sie auch die Masse der materiellen Vorräte vergrößert. Und da sie als Strukturen existieren, können sie umso mehr Ströme beherrschen, je größer sie sind. Vorräte beherrschen also Ströme, vom anfänglichen Aufbau von Vorräten aus Strömen über die sie erhaltenden Ströme bis hin zu den sie ersetzenden Strömen und den Strömen des Abfalls zu den Senken. In kapitalistischen Gesellschaften binden Vorräte auf unterschiedliche Weise Ströme. Diese Bindung ist natürlich materiell, aber auch sozial, da sich Gewohnheiten, Praktiken und soziale Macht um bestimmte Formen von Vorräten herum gruppieren. Diese Bindungen von Strömen verschärfen die ökologischen Widersprüche des Massendurchsatzes des kapitalistischen Stoffwechsels. Eine der Aufgaben und Herausforderungen einer kritischen sozialen Ökologie besteht darin, die Sprache der sozialen Herrschaft und der Eigentumsverhältnisse wieder einzuführen, um zu verstehen, wie das Kapital in bestimmten Vorräten verkörpert ist – als *kapitalisierte Artefakte* – und wie es die Bildung anderer *Artefakte in Warenform* vermittelt.

Beispiele für Artefakte, die Ströme kommandieren, sind überall um uns herum zu finden, von den einfachsten Haushalts- oder Elektrogeräten, die die Reproduktion unseres täglichen Lebens organisieren, bis hin zu komplexeren und massiven Maschinen wie Autos und SUVs. Sie existieren in einem Netzwerk von warenförmigen sozialen Beziehungen. Im Gegensatz dazu sind »produktive« und »extraktive« Artefakte wie Pipelines, Raffinerien, industrielle Maschinerie und Einkaufszentren kapitalisiert und müssen aus der Sicht des Kapitals durch ihre produktive Nutzung eine Rendite erzeugen. In einer fortgeschrittenen kapitalistischen Wirtschaft werden die meisten kapitalisierten Artefakte von großen monopolistischen Unternehmen kontrolliert, die darüber entscheiden, wie sie durch Investitionen hergestellt, wie lange sie in der Produktion genutzt und wann sie nach ihrer Abschreibung zerstört werden. All dies hängt nicht in erster Linie von dem physischen Gebrauch oder der materiellen Leistung dieser Artefakte ab, sondern ist dem Imperativ der Verwertung unterworfen, der die Kapitalakkumulation der Unternehmen antreibt.[33] Und drittens existieren viele Artefakte im öffentlichen Raum als staatliches Eigentum in Form von kollektiv genutzter Infrastruktur: Straßen, öffentliche Verkehrssysteme wie U-Bahnen und Züge, Kanalisation und Kläranlagen. Obwohl sie nicht per se einem Verwertungsimperativ unterliegen, sind sie wichtige Voraussetzungen für die kapitalistische Akkumulation und dienen außerdem als vorübergehende Hilfsmittel für die Kapitalakkumulation, entweder als Senken für kapitalistische Rücklagen oder als Impuls für die kapitalistische Produktion während zyklischer Konjunkturabschwünge.[34]

Sozialer Stoffwechsel als Kolonisierung von Ökosystemen durch menschliche Aktivität

Die Herstellung von hybriden und vergesellschafteten Ökosystemen, die oft einfacher und weniger widerstandsfähig sind, führt manchmal zu neuen künstlichen Räumen und biophysikalischen Strukturen, die – analog zu den Vorräten – nur durch hohe Durchsatzraten aufrechterhalten werden können. Aufgrund ihres hybriden Charakters können sich diese Ökosysteme zu unerwarteten und aus gesellschaftlicher Sicht manchmal problematischen Strukturen entwickeln, die weitere Eingriffe erfordern. Dies ist der Fall bei den Feldern, Feuchtgebieten und Wäldern, die in intensive industrielle Agrarökosysteme mit hohem Durchsatz umgewandelt wurden. Das gilt aber auch für die zersiedelten städtischen Ballungsräume mit ihren Problemen in der Wasser-, Abfall- und Wärmebewirtschaftung.

Für die soziale Ökologie kann es keinen »Output« von Gütern und Dienstleistungen, keinen Aufbau von Produktionskapazitäten durch

33 Anke Schaffartzik u. a.: The transformation of provisioning systems from an integrated perspective of social metabolism and political economy: a conceptual framework, in: Sustainability Science, 5/2021, S. 1405–1421.

34 Michael Ekers/Scott Prudham: The Metabolism of Socioecological Fixes: Capital Switching, Spatial Fixes, and the Production of Nature, in: Annals of the American Association of Geographers, 6/2017, S. 1370–1388.

»Inputs« oder fixes Kapital und keinen Genuss von Gebrauchswerten geben ohne einen Durchsatz von Energie und Materie, die Akkumulation von Vorräten und ohne die Kolonisierung von Ökosystemen. Diese drei Dimensionen verbinden sich in Form von historischen Stoffwechselregimen, die auf verschiedenen Abstraktions- und Verallgemeinerungsebenen untersucht werden können. Der Kapitalismus ist kein Stoffwechselregime per se, sondern seine Entwicklung kommt in zwei Regimen zum Ausdruck, die wir nacheinander untersuchen werden: dem agrarischen Stoffwechselregime und dem fossil-industriellen Stoffwechselregime.

Ausgehend von diesen Erkenntnissen werden wir die folgenden Thesen zur materiellen Dimension kapitalistischer Gesellschaften herleiten und darlegen: 1. impliziert der Output – die im Kapitalismus zu Waren gemachten Güter und Dienstleistungen – einen Durchsatz; 2. wird der Durchsatz in kolonisierten Ökosystemen mit unterschiedlichen Graden an Hybridität und Künstlichkeit erzeugt oder aus ihnen extrahiert und in sie versenkt, die ihre eigenen Ströme des Durchsatzes beherrschen; 3. definieren diese Ströme des Durchsatzes die Grenze zwischen Gesellschaft und Natur; 4. bestimmen die Masse und Beschaffenheit der Vorräte in einer bestimmten Wirtschaft die Intensität und Qualität des Durchsatzes; und 5. bleiben die Ströme des Durchsatzes in einer kapitalistischen Gesellschaft unsichtbar, da der Kapitalismus eine monetäre Produktionswirtschaft ist, die Durchsatzströme verschleiert, und Vorräte erscheinen als »inhärent produktives«, privat gehaltenes Anlagekapital oder als langlebige Konsumgüter, deren Abhängigkeit vom Durchsatz hinter dem verborgen bleibt, was Alf Hornborg als technologischen Fetischismus bezeichnet hat.[35] Die soziale Ökologie hat Analyseinstrumente entwickelt, die diese biophysikalischen Prozesse sichtbar machen.

Das Ziel der sozialen Ökologie des Kapitals ist es, eine Synthese zwischen dieser biophysikalischen Analyse der metabolischen Grundlagen kapitalistischer Gesellschaften und umfassenderen Kapitalismustheorien anzubieten, mit der sich die sozialen Verhältnisse erklären lassen, von denen die monetäre Produktionswirtschaft beherrscht wird. In gewisser Weise zielt die analytische Anstrengung darauf ab, viele der von der sozialen Ökologie entwickelten Kategorien und Einsichten zu re-soziologisieren, indem sie von der Idee des sozialen Stoffwechsels im Abstrakten zum sozialen Stoffwechsel kapitalistischer Gesellschaften übergeht. Unser Projekt befasst sich mit der Frage, wie das Kapital als institutionalisierte soziale Struktur und Beziehung den Stoffwechsel heutiger Gesellschaften in einer Weise formt und definiert, die zu den

35 Alf Hornborg: Nature, Society, and Justice in the Anthropocene: Unraveling the Money-Energy-Technology Complex, Cambridge 2019.

ökologischen Widersprüchen führt, mit denen sie heute konfrontiert sind. Damit es sich um eine wirklich sozialökologische Analyse handelt, müssen biophysikalische und ökologische Prozesse und Strukturen ihre Kausalität in der Gesamterklärung beibehalten. Das Kapital hat eine soziale Ökologie: Es vermittelt den Stoffwechsel der heutigen Gesellschaften, und wie in jedem Prozess der Vermittlung wird es selbst durch das, was es vermittelt, beeinflusst.

Theorien des Kapitals und der Akkumulation

Kapital ist kein Ding, es ist eine soziale Beziehung. Dinge – Geld, Finanzanlagen, Vorräte an unverkauften Waren, Werkzeuge, Maschinen, Gebäude und Grundbesitz oder Marken und Patente – sind Formen, die das Kapital in einem Prozess der ständigen Metamorphose annimmt. Für sich genommen erfasst keine dieser Verdinglichungen des Kapitals sein Wesen, obwohl jede von ihnen in den Augen der Kapitalistinnen und anderer eine Manifestation seiner Existenz als objektive soziale und wirtschaftliche Kraft ist. In der marxschen Tradition steckt hinter diesen Formen ein grundlegendes gesellschaftliches Verhältnis: die Ausbeutung der Lohnarbeit, die Mehrwert produziert.[36] Das Wesen des Kapitals ist ein zweifaches: Einerseits impliziert seine Existenz die Subsumtion der produktiven Tätigkeit unter die Lohnarbeit, andererseits entsteht aus dem Produktionsprozess der Gesellschaft ein Mehrprodukt, das eine »Wertform« annimmt. Überall in der Geschichte und in den meisten Teilen der Welt lassen sich Beispiele für kapitalistische Aktivitäten finden, die der Subsumtion des wirtschaftlichen Prozesses der Gesellschaft unter das Kapital vorausgehen. In der Gestalt von Kaufleuten, Händlerinnen, Kleinproduzenten, Bäuerinnen und Spekulanten hat das Kapital neben anderen wirtschaftlichen Formen der Subsistenz, der Aneignung und der Zirkulation existiert. In einigen Fällen können diese wirtschaftlichen Aktivitäten die Gesellschaften und ihre ökologischen Beziehungen tiefgreifend verändern. Sie können von Markt, Geld und Handel abhängige Lebensformen erzwingen, die tief in das Gefüge der Gesellschaft eindringen; sie können auch zu riesigen Anhäufungen von Geldkapital und zu langen Kreisläufen des internationalen Handels führen, die Ozeane überspannen und Kontinente in Handelsimperien vereinen, wie in der ersten Phase der Ming-Dynastie in China oder in kleinerem und weniger bedeutendem Maßstab im klassischen kaiserlichen Athen oder im Venedig der Renaissance. Wir folgen Marx und Polanyi, wenn wir diese Gesellschaften als nicht kapitalistisch betrachten, was nicht

36 Am deutlichsten wird diese Auffassung von Marx in seinem Text »Revenue and its sources. Die Vulgärökonomie« formuliert, der als Beilage zu seinen »Theorien über den Mehrwert« (1862–1863) veröffentlicht wurde, die Kautsky herausgegeben hatte (1905–1910), vgl. MEW, Bd. 26.3, S. 445–528.

bedeutet, dass sie keine sozialen Herrschafts- und Ausbeutungsverhältnisse haben, sondern dass sie keine kapitalistische Form aufweisen. Ein oft genanntes Merkmal der kapitalistischen Gesellschaft ist die zentrale Rolle des Marktes in ihrem Wirtschaftsprozess. Dies kann bedeuten, dass die Deckung des Lebensunterhalts und die Bereitstellung grundlegender und notwendiger Güter und Dienstleistungen durch selbstregulierende, preisbildende Märkte vermittelt werden. Und obwohl dies ein allgemeines Merkmal der Vorherrschaft des Kapitals über den Wirtschaftsprozess ist, geht die Marktabhängigkeit in einer wirklich kapitalistischen Gesellschaft über den Bedarf an Gütern und Dienstleistungen hinaus. Sie ist auch mehr als ein den Kleinproduzenten auferlegter Zwang, ihre autonom produzierten Güter und Dienstleistungen am Markt verkaufen zu müssen. Die oben genannten Merkmale könnten eine Marktgesellschaft und -wirtschaft kennzeichnen, die nicht unbedingt kapitalistisch und schon gar nicht nach einer kapitalistischen Klassenstruktur organisiert sein muss. Um kapitalistische Gesellschaften handelt es sich, wenn der Zwang des Marktes die Existenz der produktiven Tätigkeit als Arbeitskraft in Verhältnissen der Klassenherrschaft vermittelt. In Anlehnung an die Arbeiten von Franck Fischbach[37] möchten wir auf der expressiven Dimension des für den Kapitalismus spezifischen Klassenverhältnisses der Herrschaft bestehen. Dieses Klassenverhältnis impliziert natürlich die Trennung zwischen den unmittelbaren Produzentinnen und den Produktionsmitteln. Dieses Verhältnis wird durch kapitalistische gesellschaftliche Eigentumsverhältnisse organisiert, die Land, Werkzeuge, Maschinen und Rohstoffe sowie Vorleistungen betreffen, die alle über Märkte bereitgestellt werden. Fischbach weist jedoch auf eine soziologische Besonderheit hin, die für die soziale Ökologie von Bedeutung ist: Sie schafft eine Klasse von potenziellen Produzenten, *die in den gegebenen institutionalisierten gesellschaftlichen Verhältnissen ihre Arbeitskraft nicht selbstständig anwenden können* und die auch keinen Zugang zu Subsistenzmitteln außerhalb des Marktes haben. Ihre Fähigkeit, eine bestimmte Lebensweise hervorzubringen, können sie nicht »zum Ausdruck« bringen. Dieses Ausdrucksvermögen wird von denjenigen monopolisiert, die das Herrschaftsverhältnis des Kapitals über die Arbeit ausüben; sie können entscheiden, wie sich die gesellschaftliche Arbeitsteilung entwickelt, wie die Fähigkeit des Produzierens gelenkt wird und wer in die kapitalistischen produktiven Tätigkeiten einbezogen oder von ihnen ausgeschlossen wird.

Im Kapitalismus ist diese soziale Gegebenheit kein marginales Merkmal des gesellschaftlichen Lebens und betrifft nicht nur Randgruppen der Gesellschaft, sondern sie ist ein allgemeines und sich ständig ausweiten-

37 Franck Fischbach: La privation de monde: temps, espace et capital. Problèmes et controverses, Paris 2011.

des soziales Verhältnis. Kurz gesagt sprechen wir hier von einer kapitalistischen Gesellschaftsformation, wenn nicht nur »Dinge« überwiegend in Waren verwandelt werden und die Möglichkeiten des Tauschens am Markt institutionalisiert sind, sondern wenn die Arbeitskraft als Ware zu einer zentralen Institution der sozialen Integration geworden ist. In einer solchen Gesellschaft findet eine Klasse, die Kapitalisten, einen Markt für »befreite« Arbeitskraft vor, die im Austausch gegen Geld gekauft werden kann, und eine andere Klasse, die der Arbeiter, ist gezwungen, ihre Arbeitskraft zu verkaufen, um zu arbeiten und ihren Lebensunterhalt in Form von *Geldlöhnen* zu verdienen.

Die monetäre Integration, bei der Ausgaben zu Einkommen *(revenues)* und Einkommen zu Ausgaben in einem Netz von Geldkreisläufen werden, ist ein wesentliches makroökonomisches Merkmal des Kapitalismus als Gesellschaftsform. Allzu oft wird die Definition des Kapitals auf einen einfachen Prozess der Verwertung und der anschließenden Verwandlung in Waren reduziert, aber damit das Kapital zu einer allgemeinen Vermittlung der gesellschaftlichen Reproduktion wird und den wirtschaftlichen Prozess der Gesellschaft als Ganzes erfasst, muss es auch eine Sphäre der Realisierung institutionalisieren, in der das, was produziert wird und Wert trägt, gekauft und konsumiert wird.[38] Diese makroökonomische Integration des ökonomischen Prozesses des Kapitals muss nicht die Konturen des Nationalstaates annehmen, auch wenn sie es oft tut, weil die monetäre Integration moderner kapitalistischer Gesellschaften in der Regel von staatlichem Geld oder der staatlichen Garantie von Bankgeld abhängt.[39] Der Grad der Abhängigkeit einer gegebenen Gesellschaft von diesem Verwertungsprozess für die Beschaffung von Lebensunterhalt und Wohlstand bestimmt in hohem Maße ihren kapitalistischen Charakter. Das Kapital existiert und entfaltet seine Logik der Akkumulation und Kommodifizierung in vielen gesellschaftlichen Formationen, aber der Kapitalismus als gesellschaftliche Form entsteht, wenn die monetären Kreisläufe des Kapitals die gesamte Gesellschaft und die Strukturen des täglichen Lebens erfassen und durchdringen und ihre Reproduktion bestimmen.[40]

38 Diese Perspektive, die erstmals von Rosa Luxemburg in ihrem Werk »Die Akkumulation des Kapitals« (1913) dargelegt und von Michał Kalecki und Theoretikern des Kapitalismus als Monetäre Produktionswirtschaft wie Antonio Graziani weiterentwickelt wurde, wird hier als Rahmen verwendet. Für einen Überblick vgl. Riccardo Bellofiore (Hrsg.): Rosa Luxemburg and the Critique of Political Economy, London 2009.

39 Geoffrey Ingham: The Nature of Money: New Directions in Political Economy, Cambridge 2004.

40 War die Sklavenplantagenwirtschaft in der Karibik entscheidend für die Entstehung des Kapitalismus in Europa und insbesondere in Großbritannien? Ja, das wurde von Eric Williams in den 1940er-Jahren festgestellt und von der Weltsystemtheorie in den 1970er-Jahren bekräftigt. Wie Luxemburg argumentierte, gedeiht die kapitalistische Akkumulation durch ihre Verbindung mit nicht oder halb-kapitalistischen Gesellschaftsformationen, wofür das System der Sklavenplantagen ein Beispiel ist. Ökonomisch gesehen maximiert es die Abpressung von Arbeitszeit und abstrakter Arbeitskraft, während es die ökonomischen Kosten der Reproduktion von Arbeitskraft für den Kapitalisten auf ein Minimum drückt. Dieselbe Logik gilt für die Plantage

Das Kapital, wie es als zentrale Vermittlung des ökonomischen Prozesses kapitalistischer Gesellschaftsformationen existiert, ist definiert durch die Subsumtion der produktiven Tätigkeit unter die Lohnarbeit und durch die Produktion eines wertförmigen Outputs und ökonomischen Mehrprodukts. Untersuchen wir nacheinander jede dieser Bestimmungen im Lichte einiger neuerer Beiträge zur Kritik des Kapitalismus als Wirtschaftsprozess.

Das Kapital verwandelt die produktive Tätigkeit, indem es sie als Lohnarbeit subsumiert; dies ist die erste These. Lohnarbeit existiert nicht an und für sich und ebenso wenig existiert die »produktive Tätigkeit« als etwas, das vom Fluss der täglichen Lebensaktivitäten getrennt und unterscheidbar ist. Die klassischen politischen Ökonomen waren besessen von der Unterscheidung zwischen produktiver und unproduktiver Arbeit, ein Problem, das Marx auf Hunderten von Seiten in seinen »Theorien über den Mehrwert« erörterte. Die zeitgenössische feministische Kapitalismuskritik, insbesondere die materialistische Theorie der Reproduktion, hat diese Diskussion auf höchst fruchtbare Weise verdrängt. Wir knüpfen hier an eine Tradition an, die von Rosa Luxemburg in »Die Akkumulation des Kapitals« (1913) begründet und von Maria Mies in den 1980er-Jahren und ihren feministischen Kolleginnen der Bielefelder Schule des Ökofeminismus fortgeführt wurde.[41] Das Kapital vermittelt soziale Aktivität, indem es produktive und reproduktive Arbeit trennt: Die erste wird geschätzt, als Arbeit mobilisiert und gegen Lohn ausgetauscht, was zu einer produktiven Sphäre wird; und die zweite wird als Hausarbeit und Versorgungstätigkeiten abgewertet, was zu einer reproduktiven Sphäre

als agro-ökologisches System der Nettoprimärproduktion. Aber eine *Wirtschaft* der Sklavenplantage würde sehr schnell auf Probleme der effektiven Nachfrage und der Absorption der produzierten Güter stoßen, da der durch Geld vermittelte Austausch auf das für den Kauf von Inputs erforderliche Minimum zusammenschrumpfen würde, und selbst diese Inputs könnten durch nicht monetäre Beziehungen angeeignet werden. Letztendlich müsste das Mehrprodukt in einer solchen Wirtschaft keine Geldform annehmen und der Zwang, ein monetarisiertes Mehrprodukt in die weitere Expansion der Produktion zu investieren, würde durch andere Formen der Absorption des Mehrprodukts und von Manifestationen sozialer Herrschaft und Privilegien ersetzt werden. Kolonialismus muss nicht kapitalistisch sein, um brutal, ausbeuterisch, gewalttätig und ökologisch zerstörerisch zu sein. Aber Sklavenplantagensysteme, die sich in die expansive Logik einer kapitalistischen Gesellschaftsformation wie Großbritannien während der industriellen Revolution einfügten, wie die Zuckerplantagen in der Karibik und die Baumwollplantagen im Süden der Vereinigten Staaten, nahmen kapitalistische Züge an. Darüber hinaus waren die spezifischen sozioökologischen Ausbeutungsbedingungen des Sklavenplantagensystems und seine Kolonialität von entscheidender Bedeutung für die massive und exponentiell wachsende Produktion wesentlicher Inputs für den britischen Industriekapitalismus in dieser entscheidenden Phase der Akkumulation. Insbesondere die Baumwollproduktion hätte ohne den doppelten Kontext der kolonialen Landnahme und der Sklaverei in der Plantagenwirtschaft des Südens der Vereinigten Staaten nicht mit der Geschwindigkeit expandieren können, die für die Akkumulation des britischen Kapitals im Textilsektor benötigt wurde. Siehe dazu die ausgezeichnete Studie von Sven Beckert: King Cotton. Eine Geschichte des globalen Kapitalismus. Aus dem Amerikanischen übersetzt von Annabel Zettel und Martin Richter, München 2014.

41 Tove Soiland: A Feminist Approach to Primitive Accumulation, in: Judith Dellheim/Frieder Otto Wolf (Hrsg.): Rosa Luxemburg: A Permanent Challenge for Political Economy, London 2016, S. 185–217.

unbezahlter, aber notwendiger Pflege und Arbeit wird. Reproduktionsarbeit und Pflege beziehen sich auf die Tätigkeiten, die für die Reproduktion des gesellschaftlichen Lebens – und damit auch für die biologische Reproduktion der menschlichen Bevölkerung – notwendig sind. Diese Trennung ist vergeschlechtlicht und verräumlicht, kapitalistische Arbeitsplätze entstehen als vom häuslichen Raum getrennte Räume und die wertgeschätzte Arbeit wird zunehmend aus dem Haushalt verdrängt, während die lebensschaffenden reproduktiven Tätigkeiten zunehmend an diesen Raum gebunden werden. Traditionelle Definitionen der kapitalistischen Ausbeutung basieren auf der Trennung zwischen den Trägern der Arbeitskraft und den Produktionsmitteln, die ihre Arbeitsfähigkeit vermitteln, und aus dieser Trennung entsteht die proletarische Lage. Die Theorie der sozialen Reproduktion verschiebt diese Definition hin zu einer Theorie der doppelten Trennung: Das Kapital entsteht durch die Trennung der Arbeitskraft von den Produktionsmitteln und durch die Isolierung der Arbeitskraft von der notwendigen Reproduktionsarbeit, sodass in einer kapitalistischen Gesellschaft eine bestimmte Arbeit als produktiv gewertet wird, weil andere Formen der Arbeit als reproduktiv abgewertet werden. Und dies ist entlang einer geschlechtsspezifischen Grenze der Herrschaft organisiert.

Produktion und Reproduktion entwickeln sich während der Herausbildung kapitalistischer Gesellschaftsformationen in einer gemeinsamen dialektischen Beziehung zueinander.[42] Ihr Verhältnis ist voller Spannungen und ungelöster Widersprüche zwischen lebensbewahrender und wertschaffender gesellschaftlicher Tätigkeit. Das Kapital schöpft Wert und Mehrwert allein aus der produktiven Arbeit, ist aber auf die Existenz einer reproduktiven, lebensbewahrenden Sphäre der Fürsorge angewiesen, die es nicht herstellen kann. Reproduktive Tätigkeiten selbst können vom unbezahlten in den bezahlten und entlohnten Status übergehen, und zwar in einem Kontinuum, in dem einige Formen der Sorgearbeit von der produktiven Sphäre des Mehrwerts absorbiert oder in den öffentlichen Sektor der »unproduktiven« – vom Standpunkt des Kapitals aus aber notwendigen – bezahlten Arbeit umgeleitet werden.[43]

Die Spannungen, die sich aus dem Verwertungsimperativ des Kapitals ergeben, werden durch die Spannungen noch verstärkt, die sich aus dem Imperativ der Wertrealisierung ergeben. Wie bereits erörtert, zeichnet sich eine kapitalistische Gesellschaftsformation nicht nur dadurch aus, dass die Kommodifizierung überhandnimmt und die Prozesse der Verwertung des Kapitals soziale Aktivitäten wie Arbeit sowie Gemeingüter und Natur als Inputs absorbieren und aneignen (in den marxschen

42 Maria Mies: Patriarchat und Kapital. Frauen in der internationalen Arbeitsteilung. Aus dem Englischen übersetzt von Stefan Schmidlin, Zürich 1988 [1986].

43 Emma Dowling: The Care Crisis. What Caused It and How Can We End It? London 2022.

Begriffen als variables und konstantes Kapital), sondern auch dadurch, dass eine kapitalistische Gesellschaftsformation als Gesamtheit auf den makroökonomischen Zusammenhang angewiesen ist: Erst durch den Konsum wird der in der Produktion erzeugte Wert realisiert. An diesem Punkt der Realisierung fließen die Löhne in Form von Markteinkommen an die Kapitalistinnen zurück und der Mehrwert erhält eine monetäre Form, wodurch er für eine neue Runde erweiterter kapitalistischer Produktion zur Verfügung steht.[44] Und so wie die Produktion des Mehrwerts von der Umwandlung gesellschaftlicher Aktivität in abstrakte Arbeit abhängt, hängt die Realisierung des produzierten Werts von der Subsumtion der Reproduktionssphäre und ihrer vergeschlechtlichten Aktivitäten ab. Auch wenn die reproduktiven Tätigkeiten ihrer Form und ihrem Inhalt nach trotz der Abhängigkeit der Subsistenz und Fürsorge vom Markt gegenüber dem Kapital selbstständig bleiben, entspricht diese Abhängigkeit der formellen Subsumtion: Die Kommodifizierung und Kolonisierung der Lebenswelt durch die Entwicklung von »Konsumkulturen« entspricht der reellen Subsumtion der reproduktiven Sphäre. Wie die Theoretikerinnen der sozialen Reproduktion erklären, ist dieser Prozess der Subsumtion nie abgeschlossen, die Autonomie der lebensbewahrenden Tätigkeiten ist eine immanente soziologische Eigenschaft der menschlichen Existenz.[45]

Unter Konsum verstehen wir also die sozialen Phänomene, die sich aus dem widersprüchlichen Prozess der Subsumtion der reproduktiven Tätigkeiten, der sozialen Versorgung und der reproduktiven Sphäre unter das Kapital in seinem Prozess der Wertrealisierung ergeben. Die Muster des Massenkonsums, die nach dem Zweiten Weltkrieg in fortgeschrittenen kapitalistischen Gesellschaftsformationen wie in Nordamerika aufkamen, entsprechen einer tiefgreifenden und radikalen Umgestaltung der Reproduktionstätigkeiten, einer räumlichen Neukonfiguration der Reproduktionssphäre und der durch die Förderung eines konsumorientierten Lebensstils bewirkten Neudefinition dessen, was »lebensbewahrend« bedeutet.[46] Diese Entwicklung war nicht unumstritten. Während der gesamten Nachkriegszeit und bis heute wurde sie immer wieder infrage gestellt, von den Hippies bis hin zu Degrowth und von alltäglicheren Formen des Widerstands wie dem Fortbestehen nicht kommodifizierter Praktiken der Subsistenz, der Pflege und des Zusammenlebens. Zusammenfassend lässt sich sagen, dass die produktive Sphäre des Kapitals von einer autonomen reproduktiven Sphäre abhängt, die es nicht produzieren kann und aus der es unbezahlte und

44 Augusto Graziani: The Monetary Theory of Production, Cambridge 2003.

45 Gargi Bhattacharyya: Rethinking Racial Capitalism. Questions of Reproduction and Survival, London 2018.

46 Susan Strasser: Waste and Want. A Social History of Trash, New York 1999.

notwendige Dienstleistungen bezieht. Aber die produktive Sphäre des Kapitals weitet sich kontinuierlich auf diese reproduktive Sphäre aus, auf der Suche nach entlohnter Arbeit für die Verwertung oder nach Pflege- und Subsistenztätigkeiten, die den kommodifizierten Output der kapitalistischen Produktion aufnehmen können. Die Konsumtion bezieht sich in dieser Perspektive auf jene reproduktiven Aktivitäten, die vom Markt abhängig sind und durch kapitalistisch produzierte Waren vermittelt werden.[47] Die Vermittlung oder Subsumtion kann mehr oder weniger stark ausgeprägt, aber niemals total sein, weil die lebensbewahrende soziale Reproduktion immer radikale Momente von Autonomie enthält.[48]

Die Kolonisierung und Subsumtion der vergeschlechtlichten Reproduktionssphäre ist eine notwendige und zugleich unmögliche Tendenz der kapitalistischen Akkumulation – notwendig sowohl als Quelle unbezahlter Arbeit und Dienstleistungen, die die Kosten der bezahlten Arbeit im Verwertungsprozess senken, als auch notwendig als Sphäre außerhalb der Produktion, die den kapitalistischen Output aufnehmen und den produzierten Wert realisieren kann. Wie Luxemburg jedoch nachdrücklich betont hat, ist diese Fähigkeit, die Produktion zu absorbieren, nur unter der makroökonomischen Bedingung möglich, dass die Haushalte über das notwendige Geldeinkommen verfügen, um den in der kapitalistischen Produktion geschaffenen Wert durch ihren Konsum zu realisieren. Vor der Mitte des 20. Jahrhunderts war dieses Gleichgewicht bestenfalls wackelig und brüchig,[49] der Kapitalismus war regelmäßig Überproduktions- und Unterkonsumtionskrisen ausgesetzt. Mit dem Aufkommen dessen, was als Fordismus bekannt wurde – einer auf dem von Lohnzuwächsen angetriebenem Wachstum beruhenden Regulationsweise – entstand im fortgeschrittenen kapitalistischen Kern eine breite Schicht von Arbeiterhaushalten, die das durch die Kapitalakkumulation erzeugte konstante Mehrprodukt absorbieren konnte.[50]

In der Tradition der Ökonomie von Rosa Luxemburg, die von der Bielefelder Schule des Ökofeminismus fortgeführt wird,[51] können wir das

47 Ich betone hier den kapitalistischen Charakter der Produktion, um im Auge zu behalten, dass auch nicht kapitalistische Produzenten wie Genossenschaften und kleine Selbstständige Waren auf den Markt bringen können. Die in so produzierten Waren eingebetteten Konsumnormen unterliegen nicht denselben Bestimmungen wie die von kapitalistischen Unternehmen, insbesondere von monopolistischen Konzernen produzierten Objekte.

48 Stefania Barca: Forces of Reproduction. Notes for a Counter-Hegemonic Anthropocene, Cambridge 2020.

49 Je kleiner die Klasse der Lohnarbeiter, desto wackeliger das Gleichgewicht, desto stärker werden die Wachstumsaussichten und die Akkumulationsmöglichkeiten des Kapitals eingeschränkt.

50 Vgl. hierzu Michel Aglietta: A Theory of Capitalist Regulation. The US Experience. Translated by David Fernbach, London 2000 [1976]; eine kürzlich erschienene Besprechung dieser Arbeit ist Éric Pineault: The ghosts of progress: Contradictory materialities of the capitalist golden age, in: Anthropological Theory, 3/2021, S. 260–286.

51 Einen Überblick bietet Soiland: A Feminist Approach to Primitive Accumulation.

Verhältnis von Kapital und Reproduktion als Grenze begreifen.[52] Der Expansionsdrang der letzteren lässt sich dann im Zusammenhang mit den Grenzen sehen, die die kapitalistische Dynamik mit anderen sozialen Prozessen und Formen verbinden. Mit dieser umfassenderen und allgemeineren Auffassung lassen sich die Verbindungen zwischen kapitalistischer Akkumulation und Kolonisierung, Sklaverei und Rassialisierung sowie geschlechtsspezifischen Formen der Herrschaft analysieren, wie Maria Mies in ihren Arbeiten vorschlägt.[53] Wenn wir die reproduktive Sphäre und ihre konsumtive Grenze im Fokus behalten, können wir nun die Implikationen für die Untersuchung des kapitalistischen Stoffwechsels aus der Perspektive einer kritischen sozialen Ökologie aufzeigen. In der formalen Sprache der Analyse von Material- und Energieströmen sind die Konsummuster und -praktiken der Haushalte entscheidende Determinanten und Triebkräfte sowohl für biophysikalische Ströme als auch für die Akkumulation von materiellen Vorräten. Anstatt die Ursache des Konsums auf unproblematische »Haushaltspräferenzen« zurückzuführen, können wir sie in das Feld der oben beschriebenen widersprüchlichen sozialen Kräfte einordnen und verfügen damit über die entscheidenden Instrumente, um diese bestimmenden Strukturen des kapitalistischen Stoffwechsels zu analysieren.

Die zweite These betrifft die Natur von Wert und Mehrprodukt: Kapital ist bestimmt als die Produktion eines Outputs und Mehrprodukts, die eine Wertform haben. Den Output des Wirtschaftsprozesses und das Mehrprodukt als wertförmig zu bezeichnen, bedeutet, sie in den begrifflichen Raum einer monetären Produktionswirtschaft zu stellen. In diesem Raum werden Output und Mehrprodukt zunächst als Waren produziert, deren Wert nach dem Verkauf als Geld in die Kassen der kapitalistischen Produzenten zurückfließen. Wir könnten uns in die Feinheiten der Arbeitswerttheorie (oder, wie Bellofiore es treffend ausdrückt, der »Werttheorie der Arbeit«[54]) vertiefen, aber für die Zwecke dieser Arbeit ist ein Merkmal für die folgende Argumentation von Bedeutung: die Reversibilität der kapitalistischen Wertform als Geld. Die kapitalistische Produktion beginnt mit einem anfänglichen Akt der Verausgabung, bei dem Geld in die Ware Arbeitskraft und materielle Inputs in Warenform umgewandelt und als fixes Kapital in Produktionsmittel investiert wird (die in letzter Instanz auch wieder aus verausgabter Arbeitskraft und umgewandelten materiellen Inputs bestehen). Sobald die Inputs durch die Mühen der Arbeit und vermittelt durch das fixe Kapital stofflich in einen Output

52 Diese Frage ist im letzten Jahrzehnt auch von Nancy Fraser sehr intensiv behandelt worden, zum Beispiel in Nancy Fraser: Contradictions of Capital and Care, in: New Left Review 100/2016, S. 99–117.

53 Vgl. Bhattacharyya: Rethinking Racial Capitalism.

54 Riccardo Bellofiore: The Multiple Meanings of Marx's Value Theory, in: Monthly Review, 11/2018, S. 31–48.

verwandelt worden sind, nimmt dieser die Form einer Ware an, die verkauft und konsumiert werden kann. Die Bedingungen des Konsums des Endprodukts hängen vom Grad der Subsumtion des Reproduktionsprozesses ab, der den Gebrauch und Endverbrauch der Ware bestimmt. Aber aus kapitalistischer Perspektive ist dieser Punkt der Konsumtion nicht das Endziel der Produktion.[55]

Vom kapitalistischen Standpunkt aus ist das Endziel der Produktion die Metamorphose des produzierten Werts aus seiner Warenform zurück in die Geldform, um erneut verausgabt werden zu können. Nicht nur das anfängliche vorgeschossene Geld, das zur Einleitung des Produktionsprozesses erforderlich war, wird zurückgewonnen, sondern zu diesem Vorschuss ist ein Mehrwert hinzugekommen, der ebenfalls die Geldform annimmt. Auf den Ursprung dieses Mehrwerts werden wir noch eingehen; hier geht es darum, dass er ebenfalls eine Wertform hat und als Geld akkumuliert wird. Die kapitalistische Produktion stellt sich als ein zirkulärer Prozess dar, und die Metamorphosen des Kapitals scheinen die Eigenschaft der Umkehrbarkeit zu haben. Das Geld als Kapital kehrt, obwohl es verbraucht und eine Reihe von Metamorphosen durchlaufen hat, am Ende seines Prozesses unversehrt in seine ursprüngliche Geldform zurück und hat sich sogar vergrößert. Diese Reversibilität der kapitalistischen Wertform steht in starkem Kontrast zur thermodynamischen Irreversibilität des zugrunde liegenden Prozesses eines materiellen Durchsatzes, der als Stoffwechsel zu untersuchen ist. Darüber hinaus verdeckt der monetäre Kreislauf der kapitalistischen Produktion und Konsumtion auch andere ökonomische Beziehungen, die aus einer metabolischen Perspektive für den Kapitalismus wesentlich sind. Vor der Produktion liegt eine ökonomische Beziehung der Extraktion, die sicherstellt, dass das Kapital materielle Inputs in Warenform vorfindet, die gekauft und umgewandelt werden können. Die Reduzierung des Stoffwechselprozesses der Aneignung dieser Materie auf einen Produktionsprozess verschleiert die sozioökologischen Besonderheiten der Extraktionsbeziehungen. Das Gleiche gilt für den Moment, der auf die kapitalistische Realisierung des Werts folgt. Wenn für den Kapitalisten der Wert als Geld ordentlich in seine Kassen zurückfließt, so ist der Weg des Outputs in Bezug auf den Stoffwechsel noch längst nicht abgeschlossen: Von der Ware auf dem Markt über die Nutzung bis hin zur Entsorgung und zum Abfall unterliegt der Output einer Reihe von linearen und irreversiblen – aber sozial (und kapitalistisch) bedingten – materiellen Metamorphosen, die nicht damit enden, dass die Materie ihre ursprüngliche Form und ihre ursprünglichen Möglichkeiten zurückerhält. Diese Diskrepanz zwischen dem als Kapital produzierten Wert und Mehrwert

55 Wir klammern hier Zwischenprodukte und investierte Güter und Dienstleistungen aus, um uns auf die Güter des Endverbrauchs zu konzentrieren.

und dem materiellen Durchsatz ist ein zentrales theoretisches Element der in diesem Buch skizzierten Perspektive einer sozialen Ökologie des Kapitals. Es ließe sich noch viel mehr zur Frage des Werts sagen; einige Probleme werden in späteren Kapiteln aufgegriffen, aber Leserinnen, die eine neue Theorie auf diesem Gebiet oder eine eingehende Diskussion der klassischen Werttheorie und ihrer Grenzen im Lichte der aktuellen Entwicklungen durch feministische, ökologische und postkoloniale Kapitalismuskritik erwarten, werden enttäuscht sein.[56] Dies wäre ein Projekt für sich und würde wahrscheinlich viele Bücher mit Studien erfordern. Weil sich vieles analysieren und erklären lässt, indem die Preisbildung in einer fortgeschrittenen kapitalistischen Wirtschaft durch monopolistische Praktiken und disruptive Wettbewerbszyklen untersucht wird, werden wir uns auf diese monetären Aspekte der Wertform konzentrieren und die heikle, aber höchst metaphysische Frage nach dem Wesen und der inneren Funktionsweise der angeblich preisbestimmenden Wertsubstanz beiseitelassen.[57]

Akkumulation als Regime

Neben dem Wert ist die Akkumulation der letzte zentrale Begriff, der in dieser Arbeit einer vorherigen Definition bedarf. Die Akkumulation des Kapitals ist sowohl das Ergebnis des Funktionierens von Produktion und Konsumtion eines Outputs in Wertform und der Rückgewinnung eines Mehrwerts in Geldform als auch die Voraussetzung der kapitalistischen Reproduktion. Kapitalinvestitionen und die kapitalistische Produktion im Allgemeinen sind möglich, weil das Kapital als Geld im reversiblen

56 Einige jüngere und interessante Beiträge zu dieser Frage sind: Elke Pirgmaier: The value of value theory for ecological economics, in: Ecological Economics, 179/2021, 106790; Alf Hornborg: Why ecological economics should not adopt marxian value theory, in: Ecological Economics 193/2022, 107334; John Bellamy Foster/Paul Burkett: Value Isn't Everything, in: Monthly Review, 6/2018, S. 1–17; Giorgos Kallis/Erik Swyngedouw: Do Bees Produce Value? A Conversation Between an Ecological Economist and a Marxist Geographer, in: Capitalism Nature Socialism, 3/2018, S. 36–50; und Jason W. Moore: The Value of Everything? Work, Capital, and Historical Nature in the Capitalist World-Ecology, in: Review (Fernand Braudel Center), 3–4/2014, S. 245–292.

57 Zur Frage des Wertes haben wir eine ähnliche analytische Strategie gewählt wie Paul A. Baran und Paul M. Sweezy in ihrem klassischen Werk: Monopolkapital. Ein Essay über die amerikanische Wirtschafts- und Gesellschaftsordnung. Aus dem Amerikanischen übersetzt von Hans-Werner Saß, Frankfurt a. M. 1973 [1966]. Dieser Ansatz wird auch von Ökonomen geteilt, die der von Kalecki eröffneten Sichtweise folgen. Beide Herangehensweisen haben das Verständnis der kapitalistischen Akkumulationsdynamik, das zu diesem Buch führte, tiefgreifend geprägt. Schließlich kann eine Diskussion über den Wert heute meines Erachtens nicht unmittelbar bei Marx beginnen, sondern muss von der metaökonomischen Frage des Wertes als einer sozialen Form und einer besonderen Institution ausgehen. In diesem Sinne würde ich dazu neigen, den Wert als eine Vermittlung zu definieren, die durch die Schaffung von Grenzen und Trennungen innerhalb des sozialen Produktionsprozesses wirkt. Der Wert setzt Grenzen und legitimiert Trennungen zwischen wertvoll und wertlos; in kapitalistischen Ökonomien wird diese Grenze durch die von den Bielefelder Feministinnen vertretene Binarität von produktiv und unproduktiv gebildet. Siehe dazu den hervorragenden Beitrag von Adelheid Biesecker und Sabine Hofmeister: Focus: (Re)productivity: Sustainable relations both between society and nature and between the genders, in: Ecological Economics, 8/2010, S. 1703–1711. Auszugehen wäre von diesem Problem: In welchem Kontext und auf welche Weise wird eine Wertgrenze institutionalisiert? In diesem Sinne ist Wert immer auch Abwertung.

Wirtschaftskreislauf des Werts akkumuliert wurde. Die Akkumulation ist ein Imperativ, mit dem jeder Kapitalist konfrontiert ist und der die Produzenten dazu zwingt, in die Ausweitung des ökonomischen Prozesses des Kapitals zu investieren und damit den gesellschaftlichen Stoffwechsel zu steuern. Die Akkumulation als Regime ist ein begriffliches Instrument, das diese erweiterte Reproduktion des Kapitals als eine Totalität und einen gesellschaftlichen Entwicklungsverlauf erfasst. Sie modelliert die makroökonomische Struktur einer kapitalistischen Wirtschaft als System sozialer Beziehungen, die durch monetarisierte Produktions-, Investitions- und Konsumpraktiken vermittelt werden.

Die Regulationsschule der kritischen politischen Ökonomie hat ein leistungsfähiges Erklärungsinstrumentarium vorgeschlagen, um diese Beziehungen und ihr Zusammentreffen als verschiedene Akkumulationsregime zu begreifen.[58] Diese Modelle können formalisiert und mathematisch ausgedrückt werden oder sie können durch eine institutionelle Analyse konstruiert werden, die die konstitutiven sozialen Beziehungen und Praktiken dieser Formationen beschreibend definiert. Die letztgenannte methodologische Option ist der in dieser Arbeit verwendete Ansatz. Nach der Regulationstheorie entstehen Akkumulationsregime durch einen konflikthaften und kontingenten Prozess der Institutionalisierung spezifischer wirtschaftlicher Beziehungen der Produktion, des Konsums und der Einkommensverteilung zwischen den Klassen, die die Vereinbarkeit zwischen der Entwicklung der Produktionskapazitäten und der Entwicklung der Nachfrage gewährleisten und den Konflikt zwischen Kapital und Arbeit strukturieren. Dies führt zu einem Investitionsmuster, das den Akkumulationsprozess der Wirtschaft als Ganzes um einen bestimmten Wachstumspfad herum stabilisiert.[59]

In der jüngeren Geschichte der kritischen politischen Ökonomie hat es eine große Vielfalt an Typologien von Akkumulationsregimen gegeben, die verschiedene Perioden, Regionen und Länder nach einer Vielzahl von Logiken der wirtschaftlichen Reproduktion unterschieden haben.[60] Das archetypische Akkumulationsregime ist der »Fordismus«, der von Michel Aglietta in seinem bahnbrechenden Werk »A Theory of Capitalist Regulation« (Eine Theorie der kapitalistischen Regulation) vorgeschlagen wurde, das 1976 ursprünglich auf Französisch veröffentlicht wurde.

58 Einen klassischen Überblick bietet Robert Jessop: Regulation Theory in Retrospect and Prospect, in: Economy and Society, 2/1990, S. 153–216; und ders.: Twenty Years of the (Parisian) Regulation Approach: The Paradox of Success and Failure at Home and Abroad, in: New Political Economy, 3/1997, S. 499–522.

59 Ausführlicher hierzu Pineault: The ghosts of progress.

60 Für eine aktuelle Analyse des globalen Verlaufs der kapitalistischen Akkumulation in einer metabolischen Perspektive aus der Wiener Schule der sozialen Ökologie vgl. Christoph Görg u. a.: Scrutinizing the Great Accleration: The Anthropocene and its analytic challenges for social-ecological transformations, in: Anthropocene Review, 1/2019, S. 42–61. Das vorliegende Buch kann als Beitrag zu dem in diesem Papier skizzierten Forschungsprogramm gelesen werden.

Er versuchte, die gesellschaftspolitische und sozioökonomische Stabilität und das starke Wachstum der fortgeschrittenen kapitalistischen Gesellschaften in der Nachkriegszeit sowie die Gründe für den anschließenden Zusammenbruch dieser Struktur Mitte der 1970er-Jahre zu erklären. Seine empirische Grundlage war die spezifische Entwicklung der amerikanischen kapitalistischen Wirtschaft ab Mitte des 19. Jahrhunderts, und sein theoretisches Instrumentarium bestand aus einer Kombination von marxscher Ökonomie, postkeynesianischer Geldtheorie und Institutionenökonomik sowie der althusserschen Erkenntnistheorie. Das Ergebnis war eine Theorie des Fordismus, die in verschiedenen Formen sowohl als theoretischer Rahmen als auch als Erzählung von kritischen politischen Ökonominnen in einem breiten Spektrum von Sozialwissenschaften ab den 1980er-Jahren rasch übernommen wurde. Die Regulationstheorie entwarf ein Wachstumsmodell für das goldene Zeitalter, in dem Angebot und Nachfrage durch das Lohnverhältnis in der Weise miteinander verbunden waren, dass die Realeinkommen der Arbeiter an die Produktivitätssteigerungen gekoppelt waren. In diesem Akkumulationsregime wurden das Produktionsniveau und die Investitionen in neue Produktionskapazitäten in gewisser Weise durch die Beschaffenheit des Lohnverhältnisses vorweggenommen und bildeten die Grundlage für drei Jahrzehnte stabilen Wachstums und quasi Vollbeschäftigung für die für den »Broterwerb« zuständigen (weißen) Männer im fortgeschrittenen Kapitalismus Nordamerikas und Westeuropas. Der Zusammenbruch dieses Lohnverhältnisses als Regulierungsmodus der Akkumulation in den 1970er-Jahren wurde auf viele widersprüchliche Arten erklärt. Selbst wenn alle darin übereinstimmen, dass wir uns im fortgeschrittenen kapitalistischen Kern vom »Fordismus« entfernt haben, besteht keine Einigkeit darüber, wie das Regime oder die Regime, die danach kamen, zu charakterisieren sind.

Dieses Buch schlägt eine andere Perspektive auf die Entwicklung des fortgeschrittenen Kapitalismus vor. Wir treten einen Schritt zurück von den verschiedenen historischen und lokalen Typologien von Akkumulationsregimen, die zur Charakterisierung der Entwicklung einer Vielzahl von Kapitalismen im 20. und im 21. Jahrhundert herangezogen wurden, und konzentrieren uns auf die beständigen und strukturellen Merkmale der Akkumulation im Verlauf der letzten 100 Jahre. Während die Regulationstheorie eine ökonomisch stabile und sozial fortschrittliche Kopplung von Produktivitäts- und Reallohnwachstum als Ergebnis von Klassenkampf und sozialem Kompromiss ansah, versteht eine soziale Ökologie des Kapitals den fordistischen Pakt und das, was danach kommt, eher als Teil eines Akkumulationsregimes, das durch einen dauerhaften und strukturellen Zwang zur ökonomischen Überschussabsorption und deren expansiven Stoffwechsel reguliert wird. Was verstehen wir unter einem Regime, das durch den Zwang zur ökonomischen Überschussabsorption strukturiert ist? In Anlehnung an die Schule des Monopolkapitals können wir ein Akkumulationsregime, das dem Zwang zur Produktion eines ökonomischen Mehrprodukts unterliegt, von einem Regime unterscheiden, das mit dem Problem des Zwangs zur Absorption des ökonomischen Mehrprodukts konfrontiert ist. In der ersten Situation, die in etwa der kapitalistischen Dynamik zur Zeit von Marx im 19. Jahrhundert entspricht, wird die kapitalistische Entwicklung in erster Linie durch das Moment der »Wertschöpfung« innerhalb der Akkumulation angetrieben und begrenzt. In einem Regime, in dem die Probleme der Absorption des Mehrprodukts im Vordergrund stehen, verlagert sich der Ort des Widerspruchs und der Grenzen der Entwicklung auf das Moment der »Realisierung« im Prozess der Akkumulation.[61]

In den meisten historischen Formationen wirtschaftlicher Ausbeutung werden untergeordnete Klassen von den herrschenden Klassen mobilisiert, um sie zur Herstellung eines Mehrprodukts zu zwingen, das in Formen angeeignet, akkumuliert und konsumiert wird, die für die Reproduktion ihrer sozialen Macht und der gesamten Ausbeutungsstruktur notwendig sind. Wir können den fortgeschrittenen Kapitalismus als eine soziale Formation definieren, in der zu diesen ökonomischen Ausbeutungsverhältnissen noch der Zwang hinzukommt, dass ein bedeutender Teil der untergeordneten Klassen das von ihnen produzierte Mehrprodukt absorbiert, konsumiert und in Abfall verwandelt. Natürlich wird dieser Überschuss nicht direkt von den Produzentinnen abgeschöpft, was einer Form von sozialistischer Ökonomie ähneln würde. Vielmehr wird er durch einen wirtschaftlichen Prozess absorbiert, der die organisatorische Fähigkeit des Kapitals reproduziert, ein wachsendes Mehrprodukt zu erzeugen, abzuschöpfen und zu verwalten. Die Absorption des Mehrprodukts ist sehr ungleich auf die untergeordneten Klassen und Gruppen verteilt. Einige sind privilegierte individuelle Verbraucher mit großem ökologischen Fußabdruck, andere, unterprivilegierte – marginalisierte, rassialisierte und kolonisierte – Gruppen absorbieren Teile des Mehrprodukts in Form von billigen Schrottgütern und giftigen und/oder ungesunden Nahrungsmitteln und Getränken.[62] Und zwischen beiden Grup-

61 Dies ist eine ziemlich klassische Unterscheidung, die in den 1940er-Jahren von Paul M. Sweezy: Theorie der kapitalistischen Entwicklung. Eine analytische Studie über die Prinzipien der Marxschen Sozialökonomie. Aus dem Amerikanischen von Dr. Gertrud Rittig-Baumhaus, Frankfurt a. M. 1970 [1942], und in den 1950er-Jahren von Paul A. Baran: Politische Ökonomie des wirtschaftlichen Wachstums. Übersetzt von Christel Klose und Gottfried Frenzel, Neuwied 1966 [1957] entwickelt wurde. Sie bildet auch die Grundlage für ihre gemeinsame Entwicklung der Monopolkapitaltheorie in den 1960er-Jahren in ihrem bahnbrechenden Werk »Monopolkapital« und findet sich ebenso in den Schriften der bekannten postkeynesianischen Ökonomin Joan Robinson.

62 Eine ausgezeichnete Erörterung dieser Dynamik, veranschaulicht durch den Anstieg des Konsums von Ramensuppen in der asiatischen Arbeiterschaft, findet sich in Max Haiven: Palm Oil. The Grease of Empire, London 2022.

pen existieren unzählige Abstufungen. Außerdem ist die Absorption des Mehrprodukts auch eine kollektive Angelegenheit, eingebettet in unsere öffentlichen Infrastrukturen und Dienstleistungen. Wenn dieses Mehrprodukt nicht angemessen absorbiert wird, gerät dieses Akkumulationsregime in eine Krise der »Überakkumulation« – ein erheblicher Teil der Produktion wird nicht konsumiert, brachliegendes Anlagekapital wird entwertet und neue Investitionen werden mangels rentabler Absatzmöglichkeiten gestrichen.

Die Stabilität und Lebensfähigkeit eines solchen Akkumulationsregimes, die Reproduktion der gesamten Ausbeutungsstruktur, beruht also auf der Fähigkeit, die soziale Aktivität der untergeordneten Klassen nicht nur als Produzentinnen des Mehrprodukts, sondern auch und vor allem als Absorbierer des Mehrprodukts zu mobilisieren. In Anlehnung an die bahnbrechende Arbeit von Allan Schnaiberg können wir diesen Prozess als die Tretmühle einer »durch Überkonsumtion verwerteten Überproduktion« bezeichnen.[63] Überproduktion war schon immer ein Problem für Kapitalisten. Im fortgeschrittenen Kapitalismus wird dieser Widerspruch durch die massenhafte Organisation dessen ersetzt, was von Umweltschützerinnen und Wachstumskritikern als Überkonsumtion angeprangert wird. Überkonsum, wie er in unserer Arbeit verstanden wird, ist nicht das Ergebnis von gefräßigen, leichtgläubigen oder engstirnig materialistischen verschwenderischen Subjekten, die von den »Vermarktungsstrategien« des fortgeschrittenen Kapitalismus verführt werden – Subjekte, die entweder weniger oder ökologisch und ethisch bessere Waren und Dienstleistungen kaufen sollten. Diese in der ökologischen Konsumkritik häufig anzutreffende Moralvorstellung übersieht die tieferen sozialen Determinanten, die diesen Prozess tatsächlich antreiben. Überkonsum ist ein strukturelles Merkmal, das mit der Dialektik der Subsumtion der sozialen Reproduktion unter das Kapital zusammenhängt, die wir zuvor skizziert haben. Da sich der Prozess der Subsumtion von der formellen zur reellen Subsumtion verschiebt, können wir dann von Überkonsumtion sprechen, wenn die Beschaffenheit der materiellen Objekte, von denen Lebensbewahrung und Subsistenz abhängen, ihre Umschlaggeschwindigkeit, die abstrakte Energie, die organische und anorganische Materie, die mit ihrer Produktion und Zirkulation verbunden sind, alle als Mechanismen der Absorption des Mehrprodukts wirken. Auf der Grundlage der Arbeiten von Baran und Sweezy hat John Bellamy Foster den Begriff des »kapitalistisch bestimmten Gebrauchswertes« vorgeschlagen, um diesen zentralen Mechanismus der Absorption des Mehrprodukts im fortgeschrittenen Kapitalismus zu beschreiben. In der vorliegenden Arbeit nutzen wir diesen

63 Allan Schnaiberg: The Environment. From Surplus to Scarcity, New York 1980.

Begriff, um insbesondere die Existenzweise der warenförmigen Artefakte zu analysieren, die das tägliche Leben und die sozialen Praktiken in den heutigen kapitalistischen Gesellschaften strukturieren.[64] Verdrängung wird zum neuen zentralen Wachstumsmotor im Kapitalismus, der zu einer Neubestimmung sowohl der extensiven und intensiven Formen der Akkumulation führt, als auch der Grenzen zwischen der monetarisierten Sphäre der Wirtschaft und der Sphäre der Reproduktion, die um nicht monetarisierte Formen der Versorgung und Pflege herum organisiert ist. Die Agenten dieser Verdrängung, also die Kapitalformen, die einerseits zur Überproduktion gezwungen sind und andererseits die Subsumtion der gesellschaftlichen Reproduktion als Überkonsumtion organisieren, sind große organisatorisch integrierte monopolistische Konzerne.

Bevor wir die sozial-ökologische Logik der Akkumulation, die sich aus den Praktiken dieser Unternehmen ergibt, kritisch untersuchen, tauchen wir ein in die besondere Materialität des Wirtschaftsprozesses der kapitalistischen Gesellschaft. Diese Reise in die Welt der massenhaften Ströme und Anhäufungen von Materie wird uns hinter die Fassade kapitalistischer Waren und glänzender Artefakte führen, die dazu bestimmt sind, die Sinne zu erregen und den Geist abzulenken. Wir werden eine Materialität des kapitalistischen Stoffwechsels entdecken, die trostlos, stumpf und düster ist, wie der Asphalt, der Schotter, der Zement und der Beton, die den größten Teil der Lebenswelt um uns herum formen, wie der Rauch, der aus der Kombination von Kohle, Gas und Öl aufsteigt, der die Maschinen antreibt, die uns (oder einige) von der Arbeit befreien, unsere körperlichen Fähigkeiten vervielfältigen und erweitern, wie die Monokulturen von Soja, Mais und Palmen, die die Biomasse erzeugen, die unsere Körper ernährt oder die Körper, die wir schlachten und essen. Nachdem wir die massenhaften Ströme und Anhäufungen von Materie, die den heutigen Kapitalismus kennzeichnen, untersucht haben, werden wir die Struktur und Logik des kapitalistischen Stoffwechsels als sozioökologisches Regime skizzieren. Kapitalistische Volkswirtschaften und Gesellschaften sind in ihrer Entwicklung durch die Zwänge und Möglichkeiten ihrer metabolischen Grundlagen begrenzt. Die Untersuchung dieser Grundlagen als »Stoffwechselregime« bildet die zentralen Kapitel dieser Arbeit. In den abschließenden Kapiteln kehren wir zur Untersuchung der fortgeschrittenen kapitalistischen Akkumulationsdynamik zurück, die ihre biophysikalischen Grundlagen sowie ihre sozioökologischen Bestimmungen und Folgen berücksichtigt. Wir hoffen, den Leser davon überzeugen zu können, dass dieser Ansatz die notwendigen begrifflichen Werkzeuge für eine soziale Ökologie kapitalistischer Gesellschaften

64 John Bellamy Foster: The Ecology of Marxian Political Economy, in: Monthly Review, 4/2011, S. 1–16.

bereitstellt, die sowohl konsistent und präzise als auch von politischer Bedeutung für eine kritische Theorie sind und von sozial-ökologischen Bewegungen genutzt werden können, die sich der materiellen Entwicklung der heutigen Zeit entgegenstellen.

1 —— Der Materialfluss

Der gesellschaftliche Reichtum in kapitalistischen Gesellschaften erscheint als ein kontinuierlicher und überbordender Ausstoß von Waren und Dienstleistungen. Von den globalen Lieferketten über die Verteilzentren bis hin zu den Orten des kollektiven oder individuellen Konsums steuert und regelt der Austausch mit Geld die Produktion und den Konsum dieses einen Wert enthaltenden Outputs. Kapital und Arbeit streiten sich um die Bedingungen der Produktion und der Verteilung, Regierungen intervenieren als Verwalter seiner Expansion, das Bruttoinlandsprodukt (BIP) misst sein Wachstum. In einer kapitalistischen Gesellschaft gilt die einen Wert erzeugende Produktion als die materielle Grundlage des gesellschaftlichen Lebens, der Subsistenz und der gesellschaftlichen Reproduktion. Im Idealfall sollte die werterzeugende Produktion nicht nur ein bescheidenes Auskommen, sondern blühende Gesellschaften und ein gutes Leben für alle garantieren. Die Vermehrung der Produktion, entweder als Tausch- oder als Gebrauchswert, ist in modernen Gesellschaften das wichtigste Mittel zur Erreichung dieser Ziele. Die Systeme der politischen Ökonomie bieten unterschiedliche und gegensätzliche Ansichten darüber, wie die Beziehungen zwischen Kapital, Arbeit und Staat am besten organisiert werden sollten, um dieses Wachstum zu erreichen, und wie nach je unterschiedlichen Vorstellungen von Gerechtigkeit die Rechte auf die Nutzung und den Verbrauch des wachsenden wertmäßigen Outputs verteilt werden sollten.

Gegenstand der sozialen Ökologie und dieser Untersuchung ist der materielle Durchsatz, aus dem dieser Output geschöpft wird, auf dem er beruht, und welche ökologischen Beziehungen sich entlang seines Stroms entwickeln. Stellt sich der wertmäßige Output als eine »ungeheure Warensammlung« dar – Kapitalgüter, Konsumgüter, Dienstleistungen, Gebäude und Infrastrukturen –, so ist der Durchsatz der massenhafte Strom von Energie und Materie, den eine Gesellschaft in ihrem Wirtschaftsprozess mobilisiert, umwandelt und entsorgt, um diesen wertmäßigen Output zu produzieren, zu konsumieren und zu nutzen. Der Durchsatz ist somit eine viel umfassendere Kategorie und Realität als die Wirtschaftsleistung.[1] Er

1 Der ökologische Ökonom Herman Daly bietet in seinem Lehrbuch »Steady-State Economics« diese Definition des Durchsatzes an: »der entropische physikalische Strom von Materie-Energie

umfasst ein breites und vielfältiges Ensemble von Materialitäten und bestimmt sowohl die sozialen Beziehungen zur Natur als auch die ökologischen Widersprüche der kapitalistischen Entwicklung. Dennoch bleiben viele Aspekte dieses Materialstroms in den alltäglichen produktiven, konsumtiven und reproduktiven Praktiken und Vorstellungen verborgen oder unsichtbar. Im letzten halben Jahrhundert wurde beispielsweise erkannt, dass wirtschaftliche Aktivitäten Kohlenstoffemissionen erzeugen, die das Klima der Erde destabilisieren, aber immer noch fällt es den modernen kapitalistischen Gesellschaften schwer, die materiellen Ströme von Kohlenstoff oder Methan sichtbar zu machen. Und dies ist nur einer der vielen entscheidenden Stoffströme, die mit ihrem wirtschaftlichen Prozess verbunden sind.

Die Zirkulation des wertmäßigen Outputs ist an die sozialen Beziehungen der Produktion und des Konsums gebunden; dies ist die übliche Darstellungsweise des Wirtschaftsprozesses in der modernen kapitalistischen Gesellschaft: Ökologische Beziehungen und natürliche Prozesse scheinen völlig außerhalb dieser wirtschaftlichen Beziehungen zu liegen. Um sie in den Vordergrund zu rücken, müssen wir uns von den Kategorien und Maßeinheiten des wertmäßigen Outputs lösen und auf neue Kategorien zurückgreifen, mit denen die Materialität des Durchsatzes und die Vermittlung des ökonomischen Prozesses durch die biophysikalischen Determinanten der Materialströme ausgedrückt werden können. Wir müssen die Kategorien und Maßeinheiten für die Darstellung des Durchsatzes nicht erst erfinden; die jüngste Entwicklung der Materialflussanalyse und der nationalen Materialflusskonten *(material flow national accounts)* liefert uns die notwendigen begrifflichen Werkzeuge, das Vokabular und die Daten.[2] Aus dieser Perspektive werden wir unsere Untersuchung der sozialen Ökologie des Kapitals beginnen, indem wir die Struktur, Substanz und Dynamik des Durchsatzes sowie seine Akkumulation als materielle Bestände in Form der trägen Artefakte, die die kapitalistischen Welten anfüllen, eingehender untersuchen.

von den Quellen der Natur durch die menschliche Wirtschaft und zurück zu den Senken der Natur« (Herman E. Daly: Steady-State Economics, 2nd ed. with New Essays, Washington/DC 1991, S. 36). Der Durchsatz bildet nach Daly die »ultimativen biophysikalischen Kosten« der wirtschaftlichen Produktion und des Konsums, die nicht in Geldwert, sondern in Entropie und Verlust von Ökosystemleistungen gemessen werden (ebd. S. 37). Auch wenn Georgescu-Roegen noch nicht das Wort »Durchsatz« verwendete, so hat er ihn dem Begriff nach bereits in den 1970er-Jahren vorweggenommen, als er die Struktur und Dynamik der Wirtschaft als ein System biophysikalischer Prozesse, die den Gesetzen der Thermodynamik unterliegen, untersuchte. Vgl. Nicholas Georgescu-Roegen: The Entropy Law and the Economic Process, Cambridge/MA 1971. Vgl. auch ders.: Energy and Economic Myths, in: Southern Economic Journal, 3/1975, S. 347–381.

2 Die meisten unserer Daten und Kategorien stammen aus der Datenbank des Umweltprogramms der Vereinten Nationen (UNEP), International Resource Panel (IRP): Global Material Flows Database, unter: www.resourcepanel.org/global-material-flows-database. Verfeinerte Daten und Begriffe zu den Materialbeständen stammen aus der Arbeit des Wiener Instituts für Soziale Ökologie, dem diese Arbeit viel zu verdanken hat: https://boku.ac.at/en/wiso/sec.

Ein linearer Durchsatz

Aus der biophysikalischen Perspektive der sozialen Ökologie nimmt der Wirtschaftsprozess die Form eines kontinuierlichen Massenstroms von Materie und Energie an, die aus der natürlichen Umwelt (Ökosysteme, geologische Formationen, Atmosphäre, Ozeane) entnommen, umgewandelt und dann durch die sozialen Produktions-, Konsum- und Verwertungsbeziehungen entsorgt werden. Dieser Durchsatz ist für den Fortbestand der kapitalistischen Gesellschaft notwendig. Die sozialen Verhältnisse wirken nicht von sich aus auf die Materie ein; vermittelt durch die sozialen Praktiken steuern sie den Materialfluss. Ein Ensemble solcher Praktiken ist die Arbeit, die im Mittelpunkt von Marx' Analyse des Stoffwechsels im »Kapital« stand. Aber zu ihnen gehören auch die Versorgung und Pflege, die Reproduktionsarbeit sowie allgemein kulturvermittelte expressive und symbolische Praktiken. Insgesamt lässt sich sagen, dass die kapitalistische Gesellschaft den Strom des Durchsatzes durch ihren Wirtschaftsprozess und die sozialen Beziehungen und Institutionen, auf denen sie beruht, reflexiv steuert. Diese soziale Reflexivität wird weitgehend, aber nicht ausschließlich, durch den kapitalistischen Imperativ der Akkumulation bestimmt.

Eine einfache grafische Veranschaulichung des materiellen Durchsatzes der kapitalistischen Gesellschaft ist in Abb. 1.1 dargestellt. In diesem linearen Prozess werden Energie und Materie, die aus natürlichen Quellen entnommen werden (und aus ökologischen und geologischen Prozessen resultieren), in eine soziale Form und Funktion gebracht, eingesetzt (im physikalischen Sinne), verwendet (im sozialen Sinne) und als Abfall (im sozialen Sinne) in natürliche Senken abgeleitet (im physikalischen Sinne). Die Struktur des Durchsatzes ist um eine Natur/Gesellschaft-Grenze herum aufgebaut, wobei Quellen und Senken die Schnittstellen zwischen dem Wirtschaftsprozess und ökologischen sowie biogeochemischen Prozessen bilden.[3] Der Strom des Durchsatzes umfasst alle Materie, die durch den Wirtschaftsprozess moderner Gesellschaften extrahiert wird, unabhängig davon, ob das Element seinen Weg in den bewerteten Output findet oder nicht; dies schließt Verarbeitungsabfälle und kommerzielle Abfälle wie unverkaufte Waren ein. Der Strom endet, wenn diese materielle Masse in verschiedenen Aggregatzuständen – fest, flüssig oder gasförmig – in Ökosystemen versenkt und in biogeochemischen Kreisläufen mit unterschiedlichen Kapazitäten zur Reduzierung dieser

3 Wie wir im 2. Kapitel darlegen werden, beziehen wir uns mit »Natur« in dieser Arbeit auf eine Ordnung der Kausalität, die sich von der sozialen Kausalität, die um symbolische und institutionelle Strukturen herum organisiert ist, unterscheidet und davon unabhängig ist. Diese Definition von Natur ist prozesshaft, Natur ist nicht »da draußen«, sie ist ein dialektisches Anderes der sozialen Prozesse. Eine treffende Darstellung im Sinne des gesunden Menschenverstandes wäre das, was wir meinen, wenn wir den Ausdruck »die Natur ruft« verwenden, und wir könnten dieser prosaischen Art der Naturdarstellung den weitaus romantischeren und problematischeren Signifikanten gegenüberstellen, der sich in dem Ausdruck »der Ruf der Wildnis« findet – Natur als Wildnis, unberührt und verwildert.

Abfälle absorbiert wird.[4] Die soziale Ökologie betrachtet die Schnittstellen von Quelle und Senke nicht als geschlossene Grenzen, sondern als Strukturen der Vermittlung und gegenseitigen Durchdringung von sozialen und biophysikalischen Prozessen und Kausalitäten.[5]

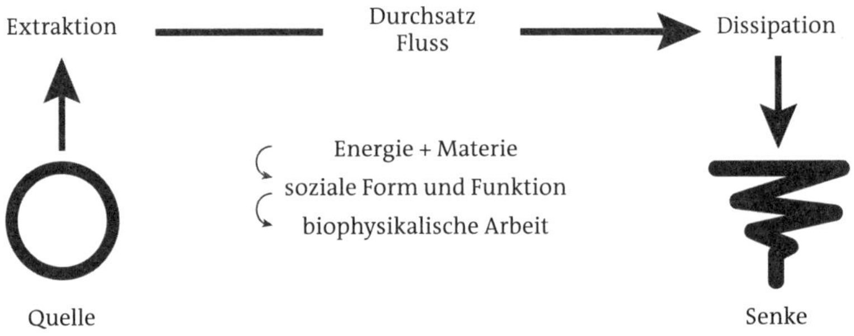

Abb. 1.1 Grundlegende Struktur des Durchsatzes
Quelle: Autor.

Als Durchsatz *fließt* die extrahierte Materie als Masse in zweifacher Weise *durch* die Gesellschaft hindurch:

1. Ihre soziale Form wird sukzessive durch verschiedene Momente des Wirtschaftsprozesses (soziale Beziehungen von Produktion, Verbrauch, Nutzung und Abfall) reguliert und gesteuert, was eine Reihe von Veränderungen in der biophysikalischen Form des Durchsatzes bewirkt. Der Fluss bezieht sich also auf die Veränderung von Form und Funktion der Materie, ihre aufeinanderfolgenden biophysikalischen Transformationen, die durch soziale Beziehungen und Praktiken informiert und geregelt werden;
2. Der Strom ist auch ein räumlicher Prozess, Materie wird zielgerichtet bewegt und durch den Wirtschaftsprozess kontinuierlich in physikalische Zirkulation versetzt,[6] und im fortgeschrittenen Kapitalismus haben diese Ströme ein gewaltiges Ausmaß angenommen, wie wir sehen werden.

---

4 Jegliche Kreisläufe innerhalb des Wirtschaftsprozesses oder der Gesellschaft, wie z. B. Recycling und industrielle Ökologie, sind Teil des Durchsatzprozesses, da sie letztendlich neue Inputs von Materie und Energie implizieren und Abfall erzeugen. Wir werden später auf diese Frage zurückkommen.

5 Marina Fischer-Kowalski/Helmut Haberl: Tons, joules, and money: Modes of production and their sustainability problems, in: Society & Natural Resources, 1/1997, S. 61–85.

6 Andere soziale Prozesse tragen dazu bei und regulieren die materiellen Massenströme in modernen Gesellschaften, insbesondere staatliche Praktiken wie Krieg und die Organisation von Territorialität sowie Infrastrukturen, die mit sozialen Dienstleistungen und der polizeilichen Überwachung von Gesellschaften verbunden sind. Da wir uns in dieser Arbeit auf die soziale Ökologie des Kapitals konzentrieren, werden diese Ströme und die Praktiken, die sie vermitteln, insofern untersucht, als sie Teil des wirtschaftlichen Prozesses der Kapitalakkumulation sind. Diese Zuordnung ist rein methodisch und impliziert in keiner Weise den Vorrang der ökonomischen Sphäre vor anderen.

Abb. 1.2 zeigt den linearen Durchsatz in der Sprache der modernen Materialflussrechnung. In diesem Schema wird der Zufluss aus der Natur in die Gesellschaft als »Materialentnahme« bezeichnet, der Abfluss ist der »verarbeitete Output«, und zwischen Abfluss und Zufluss steht der soziometabolische Prozess des »Materialverbrauchs«.[7] Zusammen umschreiben sie die Substanz des Durchsatzes als eine aggregierte Masse von fließender Materie. Masse ist auch die Darstellungsform der Materialflussrechnung, die Materialentnahme, Materialverbrauch und verarbeiteten Output in Tonnen aggregierter Materie misst.

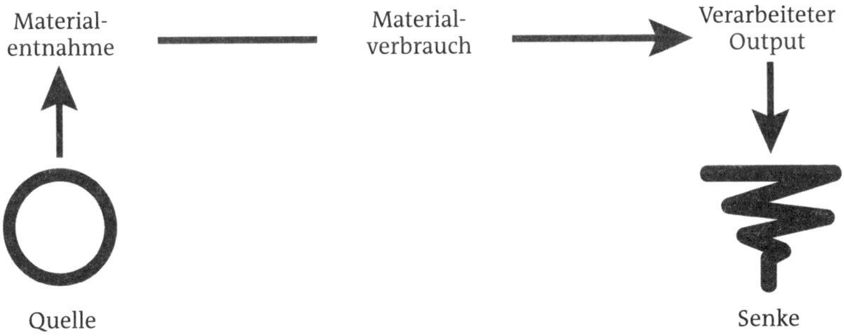

Abb. 1.2 Durchsatz nach der Materialflussrechnung
Quelle: Autor.

Die Größenordnung einer kapitalistischen Wirtschaft kann als Gesamtdurchsatz in Tonnen Materialverbrauch gemessen werden, was auch ein Mittel ist, um das kapitalistische Wachstum auszudrücken und zu messen. Je größer dieser Materialfluss ist, desto größer sind die Umweltauswirkungen an beiden Enden des Wirtschaftsprozesses. Je größer der aggregierte Durchsatz, desto größer die Materialentnahme und desto größer die verarbeitete Produktion. Das Ausmaß des Durchsatzes zeigt, wie am Punkt der Extraktion und am Punkt der Dissipation Quellen und Senken erzwungen werden, wie die Ökosysteme sowie die biogeochemischen Kreisläufe, die diese Quellen- und Senkenfunktionen erfüllen oder aufrechterhalten, gestört und zusammenbrechen oder sich auf nicht lineare Weise verändern werden. Beispiele für erzwungene Quellen sind Meeresökosysteme, die nicht in der Lage sind, sich an die massenhafte Ausbeutung von Meereslebewesen durch die industrielle kapitalistische Fischerei anzupassen, der Zusammenbruch der biologischen Vielfalt in Waldökosystemen, die von

7 Die obigen Definitionen beziehen sich auf eine geschlossene Wirtschaft ohne Importe und Exporte. Sie gelten z. B. auf globaler Ebene, eine Analyse auf Länderebene impliziert die Berechnung der importierten und exportierten Rohstoffe sowie der Materialströme, die in importierten Fertig- und Halbfertigprodukten sowie in Dienstleistungen enthalten sind; dies wird durch die Kategorie »Rohstoffverbrauch« erfasst. Einen Überblick bietet die Website materialflows.net, auf der sowohl globale als auch länderspezifische Daten zu Durchsatzströmen generiert werden.

Holz-, Zellstoff- und Papierkonzernen ausgebeutet werden, der Zusammenbruch von Bodenökosystemen, die von der intensiven industriellen Landwirtschaft ausgebeutet werden, sowie die Erschöpfung zugänglicher abiotischer Ressourcen wie Metalle, Mineralien und fossile Brennstoffe. Hinzu kommt die Erzwingung von großen Senken wie des Kohlenstoffkreislaufs, des Stickstoff- und des Phosphorkreislaufs, die verheerende Folgen für menschliches wie nicht menschliches Leben hat, weil diese erzwungenen Kreisläufe durch die Destabilisierung von Ökosystemen zu ökologischen Rückkopplungsschleifen führen. Sicherlich haben schon sehr kleine Mengen hochreaktiver und toxischer Stoffe wie Pestizide oder Atommüll erhebliche Auswirkungen auf die Umwelt, aber die massenhaften Ströme der Entnahme, der Anhäufung und der Entsorgung in den verschiedensten Formen bestimmen in grundlegender Weise die sozialen Beziehungen zur Natur im Kapitalismus und verändern in tiefgreifender Weise die Ökosysteme und biogeochemischen Prozesse der Erde auf globaler Ebene.

Abb. 1.3 vermittelt einen ersten Eindruck von dieser biophysikalischen Größenordnung des globalen Wirtschaftsprozesses im letzten halben Jahrhundert, indem sie das Wachstum des aggregierten Durchsatzes von 1970 bis 2017 in Milliarden Tonnen extrahierter Materie pro Jahr ausweist. In diesem Zeitraum wuchs die Extraktion und damit der globale Materialverbrauch[8] um den Faktor 3,4 – von jährlich 27 Gigatonnen (Milliarden Tonnen) auf etwas mehr als 92 Gigatonnen (Gt) im Jahr 2017.[9] Um die Größenordnung des globalen Durchsatzes in die richtige Perspektive zu rücken, wurden die Biomasseströme, die aus der Nettoprimärproduktion aller terrestrischen Ökosysteme der Erde zu Beginn des 21. Jahrhunderts stammen, auf 118 Gigatonnen geschätzt.[10] Der Strom der von den kapitalistischen Gesellschaften extrahierten und umgewandelten Materie – 92 Gt – nähert sich damit in seiner Größenordnung den globalen terrestrischen Biomasseströmen von 118 Gt, der Gesamtheit der Materie, die durch Fotosynthese an Land organisiert wird und für das Gedeihen aller terrestrischen Lebewesen, einschließlich der Menschheit, zur Verfügung steht.

Abb. 1.3 zeigt auch den Teil des Durchsatzes, der durch den globalen Handel als exportierte Rohstoffe zirkuliert und von 2,6 Gt im Jahr 1970 bis 2017 auf 11,5 Gt angewachsen ist. Die internationalen Materialströme sind in diesem Zeitraum um den Faktor 4,4 gewachsen, also viel schneller als der gesamte extrahierte Durchsatz.

8 Auf globaler Ebene ist die inländische Extraktion = Materialverbrauch, während der Materialverbrauch auf Länderebene die importierten extrahierten Materialien einschließt und die exportierten Rohstoffe ausschließt.

9 Die in diesem Kapitel verwendeten Daten stammen hauptsächlich aus der »Global Material Flows Database« des UN International Resources Panel (2018), www.resourcepanel.org/global-material-flows-database, auf der die Visualisierungswerkzeuge von materialflows.net basieren.

10 Fridolin Krausmann/Karl-Heinz Erb/Simone Gingrich/Christian Lauk/Helmut Haberl: Global patterns of socioeconomic biomass flows in the year 2000: A comprehensive assessment of supply, consumption and constraints, in: Ecological Economics, 3/2008, S. 471–487.

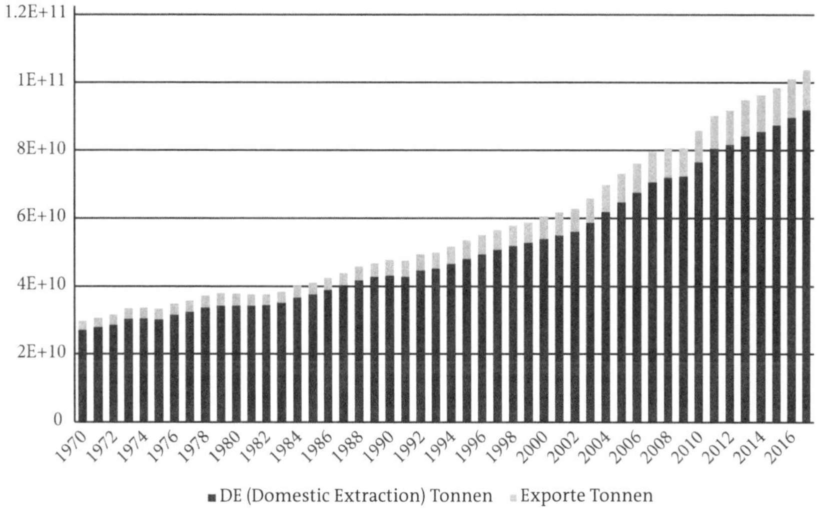

Abb. 1.3 Globale Materialströme, 1970–2017
Quelle: UNEP, IRP: Global Material Flows Database, 2018.

Die Darstellung der aggregierten Materialströme auf globaler Ebene ist zwar hilfreich, um die planetarische Größenordnung der Extraktion zu erfassen, verbirgt aber große regionale Diskrepanzen zwischen Kern und Peripherie, zwischen aufstrebenden und reifen kapitalistischen Gesellschaften. Abb. 1.4 zeigt den jährlichen Pro-Kopf-Materialverbrauch für verschiedene Regionen der Welt und verdeutlicht sowohl die materielle Ungleichheit zwischen Gesellschaften als auch Prozesse der Annäherung. Die Menschen in Nordamerika, die seit den 1970er-Jahren zwischen 20 und 30 Tonnen pro Kopf und Jahr verbrauchten (im Durchschnitt 27 Tonnen), waren in der jüngeren Geschichte die bei Weitem größten Verbraucher von Strömen extrahierter Materie, gefolgt von Europa mit einem durchschnittlichen Pro-Kopf-Verbrauch von 14 Tonnen. Beide wurden inzwischen vom Aufstieg Chinas überholt, das seinen Pro-Kopf-Verbrauch von 2,6 Tonnen im Jahr 1970 auf 23,6 Tonnen im Jahr 2015 steigerte; Lateinamerika hat seinen Pro-Kopf-Verbrauch auf 12,9 Tonnen im Jahr 2015 erhöht und nähert sich damit dem Niveau von Europa an.

Ein weiterer wichtiger empirischer Befund in Abb. 1.4 ist die hohe Abhängigkeit der Durchsatzströme von den Wirtschaftszyklen im fortgeschrittenen kapitalistischen Kern. In Nordamerika und Europa gingen die Materialströme im Zuge der Finanzkrise von 2008 stark zurück. Besonders eindrucksvoll ist der Einbruch des Materialverbrauchs in den Vereinigten Staaten, der um fast ein Drittel von 30 Tonnen auf dem Höhepunkt des Immobilienbooms im Jahr 2006 auf 21 Tonnen im Jahr 2015 zurückging. Ähnliche Schwankungen sind in früheren Konjunkturzyklen zu beobachten, die sich als Tiefpunkte des Materialverbrauchs nach den Rezessionen zu Beginn der 1980er- und der 1990er-Jahre in diesen Volkswirtschaften zeigen. Dies führt zu der wichtigen Feststellung, dass die Wirtschaftstätigkeit im fortgeschrittenen kapitalistischen Kern eng mit der Extraktion und dem Verbrauch von Materie verbunden ist.

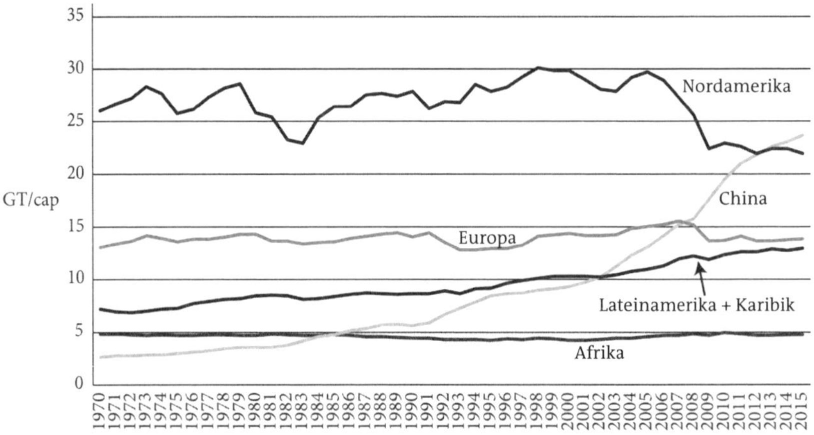

Abb. 1.4 Materialverbrauch nach Weltregionen, Gt pro Kopf, 1970–2015
Quelle: UNEP, IRP: Global Material Flows Database, 2018.

Die Metrik des Materialverbrauchs misst alle Zuflüsse von Materie in eine bestimmte Wirtschaft, unabhängig davon, ob sie im Inland extrahiert werden oder als Importe einfließen. Was nicht erfasst wird, sind die Materialflüsse, die zur Herstellung importierter Güter benötigt werden, aber nicht in deren endgültige Zusammensetzung eingehen. Der Materialverbrauch erfasst also die Materie in den Smartphones, die von China in die USA geliefert werden, das Aluminium, die Kunststoffe, das Silizium, das Lithium und kritische Metalle wie Dysprosium,[11] nicht aber die Kohle, die verbrannt wurde, um den Strom zu erzeugen, der die Maschinen an den Smartphone-Montagebändern antrieb.[12] Eine vollständigere Darstellung des Material-Fußabdrucks einer Gesellschaft wird durch die Messung ihres »Rohstoffverbrauchs« erfasst, der diese indirekten Ströme berücksichtigt; dies geschieht durch die Einbeziehung von »Rohstoffäquivalenten« der Importe in den Durchsatz einer bestimmten Gesellschaft.[13] Beispielsweise

11 Julie Michelle Klinger: Rare Earth Frontiers. From Terrestrial Subsoils to Lunar Landscapes, Ithaca/NY 2017.

12 Auch die Biomasse, die für die Herstellung der Ramennudeln benötigt wird, von denen sich die Arbeiterinnen an den Smartphone-Fließbändern ernähren (im Wesentlichen Palmöl und Weizen), wird nicht erfasst. Materialflussrechnungen berücksichtigen nicht diese Ströme, die die Arbeitskraft erhalten. Zu Ramen siehe Max Haiven: Palm Oil. The Grease of Empire, London 2022.

13 Eine Analyse der Methoden der Berechnung der Rohstoffäquivalente von Importen und Exporten und eine Auseinandersetzung mit den Kontroversen um sie findet sich bei Anke Schaffartzik/

exportierte China im Jahr 2017 404 Millionen Tonnen Materie (0,4 Gt) in die Welt, aber deren Rohstoffäquivalent betrug 9,2 Milliarden Tonnen (9,2 Gt). Anders ausgedrückt: Der Durchsatz, der für die Herstellung der chinesischen Exporte extrahiert und umgewandelt wurde, war 23 Mal so groß wie die exportierte Produktion, die die Häfen verließ. Das Verhältnis zwischen Durchsatz und Produktion kann auch auf die Einfuhren angewandt werden. Die Masse der weltweit produzierten und 2015 in die USA importierten Produktion betrug 0,9 Gt, während der dahinter stehende Durchsatz 5,9 Gt betrug, also fast sechsmal so groß wie die sichtbare Produktion. Im Laufe der Zeit ist dieses Verhältnis mit der zunehmenden Globalisierung der Volkswirtschaften tendenziell gestiegen. Im Jahr 1990 betrug das Verhältnis zwischen Durchsatz und Produktion der von Nordamerika absorbierten Importe 2,7 zu 1; in den letzten 27 Jahren hat es sich verdoppelt. Für Europa ist der Wert dieses Verhältnisses nicht so hoch und sein Wachstum nicht so beeindruckend, aber dennoch lag es 1990 bei 2,1 und ist bis 2017 auf 3,3 gestiegen. Dies veranschaulicht ein theoretisches Prinzip, das zu Beginn dieses Kapitels vorgestellt wurde: Die Materialströme, die als Durchsatz zusammenkommen, sind viel größer als der sichtbare materielle Output des Wirtschaftsprozesses. Hinter jedem Kilogramm der aus China importierten Waren verbirgt sich ein Strom von 23 kg extrahierter und umgewandelter Materie. Und hinter jedem Kilogramm Waren, das die USA 2017 importiert haben, stehen 7,3 kg extrahierte und umgewandelte Materie. In Großbritannien beträgt das Verhältnis des Durchsatzes zu importierten Produkten 5,3, in Deutschland liegt es nahe am europäischen Durchschnitt von 3, während die deutschen Exporte ein Verhältnis von 2,3 zu 1 aufweisen.

Wenn die »Rohstoffäquivalente« der Importe verwendet werden, um die Messung des inländischen Materialverbrauchs zu korrigieren, erhalten wir den Material-Fußabdruck einer Gesellschaft, die Menge an Tonnen von Materie, die durch ihren Wirtschaftsprozess mobilisiert wird, oder ihren realen Durchsatz. Auf Pro-Kopf-Basis dargestellt, werden die Ungleichheiten zwischen dem fortgeschrittenen Kern und den Peripherien noch deutlicher. Abb. 1.5 zeigt diesen Fußabdruck auf einer Pro-Kopf-Basis pro Jahr für dieselben globalen Regionen, jedoch für einen kürzeren Zeitraum, nämlich von 1990 bis 2015. Im Jahr 2015 liegt der Materialverbrauch auf Durchsatzbasis in Nordamerika bei 32,5 Tonnen pro Kopf, in Europa bei 21 Tonnen pro Kopf, in China bei 19,9 Tonnen pro Kopf, während Afrika und Indien mit 3,1 bzw. 4,4 Tonnen deutlich unter dem weltweiten Durchschnitt von 12 Tonnen liegen, der den Pro-Kopf-Durchsatzströmen in Lateinamerika und der Karibik entspricht.

Diese umfassendere Messung der Materialflüsse räumt auch mit der Illusion auf, dass der Materialverbrauch im fortgeschrittenen kapitalisti-

Dominik Wiedenhofer/Nina Eisenmenger: Raw Material Equivalents: The Challenges of Accounting for Sustainability in a Globalized World, in: Sustainabilty (Schweiz), 5/2015, S. 5345–5370.

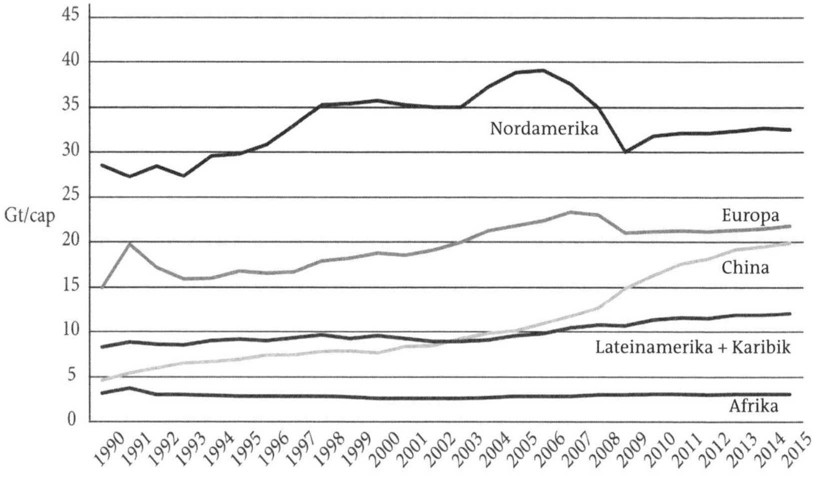

Abb. 1.5 Material-Fußabdruck pro Kopf, 1990–2015
Quelle: UNEP, IRP: Global Material Flows Database, 2018.

schen Kern in den letzten Jahrzehnten stagniert oder gesunken sei, während der Anteil der angeblich »entmaterialisierten« Dienstleistungen an der Wertschöpfung zugenommen habe, die sogenannte Entkoppelungshypothese.[14] Im Gegenteil, über den gesamten Zeitraum ist der Verbrauch an extrahierter Materie in Europa und Nordamerika etwa in gleichem Maße gewachsen wie der globale Pro-Kopf-Rohstoffverbrauch. Auch dieses Wachstum wurde von den Konjunkturzyklen beeinflusst, aber die Schwankungen sind nicht so stark, z. B. fällt in Nordamerika der Rückgang der Materialströme nach der Krise von 2008 nicht unter die Mitte der 1990er-Jahre überschrittene 30-Tonnen-Marke. Nur in Afrika ist der Pro-Kopf-Rohstoffverbrauch in diesem Zeitraum netto gesunken. Schließlich zeigt die Fußabdruckanalyse eine noch größere Ungleichheit als die vorherige Messung der Materialströme pro Kopf. In Nordamerika wird 2017 fast das Dreifache des Weltdurchschnitts verbraucht, in Europa das Doppelte.[15]

Von der Struktur zur Substanz

Die Messung des Durchsatzes als undifferenzierte Masse an Materie erfasst abstrakt die Stoffwechseldimensionen einer Wirtschaft, ignoriert jedoch die vielfältigen und unterschiedlichen Ströme an materiellen Elementen, die kapitalistische Gesellschaften extrahieren, umwandeln und als Abfall verschwinden lassen. Die materielle Zusammensetzung des

14 Timothée Parrique u. a.: Decoupling debunked: Evidence and arguments against green growth as a sole strategy for sustainability, in: European Environmental Bureau, 2019, unter: eeb.org/library/decoupling-debunked.

15 Und diese Messgrößen berücksichtigen nicht die innergesellschaftliche materielle Ungleichheit, die mit der sozioökonomischen Ungleichheit verbunden ist.

Durchsatzes kann auf verschiedene Weise aufgeschlüsselt und charakterisiert werden. Aus einer rein biophysikalischen Perspektive wäre eine Beschreibung auf molekularer Ebene sinnvoll, wie sie in der Treibhausgasbilanzierung verwendet wird. Aus der Perspektive der sozialen Ökologie werden die qualitativen Merkmale des Durchsatzes durch die verschiedenen sozialen Beziehungen bestimmt, die seinen Fluss vermitteln.

Am Ort der Extraktion unterteilt die Materialflussrechnung den Durchsatz in vier große Kategorien, die den biophysikalischen Formen entsprechen, die die Ströme als angeeignete Rohstoffe für die Gesellschaft annehmen: fossile Brennstoffe, Biomasse, Metalle und nichtmetallische Mineralien. Für das Jahr 2017 setzte sich der globale Durchsatz von Materie zusammen aus 24 Gt Biomasse, 15 Gt fossilen Brennstoffen, 9 Gt Metallen und 44 Gt nichtmetallischen Mineralien (vor allem Sand, Kies sowie Kalkstein, aber auch Phosphate und Kalium). Gemessen an der reinen Masse dominiert die letztgenannte Kategorie »nichtmetallische Mineralien« den Durchsatzstrom und macht 48 Prozent der weltweit geförderten Stoffe aus.

Abb. 1.6 zeigt wieder das Wachstum des Durchsatzes von 1970 bis 2017 auf der Grundlage dieser vier allgemeinen Kategorien. Wie die Grafik zeigt, sind die Massenströme aller Materialkategorien zwar gewachsen, aber Metalle und nichtmetallische Mineralien weisen deutlich höhere Wachstumsraten auf als Biomasse und fossile Brennstoffe; diese Materialien werden in der Regel als Bestände akkumuliert, während es sich bei Biomasse und fossilen Brennstoffen in der Regel um Durchflussmaterialien handelt, die schnell wieder abgebaut werden.

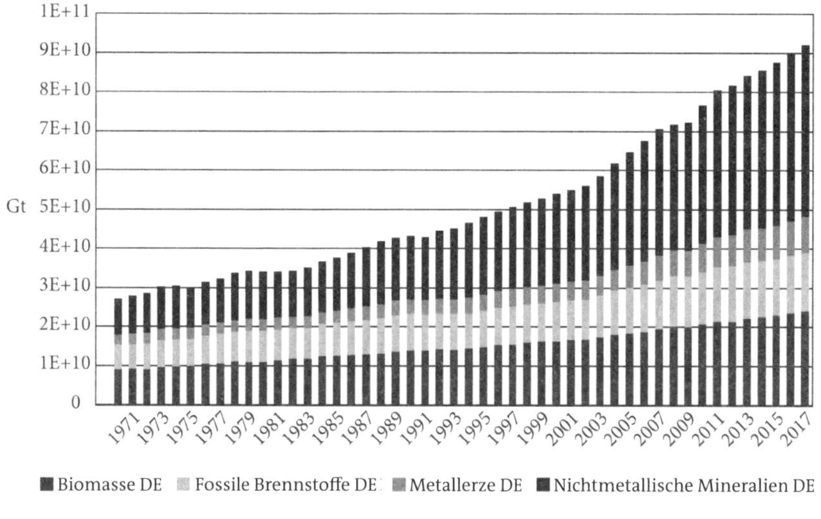

Abb. 1.6 Inländische Extraktion der Welt nach Materialgruppen, 1970–2017
Quelle: UNEP, IRP: Global Material Flows Database, 2018.

Wir können die oben genannten globalen Materialströme weiter aufschlüsseln, indem wir feinkörnigere Daten über die extrahierten Stoffe verwenden, wie in Abb. 1.7 für das Jahr 2017 dargestellt. Mit diesen 13 Kategorien haben wir eine genauere Darstellung der materiellen Substanzen, die moderne kapitalistische Gesellschaften extrahieren und sich als Rohstoffe aneignen, um ihren Stoffwechsel zu reproduzieren. (Die Einträge in Abb. 1.7 sind entsprechend den vier großen Kategorien in Abb. 1.6 farblich codiert). Nichtmetallische Mineralien für den Bau und die Entwicklung der Infrastruktur, vor allem Sand, Kies und Kalkstein für die Herstellung von Zement, dominieren bei Weitem den Stoffwechselfluss moderner Gesellschaften und machen 46 Prozent ihrer Masse aus. Wenn wir von diesen massereichen Materialien absehen, so stellen die anderen Hauptkomponenten des Stoffstroms von den Pflanzen bis zu den in der Landwirtschaft und Industrie verwendeten Mineralien jährliche Ströme von 9,5 bis 0,8 Gt Materie dar.

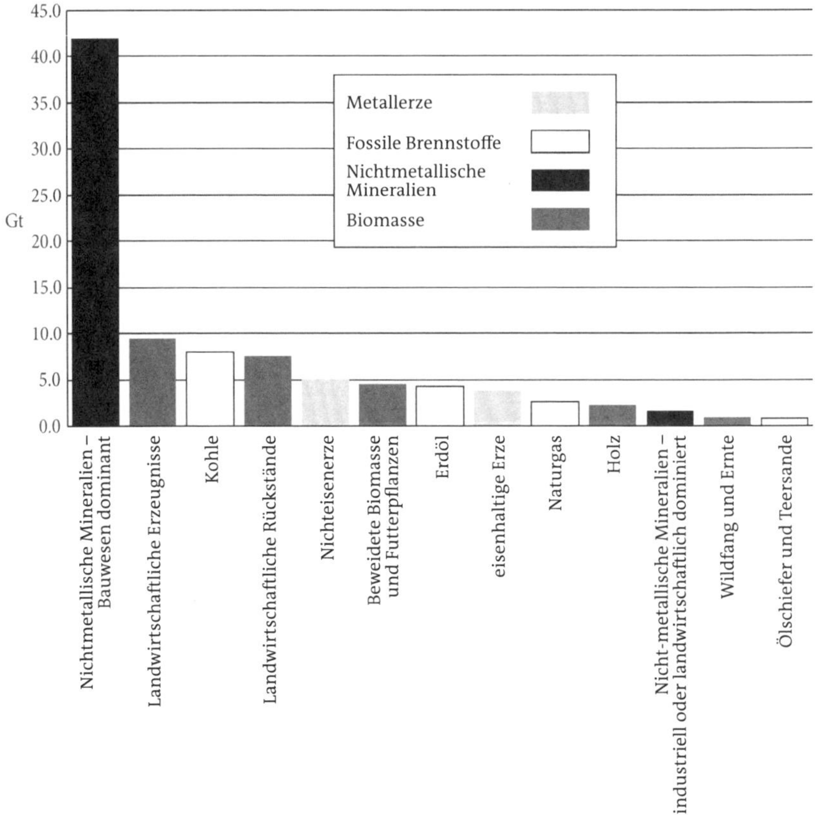

Abb. 1.7 Globale Materialströme (Gt), 2017

Quelle: UNEP, IRP: Global Material Flows Database, 2018.

Die Kategorien der reinen Extraktion erklären nicht den Strom der Materie durch die Gesellschaft, sondern nur die Form, die er am Ort der Extraktion annimmt, typischerweise dargestellt als Rohstoffe und »natürliche Ressourcen«. In dem Maße, in dem diese vielfältigen Materialien in die gesellschaftlichen Produktions- und Konsumtionsbeziehungen einfließen, werden sie transformiert und nehmen neue Formen an, die den funktionalen Eigenschaften entsprechen, die sie als »Gebrauchswerte« erhalten, um eine Kategorie aus der klassischen politischen Ökonomie zu verwenden. Bei der Analyse der Materialströme wird beispielsweise unterschieden zwischen Materie, die umgewandelt wird und als Nahrung, als Futtermittel, als Energieträger zirkuliert, und Materialien, die entsorgt werden,[16] und solchen, die zum Aufbau von Vorräten an Artefakten in der Produktion oder im Bauwesen verwendet werden. Diese funktionalen Kategorien sind wichtig, um den Strom der Materie durch die gesellschaftlichen Produktions- und Konsumtionsverhältnisse zu verfolgen, aber sie erklären nicht, warum eine bestimmte Form der Materie, wie zum Beispiel Getreide, entweder als Futtermittel, als Nahrungsmittel oder als (ineffizienter) Brennstoff zirkuliert. Wie Marx im »Kapital« feststellte, wäre es ein analytischer Fehler anzunehmen, dass in einer kapitalistischen Gesellschaft die Funktionalität einseitig durch die chemische, biologische oder physikalische Potenz eines materiellen Elements definiert wird oder dass der Gebrauchswert einer bestimmten materiellen Form einem universellen und transzendenten gesellschaftlichen Bedürfnis wie dem nach Brennstoff, Nahrung, Futtermittel oder Fasern entspricht. In einer kapitalistischen Wirtschaft sind es die Verwertungs- und Akkumulationsimperative, die die Funktionalität definieren und die biophysikalische Transformation und Zirkulation des Durchsatzes vermitteln. In der Terminologie der marxschen politischen Ökonomie wird der Gebrauchswert unter den Tauschwert subsumiert (und diese Subsumierung ist reell, nicht nur formell), was ein entscheidendes Merkmal des fortgeschrittenen Kapitalismus ist.[17]

Im letzten Stadium des linearen Flusses geht die Materie vom Gebrauch in den Abfall über, und die wirtschaftlichen und sozialen Beziehungen, die diese Praktiken bestimmen, wirken sich auch auf den qualitativen Charakter des Durchsatzes aus. Nachdem die Materie in der produktiven Sphäre als Gebrauchswert fungiert hat und in der konsumtiven Sphäre als Tauschwert verwertet wurde, nimmt sie schließlich verschiedene Formen von Abfall an: Materialverarbeitungsabfälle, Asche, Tierkadaver, Exkremente, feste Abfälle am Ende des Lebenszyklus, gasförmige Emissionen, Sickerwas-

16 Dies bezieht sich auf Materie, die durch ihre kontrollierte Entsorgung in der Umwelt biophysikalische Arbeit leistet, entweder aufgrund ihrer chemischen Eigenschaften als Reaktant, wie z. B. Düngemittel, oder aufgrund ihrer physikalischen Eigenschaften, wie z. B. Kalziumsalze, Sand und Kies auf vereisten Straßen und Gehwegen.

17 Vgl. hierzu John Bellamy Foster: The Ecology of Marxian Political Economy, in: Monthly Review, 4/2011, S. 1–16.

ser. In der Materialflussrechnung wird die endgültige Form, die der Durchsatz annimmt, wenn er den sogenannten Dissipationspunkt erreicht, an dem er von biophysikalischen Senken absorbiert wird, als »inländischer verarbeiteter Output« kategorisiert. So wie die Funktionalität in einer kapitalistischen Gesellschaft überdeterminiert und von den Imperativen der Verwertung und der Kapitalakkumulation geprägt ist, so ist es auch der Strom der Materie in die Kategorie des Abfalls. Die Grenze zwischen dem Teil des Durchsatzes, der zur verwerteten Produktion gehört, und dem Teil, der zu Abfall wird, ist ein sozioökonomisches Konstrukt, das mehr mit den Imperativen der Kapitalakkumulation zu tun hat als mit rein technologischer Obsoleszenz und biophysikalischer Degradation.

Zusammenfassend lässt sich sagen, was wir bisher über die Struktur und Substanz des Durchsatzes gelernt haben: Er erscheint als eine von der Quelle zur Senke fließende Masse, die als abstraktes Quantum extrahierter Materie aggregiert werden kann. Dieses Quantum erfasst das metabolische Ausmaß einer Wirtschaft, und seine Entwicklung im Laufe der Zeit bringt das kapitalistische Wachstum als materielles Phänomen zum Ausdruck. Die Gesellschaften erleben den Durchsatz jedoch nicht als abstrakten Massenfluss. Vielmehr erleben sie den Strom einer differenzierten Masse von Materie, die durch die sozialen Beziehungen von Extraktion, Produktion, Verbrauch und Entsorgung gebildet wird. Die Zusammensetzung des Durchsatzes bestimmt zu einem großen Teil die ökologischen Auswirkungen und biophysikalischen Verstrickungen der Stoffströme, von denen die kapitalistischen Gesellschaften abhängig geworden sind.

Tabelle 1.1 Metamorphose des Durchsatzes

Extraktion	*Rohstoffverbrauch*	*Verarbeiteter Output*
Rohstoffe → Extraktive Form	Gebrauchswerte → Metabolische Funktionsform	Abfall (Verarbeitung und Ende der Nutzungsdauer) → Abfallform
• nicht-metallische Mineralien • Metalle • fossile Brennstoffe • Biomasse	• Lebensmittel • Futtermittel • Energieträger • dissipative Materialien • Materialien für den Aufbau von Beständen	• fester Abfall • Biomasseabfälle (Kadaver, Exkremente, verwilderte Lebensformen) • gasförmige Emissionen • Flüssigkeiten und Sickerwasser
Quellen/ Rohstoffe//	Biophysikalische Arbeit/ Gebrauchswert//	Senke/ verarbeiteter Output//
Nexus der Extraktion	*Nexus von produktiver und konsumtiver Umwandlung*	*Nexus der Entsorgung*

Quelle: Basierend auf Fridolin Krausmann/Christian Lauk/Willi Haas/Dominik Wiedenhofer: From resource extraction to outflows of wastes and emissions: The socioeconomic metabolism of the global economy, 1900–2015, in: Global Environmental Change, 2018, S. 131–140.

Basierend auf den Kategorien der Materialflussrechnungen organisiert Tabelle 1.1 diesen differenzierten Massenstrom entsprechend der sukzessiven Metamorphose des Durchsatzes auf seinem Weg durch die Gesellschaft, von Rohstoffen über funktional definierte Gebrauchswerte bis hin zu seinen verschiedenen Abfallformen. In der letzten Zeile der Tabelle wird der Nexus der sozialen Beziehungen aufgezeigt, der sowohl die Form als auch den Fluss des Durchsatzes auf seinem Weg durch diese Metamorphosen bestimmt.

In diesem Sinne können wir nun die Darstellung des linearen Durchsatzes unter Berücksichtigung der sozialen Beziehungen, die die Massenströme der aufeinanderfolgenden Metamorphosen bestimmen, in Abb. 1.8 neu zeichnen.

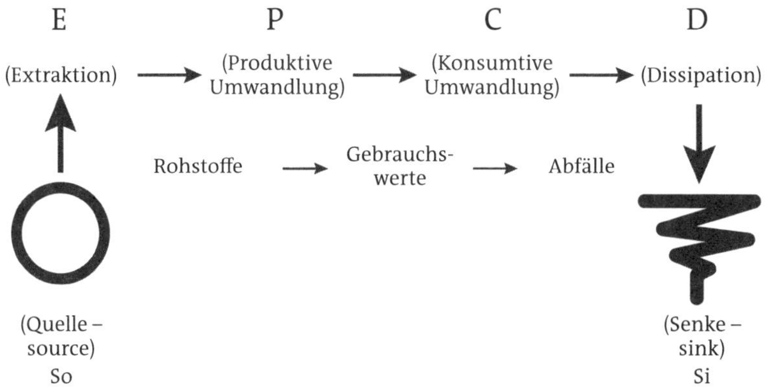

Abb. 1.8 Stoffwechselmodell des Wirtschaftsprozesses als Durchsatz
Quelle: Autor.

Diese neue Darstellung des Durchsatzes verdeutlicht ein Kernmerkmal des Stoffwechselmodells des Wirtschaftsprozesses, auf dem die soziale Ökologie des Kapitals beruht. Während das klassische Verständnis des Wirtschaftsprozesses auf einer Zwei-Stadien-Struktur aufbaut, die »Produktion« und »Konsum« (P und C) umfasst und durch einen zirkulären Fluss von monetarisiertem Wert zusammengehalten wird, ist die Perspektive der sozialen Ökologie des Kapitals ein Vier-Stadien-Prozess von Extraktion, Produktion, Konsum und Dissipation, der durch einen irreversiblen linearen Durchsatzstrom zusammengehalten wird. Alle vier Momente sind für den Wirtschaftsprozess gleich wichtig und keiner hat eine privilegierte Position im linearen Strom, jeder vermittelt und bestimmt auf spezifische Weise die anderen Stadien des Durchsatzes sowie die Struktur als Ganzes, jedes ist ein Nexus sozialökologischer Beziehungen, der auch die Beziehung des Wirtschaftsprozesses zu Quellen (So) und Senken (Si) vermittelt, in jedem sind materielle und symbolische Kausalitäten verwoben, jeder ist der Ort einer Metamorphose des Materialstroms. Wie in Abb. 1.9 dargestellt, bildet diese lineare Vier-Stadien-Struktur das Fundament, auf dem die Analyse der Materialität des kapitalistischen Stoffwechsels in dieser Arbeit beruhen wird.

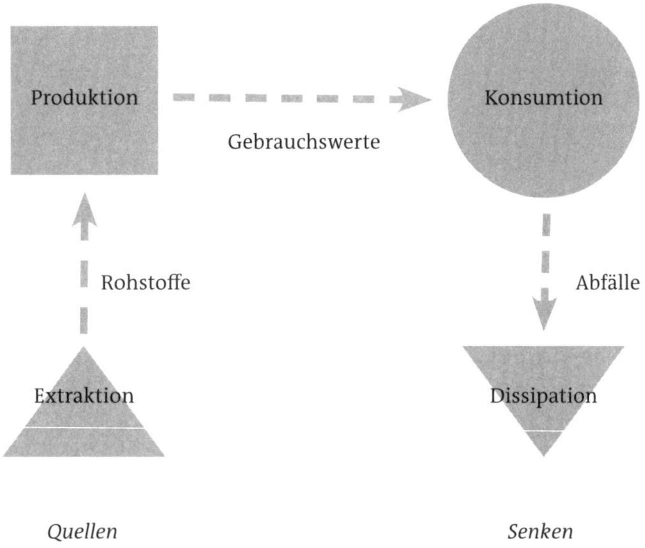

Abb. 1.9 Die vier Stadien des Wirtschaftsprozesses als Durchsatz
Quelle: Autor.

Bestände: Die Akkumulation von Materie durch die Gesellschaft und in ihr

Materie fließt nicht nur durch die Gesellschaft, sondern sammelt sich in verschiedenen Formen als biophysikalische Strukturen oder Bestände an. Aus Sicht der Materialbilanzierung können Bestände definiert werden als »geordnete und miteinander verbundene biophysikalische Einheiten, die durch die kontinuierlichen Energie- und Materialflüsse geschaffen und reproduziert werden«.[18] In der herkömmlichen Materialflussrechnung werden drei Arten von biophysikalischen Beständen berücksichtigt, was bedeutet, dass sich Materie innerhalb der Gesellschaft in drei Arten von Strukturen ansammelt: Menschen, Vieh und materielle Artefakte. Die ersten beiden Kategorien beziehen sich auf die Materialität lebender Körper, sowohl menschlicher als auch nicht menschlicher, die bewusst durch gezielte Material- und Energieströme am Leben erhalten werden; ihr biologischer Stoffwechsel ist gesellschaftlich vermittelt. Die letztgenannte Kate-

18 Helmut Haberl/Dominik Wiedenhofer/Karl-Heinz Erb/Christoph Görg/Fridolin Krausmann: The Material Stock–Flow–Service Nexus: A New Approach for Tackling the Decoupling Conundrum, in: Sustainability (Schweiz), 7/2017, S. 1049.

gorie umfasst jene Strukturen und materiellen Objekte, die durch soziale Aktivitäten zielgerichtet produziert und reproduziert wurden: Gebäude, Infrastrukturen, Maschinen, langlebige Haushaltsgüter sowie Kunstwerke. Artefakte unterscheiden sich von Körpern dadurch, dass sie weder einen selbstgesteuerten organischen Stoffwechsel noch einen Selbstzweck haben.[19] Ihre Objektivität – als Artefakte – ist sozial und kulturell.

In den heutigen Gesellschaften werden 55 Prozent der extrahierten Materie für die Anhäufung biophysikalischer Bestände verwendet, darunter fast alle Ströme nichtmetallischer Mineralien (Sand, Kies und Kalkstein), die meisten Metallströme und einige Ströme von Biomasse (Papier, Holz) und fossilen Brennstoffen (Kunststoffe).[20] Ein weiteres Merkmal der Materialität heutiger Gesellschaften ist die Bedeutung von Artefakten, die die Masse lebender Körper, die durch soziale Aktivitäten und Durchsatzströme aufrechterhalten werden, um ein Vielfaches überwiegt. Dies steht im Gegensatz zu früheren Gesellschaften, in denen die Ströme gegenüber den Vorräten überwogen und in denen die Körper – tierische und menschliche – die Artefakte bei Weitem überwogen. Das materielle Wachstum in modernen kapitalistischen Gesellschaften erfolgt überwiegend in Form der Akkumulation von produzierten und konstruierten Artefakten.

Objekte existieren als Artefakte sowohl durch die sozialen Beziehungen, die auf ihre Materialität projiziert werden, als auch durch die sozialen Aktivitäten, die sie vermitteln. Diese Vermittlung kann produktiv sein; die meisten Artefakte in zeitgenössischen Gesellschaften sind Produkte der gesellschaftlichen Arbeit in ihren verschiedenen Formen. Artefakte als Werkzeuge, Maschinen und gebaute Strukturen sind wiederum wesentliche Vermittler von produktiven Aktivitäten in den heutigen Gesellschaften. Aber sie wirken auch als Bedingungen der Möglichkeit oder der Erweiterung von Pflegetätigkeiten, von Freizeit, Konsum und Subsistenz. Artefakte werden »benutzt«, und diese Nutzung ist, wie bereits in Bezug auf die Elemente des Materialstroms erörtert, gesellschaftlich bestimmt und durch Kultur, Bedeutung und Institutionen konstruiert. Dies hat die Forschung dazu veranlasst, sich auf die »Dienstleistungen« zu konzentrieren, die Artefakte für das gesellschaftliche Leben und wirtschaftliche Aktivitäten erbringen, und zwar als kausaler Mechanismus, der ihre Entstehung, Akkumulation und soziale Reproduktion erklärt, wobei die Steuerung ihrer Existenz durch ein Gebot der materiellen Funktionalität untersucht wird.[21] Die Hervorhebung der Grenzen

19 Alf Hornborg: Artifacts have consequences, not agency: Toward a critical theory of global environmental history, in: European Journal of Social Theory, 1/2017, S. 95–110.

20 Haberl u. a.: The Material Stock–Flow–Service Nexus.

21 Christina Plank u. a.: Doing more with Less: Provisioning systems and the transformation of the stock–flow–service nexus, in: Ecological Economics, 187/2021, 107093.

und Gefahren eines rein funktionalen Verständnisses der sozialen Determinanten der Akkumulation materieller Bestände hat zur Erforschung von Beständen als Vermittlungen von »Routinepraktiken« und ihrer Kombination im täglichen Leben und in Sinnstrukturen geführt.[22] Eine Autobahn, ein Hochhaus, ein Computerterminal, ein Bulldozer, ein SUV oder ein Smartphone, um nur einige allgegenwärtige Artefakte zu nennen, die das heutige Leben strukturieren, verkörpern in ihren materiellen Formen bestimmte soziale Praktiken und Sinnstrukturen, während sie andere ausschließen oder marginalisieren. Materielle Bestände binden nicht nur bestimmte Praktiken durch ihre Form und Präsenz ein, sondern sie ermächtigen auch bestimmte Klassen von Subjekten und entmachten andere.[23]

Aus der Perspektive der sozialen Ökologie des Kapitals werden wir untersuchen, wie die Imperative der Verwertung die Bildung und Reproduktion der meisten Bestände neben den oben beschriebenen politischen, kulturellen und funktionalen Imperativen bestimmen. In kapitalistischen Gesellschaften sind Artefakte (ebenso wie Nutztiere) die materielle Form, die die wertmäßige Produktion als Waren und als Anlagekapital annimmt. Waren müssen verkauft und verbraucht werden, um ihren Wert zu realisieren, und Anlagevermögen, einschließlich Infrastrukturen und Gebäude, generieren über viele Produktionszyklen hinweg Renditen auf Investitionen und vermitteln die Ausbeutung von Arbeit. Diese kapitalistischen Imperative bestimmen, wie materielle Bestände produziert, genutzt, reproduziert und vernichtet werden. Sie entsprechen nicht den potenziellen funktionalen Imperativen der Produktion, Nutzung und Reproduktion von Materialbeständen. In vielen Fällen kann das Kapital den materiellen Beständen eine vermutlich dysfunktionale Bestimmung auferlegen; die geplante Obsoleszenz von Gebrauchsgütern ist ein typischer Fall. Eigentumsverhältnisse, Arbeitsbeziehungen und Konsumnormen institutionalisieren ein spezifisch kapitalistisches Beziehungsgeflecht zur Akkumulation von Materialbeständen und bestimmen zum Teil die Auswirkungen der Bestände auf die Durchsatzströme. Die Akkumulation von Vorräten ist die Materialisierung der Kapitalakkumulation in modernen Gesellschaften.

Materielle Bestände haben einige entscheidende *Durchsatzeffekte,* von denen der wichtigste die Kontrolle ist, die sie über die Ströme ausüben. Ein offensichtlicher Einfluss der Bestände auf die Ströme ist die Vorratsbildung an sich. Unabhängig davon, ob die Bestände konstruiert oder hergestellt werden, ist ihre Produktion ein Strom von Materie, der durch Arbeit eine Form erhält. Die spezifische Form und das spezifische Volumen der

22 Helmut Haberl u. a.: Stocks, flows, services and practices: Nexus approaches to sustainable social metabolism, in: Ecological Economics, 182/2021, 106949.

23 Ebd.

materiellen Bestände, sobald sie vorhanden sind, beherrschen die Ströme, die sowohl die Masse (den Umfang) als auch die Zusammensetzung des Durchsatzes bestimmen, und schließen sie ein. Im Fall der Viehzucht bedeutet dies massenhafte Ströme von Futtermitteln von Flächen, auf denen menschliche Nahrung hätte angebaut werden können, aber auch massenhafte Abflüsse von Methan aus der Darmverdauung sowie von Gülle und Kadavern, die entsorgt werden müssen. Hinzu kommen die Ströme von Mineralien und fossilen Brennstoffen, die für die Herstellung der Futtermittel benötigt werden. Diese Ströme verblassen im Vergleich zu den Energie- und Materialströmen, die von den Artefakten der kapitalistischen Gesellschaften gesteuert werden. Die Anhäufung von Maschinen, Gebäuden und Infrastrukturen, die die produktiven und konsumtiven Praktiken in den heutigen Gesellschaften vermitteln, sind auf Massenströme fossiler Brennstoffe angewiesen, um die Energie zu erzeugen, die benötigt wird, um die in diese materiellen Bestände eingebetteten Systeme zu bewegen, zu beleben, zu kühlen, zu heizen und zu betreiben. Schließlich steuern Bestände Ströme nicht nur durch die Produktion, Nutzung und Aktivierung von Artefakten, sondern auch, weil sie selbst als biophysikalische Einheiten »fließen«, indem sie kontinuierlich Materie abwerfen, die bis zu ihrem Lebensende oder ihrer endgültigen Auflösung durch neue materielle Inputs kompensiert werden muss. Zusammenfassend lässt sich sagen, dass die Vorräte durch ihre Produktion, Verwendung und Reproduktion Ströme beherrschen, und die sozialen Beziehungen, die die Existenz der Vorräte (ihre Produktion, Verwendung und Reproduktion) regeln, sind die wahren Orte dieser materiellen Bindung.

Die Abhängigkeit der Bestände von bestimmten Strömen führt zu einem zweiten Durchsatzeffekt. Die Durchsatzströme können die Bildung, Verwendung und Reproduktion von Vorräten begrenzen und bestimmen. Gesellschaften reagieren auf diese Grenzen, indem sie extraktive und dissipative Beziehungen regeln, um die Existenz bestimmter Klassen von materiellen Beständen zu sichern und ihre Produktion und Akkumulation zu ermöglichen. In kapitalistischen Gesellschaften hat dies die Form der Anhäufung von Artefakten am Ort der Extraktion und am Ort der Dissipation angenommen, die speziell zur Steuerung des Materiestroms sowie zur Erzwingung von Quellen und Senken entwickelt wurden. Beispiele dafür gibt es im Bergbausektor zuhauf, da Fördertechnologien, Infrastrukturen und Maschinen entwickelt werden, um immer schlechtere Erzvorkommen oder Lagerstätten auszubeuten, die aus verschiedenen Gründen schwerer zugänglich sind. Ein extremes Beispiel ist die Entwicklung sogenannter unkonventioneller Methoden der Kohlenwasserstoffgewinnung in den letzten Jahrzehnten wie Tiefseebohrungen, Fracking und Teersandabbau. Ohne diese technologischen Entwicklungen wäre die Nutzung und Reproduktion einer ganzen Klasse von Artefakten nahezu unmöglich und dies hätte zu einer bedeutenden Krise der Entwertung von Anlagevermögen geführt, das vom kontinuierlichen Fluss von Öl und Gas abhängig ist.

Die Akkumulation kann auch am anderen Ende des Durchflusses eine extreme Form annehmen, zum Beispiel bei der Entwicklung von Infrastrukturen und Maschinen, die speziell für die Abscheidung und Verwertung von Treibhausgasen konzipiert sind, wie die Systeme zur Kohlenstoffabscheidung, -nutzung und -sequestrierung (CCUS), die sowohl die Effizienz der Öl- und Gasförderung durch CO_2-Injektion in Bohrlöcher erhöhen als auch die Nutzung kohlenwasserstoffbasierter Energiesysteme durch die Bewältigung ihres CO_2-Senkenproblems vermutlich verlängern. Diese Beispiele veranschaulichen einen allgemeineren Grundsatz: Kapitalistische Gesellschaften reagieren nicht passiv auf die objektiven Kräfte der Ressourcenknappheit; ihre Reaktionen sind viel komplexer. Sie steuern aktiv ihre extraktiven und dissipativen Grenzen, und zwar durch eine Anhäufung von Artefakten, die die Form von fixem Kapital annehmen, und die darüber hinaus spezifische Flussmuster einschließen, sowohl in Bezug auf den Materialgehalt, das Volumen als auch die Durchflussrate.

Ein dritter Durchlaufeffekt von Beständen – insbesondere von Artefakten – beruht auf ihren Beziehungen zu sozialen Praktiken.

Materielle Bestände werden als Strukturen akkumuliert, weil sie verschiedene Formen von sozialen Aktivitäten vermitteln. Soziale Beziehungen der Nutzung, aber auch bestimmte Erfordernisse der Ströme sind in ihre materielle Form eingebettet. Die Herrschaft der Bestände über die Ströme wird durch die Nutzung aktualisiert: sei es aktiv, wie beim Autofahren, bei der Toilettenspülung oder beim Gebrauch eines Smartphones, oder passiv, wie beim Gehen auf einer beleuchteten Straße oder beim Ausruhen in einem beheizten Gebäude. Die soziale Ökologie hat diese Wechselbeziehung als Nexus zwischen Beständen, Flüssen und Praktiken konzeptualisiert, in dem sie die Beherrschung der Flüsse durch die Bestände mit den subjektiven Praktiken des Menschen, insbesondere der Arbeit, aber auch dem Konsum und den expressiven Tätigkeiten zusammenbringt. Dieser Nexus ist eine dreistufige Struktur, wie in Abb. 1.10 dargestellt.

Die Abbildung verdeutlicht den dialektischen Charakter der Beziehung zwischen den Praktiken und den materiellen Beständen und Strömen, wobei jeder Pol der Stufe die Beziehungen zwischen den anderen im Sinne einer Form von Kausalität vermittelt. Die Flüsse begrenzen und ermöglichen die Nutzung der Bestände; die Bestände vermitteln die Nutzung der Flüsse und die Nutzung vermittelt die Herrschaft der Bestände über die Flüsse. In den materiellen Beziehungen der Gesellschaft sind diese drei Stufen immer miteinander verbunden und keine existiert unabhängig von den anderen.

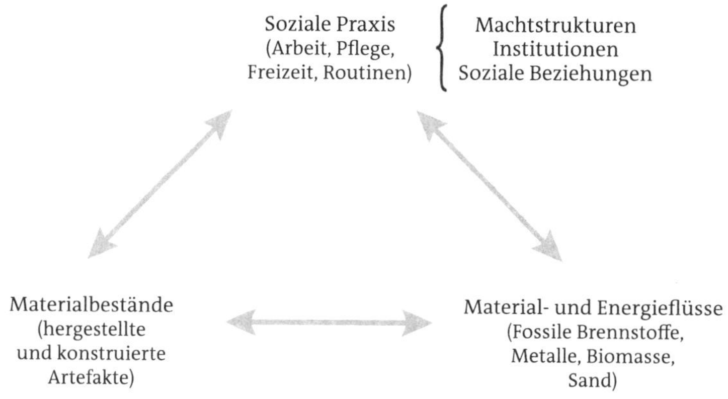

Abb. 1.10 Der Stoffwechsel als Nexus zwischen Beständen, Flüssen und Praktiken

Quelle: Helmut Haberl u. a.: Stocks, flows, services and practices: Nexus approaches to sustainable social metabolism, in: Ecological Economics, 182/2021, 106949.

Für die soziale Ökologie sind alle Formen sozialen Handelns durch diesen materiellen Bestände-Fluss-Nexus vermittelt, umso mehr in einer von Artefakten durchdrungenen und strukturierten Lebenswelt wie der des fortgeschrittenen Kapitalismus. Aber umgekehrt existiert der oben dargestellte Nexus durch die Vermittlung sozialer Praxis. Existenz und Gebrauch von Artefakten werden durch Bedeutungsstrukturen oder das Symbolische und durch soziale Herrschafts- und Machtbeziehungen vermittelt.[24] Dies gilt für alle Bereiche der Praxis, selbst für die banalsten oder scheinbar gedankenlosen wie das Benutzen eines Aufzugs, das Trinken mit einem Einwegstrohhalm aus Plastik oder die Wahl eines Laubbläsers anstelle eines Rechens zur Beseitigung von Laub. In dem gesamten Komplex von sozialen Beziehungen, die diesen Nexus bestimmen, werden wir uns auf jene Institutionen und Praktiken konzentrieren, die mit den sozialen Strukturen der kapitalistischen Akkumulation in Verbindung gebracht werden können. Insbesondere werden wir in Kapitel 5 aufzeigen, wie soziale Eigentumsverhältnisse den Nexus zwischen Beständen, Flüssen und Praktiken in fortgeschrittenen kapitalistischen Gesellschaften regulieren.

Zusammenfassung – eine soziale Ökologie des Materialflusses

Der ökonomische Prozess moderner Gesellschaften materialisiert sich als linearer Durchsatzfluss. Dieser Fluss hat einige grundlegende biophysikalische Eigenschaften: Er ist ein abstraktes Aggregat von Materie, hat einen Umfang und fließt mit einer bestimmten Geschwindigkeit. Im konkreten

24 Ein methodologisches Prinzip, das auf Karl Marx zurückgeht, vgl. Karl Marx: Die Deutsche Ideologie, in: MEW, Bd. 3.

Fall der im internationalen Handel zirkulierenden Güter kann das Verhältnis zwischen Durchsatz und Output bis zu 25 zu 1 betragen, liegt aber im Durchschnitt für die in die fortgeschrittenen kapitalistischen Kernländer importierten Materialien bei etwa 4 zu 1. Sowohl dieses Verhältnis als auch die Gesamtmasse des Durchsatzes auf globaler Ebene haben in den letzten Jahrzehnten zugenommen und es gibt keine Anzeichen dafür, dass dies aufhören wird. Pro-Kopf-Messungen des Material-Fußabdrucks des Wirtschaftsprozesses kapitalistischer Gesellschaften zeigen ein absolutes Wachstum des Durchsatzes, das nicht auf eine wachsende Bevölkerung der Menschheit zurückgeführt werden kann. Besonders stark ist dieses Wachstum in den aufstrebenden Zentren der kapitalistischen Weltwirtschaft wie China, wo sich der Pro-Kopf-Durchsatz in den letzten 25 Jahren vervierfacht hat. Aber auch in den reifen Volkswirtschaften des fortgeschrittenen kapitalistischen Kerns in Nordamerika und Europa ist der Material-Fußabdruck gewachsen, pro Kopf um 1,14 in Nordamerika und 1,4 in Europa; nur auf dem afrikanischen Kontinent stagniert der Pro-Kopf-Durchsatz. Der Durchsatz wächst im Verhältnis zur wertmäßigen Produktion, er wächst im Verhältnis zur Bevölkerung und er wächst in absoluten Zahlen: von 27 Gt extrahierter Materie im Jahr 1970 auf 92 Gt im Jahr 2017, was einem Wachstum von 3,39 in diesem Zeitraum entspricht. Bei dieser Geschwindigkeit wird die von den menschlichen Gesellschaften entnommene und in Umlauf gebrachte Materie das Produkt der terrestrischen Nettoprimärproduktion im laufenden Jahrzehnt übertreffen.

Die Substanz des Durchsatzes ist komplexer als das, was sich auf Tonnen und Joule reduzieren lässt; sie hat eine vorherige Zusammensetzung am Ort der Extraktion und die extrahierte Materie unterliegt einer Reihe von Metamorphosen, während sie fließt. Sie nimmt sukzessive verschiedene soziale Formen an und legt andere ab, von denen die meisten mit biophysikalischen Umwandlungen verbunden sind. Wir werden diese Umwandlungen als biophysikalische Arbeit des Materialflusses bezeichnen. Die quantitative Darstellung des Durchsatzes ist wesentlich und entscheidend für die Erfassung und Analyse des biophysikalischen Ausmaßes des Wirtschaftsprozesses; sie bietet eine synthetische Darstellung der Materialität der kapitalistischen Wirtschaft als massenhaften Strom. Ein Teil dieses Stroms akkumuliert sich innerhalb der Gesellschaft als materielle Bestände. Von einem rein analytischen und biophysikalischen Standpunkt aus »ist ein Bestand eine Variable, die zu einem bestimmten Zeitpunkt gemessen wird, während ein Fluss eine Variable ist, die über einen Zeitraum, d. h. eine Zeiteinheit, gemessen wird«.[25] Aus der Perspektive der sozialen Ökologie jedoch sind »Bestände sowohl phy-

25 Haberl u. a.: The Material Stock–Flow-Service Nexus, S. 1053.

sikalisch [...] als auch sozial definiert, institutionell in dem Sinne, dass sie zum Gesellschaftssystem gehören und durch die Aktivitäten des Gesellschaftssystems kontinuierlich reproduziert werden«.[26] Wenn also die Substanz des Durchsatzes ein Fluss von Energie und Materie ist, so verdichtet sich dieser Fluss zu Formen als Artefakte, die durch soziale Nutzungsbeziehungen bestimmt werden. Die Nutzung, sei sie produktiv oder konsumtiv/reproduktiv, bringt Artefakte (als materielle Bestände), Material- und Energieströme und menschliche Aktivitäten oder Praktiken auf bedeutungsvolle und expressive Weise miteinander in Verbindung. Die Nutzung definiert die Bestände als soziale und materielle Formen, während Artefakte bestimmte Formen sozialer Praktiken ermöglichen und vermitteln, und beide sind von dem linearen Fluss abhängig und steuern ihn. Und diese Dialektik impliziert immer weitere Ströme von Energie und Materie in einem Nexus von Bestand und Praxis. Diese dreistufige Struktur ist die Form, die die Stoffwechselbeziehungen des Wirtschaftsprozesses in kapitalistischen Gesellschaften annehmen (und es könnte gesagt werden, in allen Gesellschaften, in denen sich ein ökonomischer Prozess aufgrund einer institutionellen Differenzierung als eigene Sphäre ausmachen lässt).

Wir haben bereits in unserem Grundmodell des Wirtschaftsprozesses gesehen, dass der Materialfluss durch vier aufeinanderfolgende strukturelle Momente gekennzeichnet ist: Extraktion, Produktion, Konsumtion und Dissipation, von denen jeder, so haben wir argumentiert, der Ort spezifischer sozioökonomischer Beziehungen ist, die den Gesamtdurchsatz vermitteln. Wir können nun unser Grundmodell verfeinern, indem wir feststellen, dass diese Beziehungen die Form eines Nexus von Beständen, Flüssen und Praktiken annehmen. Jeder dieser strukturellen Momente oder Punkte des Wirtschaftsprozesses kann als eine Konfiguration zwischen Artefakten, Strömen und sozialen Praktiken definiert werden; jeder ist ein Nexus, und als solcher bestimmt und vermittelt er den Durchsatz von der Quelle zur Senke. Wir haben gesehen, wie der Materialfluss seine Form verändert, wenn er von einem strukturellen Moment zum anderen übergeht; dieselben Metamorphosen bestimmen die anderen Elemente des Nexus: insbesondere die sozialen Praktiken und die akkumulierten Bestände. Die Bestände in den extraktiven, produktiven und dissipativen Strukturen des Durchsatzstroms existieren in erster Linie als fixes Kapital, das einem Verwertungsimperativ unterliegt; die Praktiken in diesen Sphären nehmen die soziale Form von Arbeit und Beschäftigung an. In der Sphäre des Konsums erscheinen die Bestände als langlebige Güter und Wohnstrukturen sowie als kollektiv konsumierte

26 Marina Fischer-Kowalski/Helmut Haberl: Social metabolism: a metric for biophysical growth and degrowth, in: Joan Martínez-Alier/Roldan Muradian (Hrsg.): Handbook of Ecological Economics, Cheltenham 2015, S. 100–138, hier S. 102.

öffentliche Infrastrukturen – die Praktiken sind gemischt, Konsum, Versorgung, Pflege, Freizeit und kreativ-expressive Aktivitäten. Schließlich sind in einer kapitalistischen Gesellschaft Extraktion, Produktion, Konsum und Dissipation nicht nur Orte der materiellen Bestandsakkumulation, des Nexus von Artefakten, Strömen und sozialen Praktiken, diese strukturellen Momente des linearen Durchsatzes sind auch im Prozess der Kapitalakkumulation miteinander verbunden und das Wachstum in einer kapitalistischen Gesellschaft ist ein Ergebnis der Dialektik zwischen diesen beiden Dimensionen der wirtschaftlichen und sozialen Realität.

2 —— Die Arbeit der Natur: die Ökologie des Materialflusses

Arbeit ist in modernen Gesellschaften eine komplexe Kategorie.[1] Ihr gewöhnlicher Alltagsgebrauch bezieht sich auf zielgerichtete soziale Aktivitäten, die Anstrengung, Aufmerksamkeit und ein gewisses Maß an Geschicklichkeit erfordern und auf einen Zweck ausgerichtet sind, der einen objektiven Charakter hat.[2] In der Physik wird Arbeit *(work)* durch eine einfache Formel als Energie definiert, die mittels Kraft auf ein Objekt oder von einem Objekt übertragen wird, und nicht durch die zufällige Bewegung von Teilchen – was die Definition von Wärme ist.[3] Arbeit führt zu einer veränderten physikalischen Realität, wiederum in ihrer einfachsten Form als Verschiebung eines Objekts, auf das Kraft im Raum ausgeübt wird. Diese Definition aus dem 19. Jahrhundert entwickelte sich durch einen Abstraktionsprozess aus dem eher umgangssprachlichen Gebrauch des Wortes als Kategorie der Praxis des täglichen Lebens. Diejenigen, die die moderne Physik entwickelten, gingen von der Beobachtung mechanischer Prozesse in der Produktion aus, insbesondere im Bergbau, wo Dampfkraft erstmals in industriellem Maßstab eingesetzt wurde. Arbeit als die abstrakte »Fähigkeit«, durch Maschinen, Körper und Objekte »in zielgerichteter Weise eine physikalische Realität zu bewirken«, entwickelte sich aus den kapitalistischen Produktionsverhältnissen und wurde zu einem grundlegenden Begriff der modernen Thermodynamik.[4] Die Natur arbeitet *(works)* und auf den folgenden Seiten werden wir die biophysikalische Arbeit untersuchen, die von dem massenhaften Durchsatz zu erwarten ist, der von den heutigen Gesellschaften beherrscht wird.

In den kritischen ökologischen Theorien des Kapitalismus ist es üblich geworden, den Beitrag der Natur zum Wirtschaftsprozess mit der

1 Anm. d. Ü.: In den folgenden Überlegungen greift der Autor darauf zurück, dass es im Englischen zwei Wörter für »Arbeit« gibt: »work« mit germanischem Ursprung (werk) und »labour« mit romanischem Ursprung (labor), was sich im Deutschen nur schwer wiedergeben lässt. Daher wird an einigen Stellen das jeweilige englische Wort in Klammern vermerkt.

2 Siehe z. B. den Eintrag »Work« in Raymond Williams: Keywords: A Vocabulary of Culture and Society, New York 1976; und Hannah Arendt: Vita activa oder Vom tätigen Leben, Stuttgart 1960.

3 Donald T. Haynie: Biological Thermodynamics. Cambridge 2008. Vgl auch Vaclav Smil: Energy and Nature and Society. General Energetics of Complex Systems, Cambridge/MA 2008.

4 Cara N. Daggett: The Birth of Energy. Fossil Fuels, Thermodynamics, and the Politics of Work, Durham/NC 2019.

Ausbeutung oder Unterordnung natürlicher Prozesse durch kapitalistische Produktions- und Aneignungsverhältnisse zu erklären. Dies hat zu revisionistischen Werttheorien geführt: Für einige bedeutet dies, neben der Arbeit *(labor)* auch den Beitrag der Natur zur Bildung des Tauschwerts zu berücksichtigen,[5] während es für andere, wie Jason Moore, besagt, dass »kapitalistische Ökologien« für den Akkumulationsprozess wesentlich sind.[6] Wir teilen mit diesen theoretischen Bestrebungen die Auffassung, dass die materialistische Kritik kapitalistischer Gesellschaften ökologisiert werden muss, vertreten jedoch nicht die Ansicht, dass es so etwas wie die Arbeit *(labor)* der Natur geben kann oder dass dieser Begriff oder jeder Versuch, dem Tauschwert eine naturalistische Basis zu geben, sei es in der Energie oder in der Ökologie, analytisch produktiv wäre.[7] Aus diesen Grundsätzen ergeben sich zwei erkenntnistheoretische Thesen.

Erstens: Die Natur bewirkt etwas *(works)*, aber sie arbeitet *(labor)* nicht. Die Natur ist weder unterbezahlt, noch ist die Arbeit *(labor)* der Natur »billig«, und sie ist keine Quelle des Tauschwerts. Dies sind alles Kategorien, die zur Sphäre einer monetären Produktionswirtschaft gehören, in der Geld soziale Produktions- und Zirkulationsbeziehungen zwischen Subjekten vermittelt, die einer Zahlungsgemeinschaft angehören.[8] Im Kapitalismus ist Arbeit *(labor)* das, was aus dem Schaffen *(work)* wird, wenn es bewertet wird, und dies geschieht in erster Linie durch den monetären Austausch und die Subsumtion der produktiven Tätigkeit unter einen kapitalistischen Arbeitsprozess. Andere Formen der Arbeit *(work)* sind aus kapitalistischer Sicht ohne Wert, auch wenn sie gesellschaftlich notwendig sein mögen.[9] In anderen Produktionsweisen und

5 Vgl. zum Beispiel die interessante Debatte zwischen Giorgos Kallis und Erik Swyngedouw: Do Bees Produce Value? A Conversation Between an Ecological Economist and a Marxist Geographer, in: Capitalism Nature Socialism, 3/2018, S. 36–50.

6 Jason W. Moore: Kapitalismus im Lebensnetz. Ökologie und die Akkumulation des Kapitals. Aus dem Englischen von Dirk Höfer, Berlin 2020 [2015].

7 Der hybridistische Versuch, die Dialektik zwischen Natur und Gesellschaft aufzuheben, indem natürlichen Prozessen in der Kombination mit sozialen Prozessen eine Handlungsfähigkeit zugeschrieben wird, läuft auf dasselbe Argument hinaus, allerdings auf eine verworrenere Weise. Für eine Kritik an diesen Versuchen, eine naturalistische Werttheorie zu entwickeln – bei gleichzeitiger Leugnung der Existenz des Naturalismus als erkenntnistheoretische Position – vgl. John Bellamy Foster/Paul Burkett: Value Isn't Everything, in: Monthly Review, 6/2018, S. 1–17.

8 Selbst wenn für Ökosystemleistungen gezahlt wird, ist der letztendliche Empfänger der Geldzahlung weder »die Natur« noch das Ökosystem noch ein bestimmtes Wesen wie eine Pflanze oder ein Tier; es ist eine juristische Person, die entweder in einem Menschen oder in einer Organisation wie einer gemeinnützigen Gesellschaft verkörpert ist.

9 Wir teilen mit Biesecker und Hofmeister die Theorie, dass Wert keine Substanz ist, die in Gegenständen zu finden ist oder die produktiven Tätigkeiten im Allgemeinen innewohnt. Der Wert ist eine Institution, die die Objektivität des Schaffens als Arbeit ebenso vermittelt, wie sie die Existenzweise von Objekten transformiert, und zwar durch die Grenze, die sie zwischen Dingen mit Wert und Dingen ohne Wert konstruiert. Die Universalität der kapitalistischen Wertform der Arbeit ist ein umkämpftes soziales Verhältnis in der modernen Gesellschaft, in der andere Regime der Bewertung von sozialer Aktivität existieren, die politisch oder kulturell vermittelt sind – ein typischer Fall ist die Sorgearbeit. Adelheid Biesecker/Sabine Hofmeister: Focus: (Re) productivity Sustainable Relations Both Between Society and Nature and Between the Genders, in: Ecological Economics, 8/2010, S. 1703–1711.

Gesellschaftsformationen wird das Schaffen *(work)* nach anderen normativen Regeln und gesellschaftlichen Wertverhältnissen zur Arbeit *(labor)*.

Zweitens: Der Kapitalismus *hat* ökologische Beziehungen, aber er ist keine Ökologie, und die Arbeit *(work)* der Natur ist eine wesentliche Dimension dieser Beziehungen. Eine umfassende Analyse der Art und Weise, wie die Natur für kapitalistische Gesellschaften arbeitet und wie der Kapitalismus die Natur dazu bringt, zu arbeiten, wäre schon für sich ein enzyklopädisches Projekt. Hier untersuchen wir das viel begrenztere Problem der biophysikalischen Arbeit *(work)*, die vom linearen Durchsatz erwartet wird, indem wir uns mit der Thermodynamik und der Physik der Ökologie befassen. Die Ergebnisse dieser Untersuchung bilden die Grundlage für eine sozialökologische Theorie des gesellschaftlichen Stoffwechsels, die im abschließenden Teil des Kapitels vorgestellt und im dritten und vierten Kapitel weiterentwickelt wird.

Thermodynamik als biophysikalische Arbeit

Wenn der Durchsatz von einem Punkt des Wirtschaftsprozesses zu einem anderen fließt, verrichtet er biophysikalische Arbeit, die den Gesetzen der Thermodynamik unterliegt. Die Berücksichtigung dieser Gesetze und der vom Durchsatz geleisteten Arbeit – entweder als Bestand oder als Fluss – ist seit den bahnbrechenden Studien von Nicholas Georgescu-Roegen und Robert Ayres in den 1970er-Jahren ein bestimmendes Merkmal des biophysikalischen Zweigs der ökologischen Ökonomie.[10] Die Nutzung oder der Gebrauch kann als die Aktualisierung eines biophysikalischen Potenzials eines materiellen Elements betrachtet werden. Das alltägliche Verständnis von Nutzung beinhaltet die Vorstellung, dass etwas »gebraucht« oder »verbraucht« wird, ein biophysikalisches Potenzial, das – vom Standpunkt menschlicher Praxis und Erfahrung aus betrachtet – vollständig aktualisiert und damit ausgelöscht worden ist. Die moderne Kategorie der »Konsumtion« impliziert die gleichen Vorstellungen. Doch in der realen Alltagswelt kapitalistischer Ökonomien und Gesellschaften wird die Grenze zwischen Nutzung und Abfall oder Konsumtion und Dissipation durch soziale Prozesse und Verhältnisse überdeterminiert, die nichts mit dieser biophysikalischen »Nutzung« zu tun haben müssen und allein von den kapitalistischen Imperativen der Verwertung und vor allem der Realisierung des Werts abhängig sein können. Die Subsumtion der Nutzung unter die kapitalistischen Imperative werden wir im fünften und sechsten Kapitel im Detail untersuchen. Zunächst befassen wir uns mit dem, was subsumiert wird, nämlich der biophysikalischen Arbeit der Elemente des Durchsatzes.

10 Nicholas Georgescu-Roegen: The Entropy Law and the Economic Process, Cambridge/MA 1971; und Robert U. Ayres/Allen V. Kneese: Production, Consumption, and Externalities, in: American Economic Review, 3/1969, S. 282–297.

Der Durchsatzstrom kapitalistischer Gesellschaften ist ein thermodynamischer Prozess. Was bedeutet das? Dass der ökonomische Prozess den beiden Gesetzen der Thermodynamik unterworfen ist: dem ersten, dem Erhaltungssatz, und dem zweiten, dem Entropiesatz. Diese Gesetze gelten sowohl für Materie als auch für Energie – für die Substanz des Durchsatzes. Während der Durchsatz von der Quelle zur Senke, von der Extraktion zur Dissipation fließt, ändert sich seine Menge nicht, oder wie Antoine de Lavoisier 1789 in einer Abhandlung, die als Gründungswerk der modernen Chemie gilt, feststellte: *Nichts geht verloren, nichts wird geschaffen, alles wird umgewandelt.*[11] Die wirtschaftlichen Implikationen des ersten Gesetzes wurden von Robert Ayres hervorgehoben: »Es lässt sich nicht etwas aus nichts gewinnen und es lässt sich nicht etwas in nichts umwandeln.«[12] Das bedeutet, dass im ökonomischen Prozess zwar monetärer Wert geschaffen, akkumuliert und vernichtet werden, der Material- und Energiedurchsatz aber nur umgewandelt werden kann. Die Art dieser Umwandlung, die wir im ersten Kapitel als Metamorphose des Durchsatzes bezeichnet haben, soll hier im Hinblick auf die ökonomischen Implikationen des zweiten Gesetzes untersucht werden. Die strukturellen Stadien des ökonomischen Prozesses, die wir im ersten Kapitel skizziert haben – Extraktion, Produktion, Konsumtion und Dissipation – entsprechen vier aufeinanderfolgenden biophysikalischen »Transformationen« des Durchsatzes.

Zweitens können wir feststellen, dass abgesehen von nuklearen Reaktionen wie Kernspaltung oder Kernfusion Materie und Energie als unabhängige Entitäten existieren. Sie werden getrennt voneinander gemessen, eingesetzt und umgewandelt. Materie kann nicht zu Energie werden und Energie kann nicht zu Materie werden. Im Wirtschaftsprozess arbeiten Energie und Materie zusammen, beide werden benötigt, und in der kapitalistischen Produktion und Konsumtion stehen sie in einem festen Verhältnis zueinander, das durch den Zusammenhang von fixem Kapital und produzierten Artefakten vorgegeben ist. Diese Fixierung ist sowohl quantitativ als auch qualitativ. Die Nutzung von Artefakten hängt von Kombinationen bestimmter Formen oder Arten von Materie und Energie ab, nicht nur von bestimmten Mengen. In kapitalistischen Ökonomien wird diese technische Starrheit noch dadurch verstärkt, dass diese Kombinationen von monopolistischen Unternehmen als produktive oder konsumtive Artefakte kapitalisiert werden. Eine letzte Implikation ergibt sich aus dem Prinzip der Massenbilanz, das aus dem ersten Gesetz folgt – kurz gesagt: Was entnommen wurde, wird wieder entsorgt. Die Abfallströme werden im Durchsatz von den extraktiven Strömen festgelegt. Die

11 Antoine de Lavoisier: Traité élémentaire de chimie, présenté dans un ordre nouveau et d'après les découvertes modernes, Paris 1789.

12 Robert U. Ayres/Benjamin Warr: The Economic Growth Engine. How Energy and Work Drive Material Prosperity, Cheltenham 2009, S. 64.

materielle Form der extraktiven Ströme kann sich zwar verändern, aber letztlich führt die massenhafte Extraktion zu massenhaftem Abfall und dessen Entsorgung. Die Klimakrise ist natürlich ein offensichtliches und dramatisches Beispiel für dieses Prinzip.

Der zweite Hauptsatz der Thermodynamik hat weitreichendere Auswirkungen auf die Untersuchung des ökonomischen Prozesses und ist sowohl in der ökologischen Ökonomie[13] als auch in der kritischen politischen Ökonomie ausführlicher diskutiert worden.[14] Obwohl er Gegenstand vieler Kontroversen ist, werden wir uns für unsere Analyse auf die phänomenologische Definition der Entropie von Georgescu-Roegen konzentrieren: »In einem geschlossenen System bleibt die Energiemenge konstant (erstes Gesetz), während die verfügbare Energie kontinuierlich und unwiderruflich in unverfügbare Zustände übergeht.«[15] Verfügbarkeit ist ein phänomenologischer Begriff; er bezieht sich auf die Verschlechterung der Qualität der Energie, wenn sie vom Standpunkt der menschlichen Gesellschaft aus nützliche Arbeit *(work)* leistet.[16]

Für Georgescu-Roegen gilt dieser Prozess der entropischen Degradation auch für die Materie. Während sie durch den ökonomischen Prozess umgewandelt wird, verliert die Materie unwiderruflich Eigenschaften, die er mit »*Ordnung*« gleichsetzt: Unter Beibehaltung ihrer Masse geht die Materie von einem Zustand der Ordnung in einen Zustand der Unordnung oder der maximalen Zerstreuung über, und diese Veränderung ist unumkehrbar.[17] Das zentrale Argument seiner ökologischen Ökonomie könnte so formuliert werden: Während Materie und Energie die aufeinanderfolgenden Umwandlungen des Wirtschaftsprozesses durchlaufen, gehen sie von einem Zustand der *Ordnung oder niedrigen Entropie zu einem der Unordnung und Zerstreuung oder hohen Entropie über, und diese Veränderung ist unumkehrbar.* Um die volle Tragweite des zweiten Hauptsatzes der Thermodynamik für eine soziale Ökologie des Kapitals

13 Rigo E. Melgar-Melgar/Charles A. S. Hall: Why ecological economics needs to return to its roots: The biophysical foundation of socio-economic systems, in: Ecological Economics, 169/2020, 106567.

14 Vgl. Paul Burkett/John Bellamy Foster: Stoffwechsel, Energie und Entropie in Marx' Kritik der Politischen Ökonomie. Jenseits des Podolinsky-Mythos (Teil 1 und 2). Übersetzung aus dem Englischen von Henrik Lebuhn und Anne Steckner, in: Prokla 159/2010, S. 217–240, und 160/2010, S. 417–435.

15 Nicholas Georgescu-Roegen: The Entropy Law and the Economic Process in Retrospect, in: Eastern Economic Journal, 1/1986, S. 3–25.

16 Diese phänomenologische Definition des zweiten Gesetzes könnte auf den Erfahrungsbereich aller Lebewesen ausgedehnt werden, da das Leben auf der Fähigkeit zur Reproduktion geordneter organischer Strukturen durch Erhöhung der Entropie in seiner physikalischen Umgebung beruht. Wir werden dies weiter unten noch ausführlicher erörtern.

17 Georgescu-Roegen: The Entropy Law and the Economic Process in Retrospect, S. 3. Infrage gestellt wurde, ob der Begriff der Ordnung einen absoluten physikalischen Zustand der Materie beschreibt, der unabhängig von menschlicher Aktivität existiert und formal dargestellt werden kann. Daher wird auch bezweifelt, ob die Theorie der Entropie als einem irreversiblen Wandel hin zur Unordnung eine sinnvolle Interpretation des zweiten Hauptsatzes der Thermodynamik ist. Wir werden diesen Begriff daher in phänomenologischer Weise als »Ordnung für uns« verwenden.

und eine Theorie der biophysikalischen Arbeit zu erfassen, ist es wichtig, zunächst zwei Aspekte der obigen Definition zu untersuchen: die Vorstellung vom ökonomischen Prozess als einem »geschlossenen System« und den »phänomenologischen« Charakter des zweiten Hauptsatzes. Wir werden mit dem letzteren Problem beginnen.

Die Thermodynamik als Phänomenologie der Arbeit der Natur

Seit den letzten Studien von Georgescu-Roegen über die wirtschaftliche Bedeutung des Entropiegesetzes in den späten 1980er-Jahren sind eine Reihe wichtiger Arbeiten vorgelegt worden, die den soziokulturellen, ökonomischen und politischen Kontext untersucht haben, in dem die Thermodynamik im Besonderen und die Physik der Energie im Allgemeinen entstanden sind und sich entwickelt haben.[18] Auch wenn es den Rahmen der vorliegenden Arbeit sprengen würde, auf dieses wissenschaftliche Werk einzugehen, so gibt es doch einen wichtigen Aspekt, den wir hervorheben müssen und der für einen soziologisch informierten phänomenologischen Ansatz zur Thermodynamik von zentraler Bedeutung ist. Wie sowohl Larry Lohmann als auch Cara Daggett argumentieren, können die Wissenschaft der Energie und der Thermodynamik nicht außerhalb ihres sozialen Entstehungskontextes verstanden werden, der in diesem Fall die historische Entstehung und Ausbreitung des industriellen Kapitalismus und des kapitalistischen Kolonialismus ist.[19] Die Ausbeutung von Land und Arbeit als Produktionsfaktoren im Verwertungsprozess des Kapitals hat die Kategorien der modernen Physik nicht nur »gefärbt«, sondern ihre zentralen Begriffe geprägt. Daher ist das Problem der entropischen Abnahme von Energie eng mit der historischen Erfahrung der Organisation von Technologien verbunden, die durch Antriebsmaschinen massenhaft Energie in »nützliche Arbeit« umwandeln. Die Fähigkeit, verschiedene Formen von Energie ineinander umzuwandeln – thermische in mechanische (Kohle zu Dampf), mechanische in kinetische (Dampf als Antrieb der Turbine), kinetische in elektrische (Turbine zur Erzeugung von Elektrizität), elektrische in Wärme (Fußsockelheizungen in US-amerikanischen und kanadischen Häusern) oder mechanische Arbeit (wie das Falten von Blechen für die Fußsockelheizungen) – führte zur Entstehung der abstrakten Kategorie der Energie als einheitliches »Ding«, das in lebenden Körpern und in träger Materie vorhanden ist und das »nutzbar gemacht« und »als Arbeit eingesetzt« werden kann.[20] Technologien der Umwandlung und Methoden der Messung (einschließlich der in diesem Buch verwendeten) trugen im 18. und 19. Jahrhundert

18 Daggett: The Birth of Energy; und Larry Lohmann/Nicholas Hildyard: Energy, Work and Finance. Sturminster Newton 2014.

19 Daggett: The Birth of Energy; und Lohmann/Hildyard: Energy, Work and Finance.

20 Lohmann/Hildyard: Energy, Work and Finance.

zur historischen Konstruktion von Darstellungen der Energie als dieser abstrakten und amorphen »Fähigkeit, Arbeit zu leisten« bei.

Der erste Hauptsatz der Thermodynamik bedeutete, dass Energie als eine abstrakte Substanz die Arbeit ihrer besonderen und flüchtigen Erscheinungsformen wie Wärme, Bewegung, Druck oder chemische Reaktionen überlebte. Als Menge blieb sie erhalten. Doch wie das zweite Gesetz besagt, bedeutete jede Formveränderung eine Verschlechterung ihrer Qualität, verstanden als ihre Fähigkeit, nützliche Arbeit zu leisten. An einem bestimmten Punkt würde das ursprüngliche Energiequantum der Gesellschaft einfach nicht mehr zur Verfügung stehen, obwohl es im physikalischen Sinne immer noch existiert. Die Nützlichkeit, oder Verfügbarkeit, ist zwar ein physikalisches Prinzip und ein Naturgesetz, aber sie existiert nur unter dem Gesichtspunkt des menschlichen Wunsches oder des gesellschaftlichen Bedürfnisses nach Energie, die Arbeit verrichten, also irgendeine Form der biophysikalischen Veränderung bewirken kann. Das ist es, was Georgescu-Roegen wie auch Larry Lohmann und Cara Daggett unter dem phänomenologischen Charakter des Entropiegesetzes verstehen. Erst in der modernen kapitalistischen (und staatssozialistischen) Gesellschaft ist diese Kategorie der Energie als abstrakte Substanz, die sowohl erhalten als auch abgebaut wird, aufgetaucht und hat sich als Repräsentation von Arbeit durchgesetzt.

Offene und geschlossene Systeme

Die Gesetze der Thermodynamik gelten für geschlossene Systeme. Die oben dargestellten Prinzipien sind also deshalb von Bedeutung, weil die beobachteten Prozesse – die Wirtschaft als materieller Prozess – als begrenzt erscheinen. Ob diese Begrenztheit als biophysikalische Realität oder als Produkt einer Handlung betrachtet wird, ist aus Sicht der Thermodynamik irrelevant, was wiederum auf den phänomenologischen Charakter der thermodynamischen Wissenschaft zurückzuführen ist. Wie Georgescu-Roegen in seinem Vortrag von 1985 feststellt, ist »streng genommen das einzige geschlossene System das gesamte Universum«, und in diesem System gelten die Gesetze der Thermodynamik in der Fassung, wie sie von Rudolf Clausius formuliert wurde:

> Die Energie des Universums ist konstant [Gesetz 1] und die Entropie des Universums tendiert zu einem Maximum [Gesetz 2][21]

So interessant und bedeutsam dies aus Sicht der theoretischen Physik auch sein mag, für die Gesellschaften und ihre Ökologie kommt es darauf an, welche thermodynamischen Konsequenzen sich aus der Begrenztheit der Erde ergeben. Energetisch gesehen ist die Erde ein offenes Sys-

21 Rudolf Clausius: Abhandlungen über die mechanische Wärmetheorie, Braunschweig 1867.

tem, offen für den Strom der Sonnenstrahlung. Wenn diese Energie in die Atmosphäre des Planeten eintritt, wird sie verschlechtert und verbleibt als zerstreute Wärme. Obwohl die Sonne selbst dem Entropiegesetz unterliegt und irgendwann erlöschen wird, können wir sie auf der Zeitskala der menschlichen Gesellschaften und erst recht in dem viel kürzeren Zeithorizont unserer derzeitigen ökologischen Krise als ewig betrachten. Die Energieleistung der Sonne, ihr Potenzial, steht im Mittelpunkt der aktuellen Debatten über den ökologischen Wandel, mit dem Wirtschaft und Gesellschaft konfrontiert sind. Schließlich bildet sie die wichtigste verfügbare Energiequelle auf diesem Planeten. Abgesehen von geothermischer, chemischer, Gezeiten- und Kernenergie hängen alle anderen Quellen von nutzbarer energetischer Arbeit vom aktuellen oder vergangenen solaren Zustrom ab. Für die Erde als Ganzes kann dieser Strom als konstant angesehen werden (auch wenn es je nach Breiten- und Längengrad tages- und jahreszeitliche Schwankungen gibt).[22] Er ist für die wichtigsten kinetischen geophysikalischen Prozesse wie Wind, Wasserströmungen und Niederschläge verantwortlich, die das Erdsystem prägen und abgesehen von tektonischen Verschiebungen den Planeten beleben und gestalten. Solange die Sonne scheint, die Winde wehen und die Flüsse fließen, scheint die Irreversibilität der entropischen Auflösung der Sonnenenergie in einen Wärmestrom kein dramatisches Problem für eine Gesellschaft zu sein, die ihre energetischen Ansprüche auf diese geophysikalischen Prozesse stützen kann. Aber bisher waren kapitalistische Gesellschaften nicht in der Lage, diesen Energiestrom zu nutzen, und sie scheinen auch in der näheren Zukunft nicht dazu in der Lage zu sein.[23] Die energetische Grundlage des kapitalistischen Wachstums und der Akkumulation seit 1800 war ein begrenzter Vorrat an fossilen Brennstoffen, die der Erde entnommen wurden, und nicht der großzügige Zustrom von Sonnenenergie – zumindest nicht direkt. Vergrabener Sonnenschein ist eine gängige Metapher, die im Umweltdiskurs verwendet wird, um geologische Kohle-, Öl- und Gasvorkommen zu beschreiben, die aus der vergangenen Aufnahme und Umwandlung des solaren Energiezuflusses durch Fotosynthese resultieren. In diesem Sinne beruht auch das kapitalistische Wachstum auf dem Zustrom von Sonnenenergie und damit auf der Erde als einem offenen System, aber diese Offenheit ist durch das Leben vermittelt.

22 Es gibt Schwankungen, die leichten Oszillationen der Erdumlaufbahn entsprechen und die für die eiszeitlichen und zwischeneiszeitlichen Milanković-Zyklen verantwortlich sind – diese Schwankungen fallen jedoch nicht in den Rahmen unserer Analyse. Die von uns untersuchten menschlichen Gesellschaften sind in der letzten Zwischeneiszeit aufgeblüht und seitdem wurde das Klima dermaßen stark beeinflusst, dass die dadurch verursachte tendenzielle Erwärmung die Schwankungen dieser Zyklen übertrifft. Will Steffen u. a.: Trajectories of the Earth System in the Anthropocene, in: Proceedings of the National Academy of Sciences of the United States of America, 33/2018, S. 8252–8259.

23 Megan K. Seibert/William E. Rees: Through the Eye of a Needle: An Eco-Heterodox Perspective on the Renewable Energy Transition, in: Energies, 15/2021, S. 4508.

Diese Vermittlung hat buchstäblich das Angesicht des Planeten verändert. Die Umwandlung des solaren Zustroms durch Fotosynthese ist die Grundlage fast aller möglichen biotischen Aktivitäten durch Stoffwechselprozesse, die biochemische Arbeit darstellen.[24] Das Leben wurde als »negentropische« Kraft bezeichnet, die die Muster des entropischen Abbaus des solaren Energieflusses hier auf der Erde verändert, ohne die Gesetze der Thermodynamik außer Kraft zu setzen. Diese negentropische Kraft erhält und erzeugt organische Strukturen – Biomasse – und planetarische biogeochemische Kreisläufe, die zu Schlüsselkomponenten der Erde als einem »lebendigen« offenen System geworden sind. »Das Leben ernährt sich von ›Nahrung‹ mit geringer Entropie und stößt ›Abfallprodukte‹ und Wärme mit hoher Entropie ab, wodurch es seinen Stoffwechsel antreibt und seine Struktur aufrechterhält.«[25] Dies kann als ein grundlegendes Stoffwechselgesetz aller Lebewesen betrachtet werden; es gilt für das Erdsystem als Ganzes und definiert seine Begrenztheit als ökologische und nicht nur als geophysikalische Realität neu. Als ökologisch vermitteltes offenes System beruht die lebendige Erde auf der Aufnahme des ständigen Zuflusses von Sonnenenergie durch die Fotosynthese und auf den dichten ökologischen Beziehungen, die sich um die Nutzung und Zirkulation der erzeugten Energie und der organisierten Materie durch die trophischen Funktionen der Primärproduktion, des Verbrauchs und der Zersetzung entwickelt haben. In Verbindung mit geophysikalischen Kräften, die ebenfalls vom solaren Energiefluss abhängen, wie Verwitterung und hydrologische Zyklen, gewährleisten die trophischen Funktionen die Verfügbarkeit kritischer chemischer Nährstoffe für die Lebensprozesse und bilden die grundlegenden biogeochemischen Zyklen des Planeten, den Kohlenstoff-, Phosphor- und Stickstoff- sowie den Schwefelzyklus. Diese Beziehungen, die für den Kreislauf der lebenswichtigen Nährstoffe in organischen Strukturen verantwortlich sind, bilden eine Gesamtheit, die das Klima der Erde, die Zusammensetzung der Atmosphäre, der Ozeane und der Böden, auf denen wir stehen, regelt.[26]

Die Reproduktion der Ökosysteme des Planeten und aller Lebewesen ist in diese lebendigen Erdprozesse eingebettet und in diese organischen Strukturen auch unsere Gesellschaften. Die Ökologie unserer Gesellschaften beruht zu einem großen Teil auf diesen Beziehungen. Und da

24 Vgl. hierzu die Modellierung dieser Prozesse. Axel Kleidon: Life, hierarchy, and the thermodynamic machinery of planet Earth, in: Physics of Life Reviews, 4/2010, S. 424–460. Vgl. auch Joseph E. Armstrong: How the Earth Turned Green: A Brief 3.8-Billion-Year History of Plants, Chicago/IL 2014.

25 Kleidon: Life, hierarchy, and the thermodynamic machinery of planet Earth, S. 427.

26 Zur Bedeutung dieser Art, die Erde als dynamisches System zu verstehen, vgl. Ian Angus: Im Angesicht des Anthropozäns. Klima und Gesellschaft in der Krise. Aus dem Englischen von Christof Mackinger, Münster 2020 [2016]. Für eine technischere und synthetischere Darstellung vgl. Johan Rockström u. a.: Planetary Boundaries: Exploring the Safe Operating Space for Humanity, in: Ecology & Society, 2/2009, Art. 32.

die Erde als lebendes System für den Energiestrom der Sonne offen ist und das Leben diese Energie metabolisch in Strukturen und Prozesse umwandelt, die in der Lage sind, kritische Nährstoffe zu erhalten und durch trophische Systeme zu recyceln, führt dies zu einem Anschein von Reversibilität in einer physikalischen Welt, die ansonsten zum entropischen Verfall verurteilt ist. Eine passende Darstellung ist die einer organischen Kreislaufstruktur, wie sie für die meisten Ökosysteme typisch ist, in denen die Zersetzung von Abfällen eine Voraussetzung für einen neuen Zyklus der Primärproduktion ist. Dies steht in starkem Kontrast zu der Darstellung des wirtschaftlichen Prozesses von Gesellschaften als einem linearen Strom, die wir im ersten Kapitel vorgestellt haben. Diese scheinbare organische Zirkularität beruht jedoch auf einem ständigen Zustrom von Energie von der Sonne und dessen Aufnahme durch die Fotosynthese.

Ökosysteme, Lebewesen und das lebende Erdsystem als Ganzes sind in ihren verschiedenen Größenordnungen dissipative Strukturen, die in der Lage sind, »ihren Zustand außerhalb des thermodynamischen Gleichgewichts [gleichbedeutend mit dem Tod für einen lebenden Körper] durch einen Gesamtnettoexport von Entropie an die Umgebung aufrechtzuerhalten«. Dies gilt für alle Stoffwechselprozesse, einschließlich des sozialen Stoffwechsels, auch wenn er scheinbar zirkulär verläuft.[27]

Außerdem ist der lineare Strom der heutigen Gesellschaften nur teilweise mit der Nettoprimärproduktion und ihrer organischen Negentropie und trophischen Zirkularität verbunden. Wie im ersten Kapitel dargestellt wurde, sind drei Viertel des globalen Durchsatzes abiotischer Natur (74 Prozent im Jahr 2017) und bestehen aus einem Ensemble extrahierbarer Materialbestände: nichtmetallische Mineralien wie Kali, Phosphate, Sand, Kies und Kalkstein, die zur Herstellung von Zement verwendet werden, fossile Brennstoffe und verschiedene Metalle. Auch wenn die Verfügbarkeit vieler dieser Stoffe als entropiearme und geordnete Materie zum Teil das Ergebnis *vergangener* biotischer Aktivität ist – für fossile Brennstoffe ist dies offensichtlich, gilt aber auch für einige Formen von Mineralien wie Dolomitkalk und Metalle wie Limonit –, vom materiellen Standpunkt der extraktiven Bedürfnisse und Praktiken kapitalistischer Ökonomien aus betrachtet handelt es sich um endliche geologische Vorräte und stellt sich unser Planet als ein geschlossenes, begrenztes und weitgehend träges, nicht organisches geologisches System dar.[28]

27 Das Leben und die ökologischen Beziehungen erzeugen keine »negative Entropie«, wie einige politische Ökologen behaupten. Stabilität wird lokal auf Kosten größerer Entropie an anderer Stelle erreicht und Gesellschaften können den Verlauf der Entropie nicht durch Technologien umkehren. Es gibt kein Entkommen vor den Gesetzen der Thermodynamik und keine Ausnahme von ihnen, zumindest nicht in diesem Universum. Und selbst die Tätigkeit, sich ein Paralleluniversum vorzustellen, in dem diese Gesetze nicht gelten würden, ist ein entropischer Prozess.

28 Martin Arboleda: Planetary Mine. Territories of Extraction under Late Capitalism, London 2020.

Die Erde als geophysikalisches System hat zwar ihre Zyklen und dynamischen Prozesse, die Plattentektonik sowie Verwitterung, Erosion und Sedimentation, die durch den solaren Energiefluss ausgelöst werden, aber diese geologischen Prozesse sind langsam und erstrecken sich über Äonen und Epochen, nicht über Tage, Jahreszeiten und Jahre, vergleichbar der schnellen Zeitlichkeit ökologischer Zyklen mit ihren täglichen und saisonalen Rhythmen. Existenziell und erfahrungsmäßig können wir uns gerade noch auf die langsamsten organischen Wachstumszyklen beziehen – wie etwa das Wachstum von Bäumen –, die bis zu einem gewissen Grad mit menschlichen Zeitskalen vergleichbar sind und in Generationen gezählt werden können. Aber unsere Kulturen haben keinen Erfahrungsrahmen entwickelt, der die Bildung von Gebirgsketten erfasst. Wie Jeremy Davies schreibt, erleben menschliche Gesellschaften ökologische Zyklen als zeitliche Prozesse, die Geologie als einen feststehenden Rahmen und geologische Veränderungen als katastrophale Ereignisse.[29] Aus der Perspektive des linearen Durchsatzes erscheinen geologische Quellen von nützlicher Materie als endlich und dem Gesetz der Entropie unterworfen, genauer gesagt in Übereinstimmung mit dem ersten und zweiten Hauptsatz der Thermodynamik. Aufgrund der Entropie erscheinen geologische Quellen von nützlicher Materie als Vorräte, die aufgebraucht werden können, und nicht als Ströme. Diese Begrenztheit der Erde als Vorrat an endlicher, entropiearmer, abbaubarer Materie ist somit auch eine phänomenologische Realität, die in dem wirtschaftlichen Erfahrungshorizont der Gesellschaften wurzelt. Wenn Materie zum Einsatz kommt, sei es als Ausgangsmaterial für industrielle Prozesse, als Energieträger oder für andere dissipative Verwendungen wie in der Landwirtschaft oder akkumuliert als Baumaterialien, die in Infrastrukturen, Gebäuden oder hergestellten Artefakten fixiert sind, unterliegt sie einer entropischen Verschlechterung als Gegenstück zu ihrer Nützlichkeit oder Arbeitsfähigkeit.

Der zweite Hauptsatz der Thermodynamik bietet, wie der erste, eine solide Grundlage für die Darstellung der Arbeit der Natur im ökonomischen Prozess als einem linearen Strom des Durchsatzes. Wir können dies in den folgenden fünf Grundsätzen zusammenfassen:

1. Was aus der Perspektive der Gesellschaft als die nützliche Arbeit von Energie und Materie erscheint, basiert auf der biophysikalischen Arbeit von Inputs mit *geringer Entropie,* die in den ökonomischen Prozess eingehen.

29 Jeremy Davies: The Birth of the Anthropocene, Oakland/CA 2016. Dies ändert sich natürlich in dem Maße, in dem sich die Erfahrung des gesellschaftlich verursachten Klimawandels aus der Sphäre der wissenschaftlichen Debatten und Entdeckungen in die Alltagskultur verlagert, obwohl diese Verlagerung weiterhin von der wissenschaftlichen Vermittlung abhängig ist: Alan E. Stewart/Jungsu Oh: Weather and Climate as Events: Contributions to the Public Idea of Climate Change, in: International Journal of Big Data Mining for Global Warming, 2/2019, S. 1950005.

2. Biophysikalische Arbeit in all ihren Formen (einschließlich menschlicher und tierischer Arbeit) impliziert die entropische Verschlechterung und Dissipation von Energie und Materie; der ökonomische Prozess verwandelt entropiearme Inputs aus »Quellen« in Abfälle mit *hoher Entropie*, die in »Senken« entsorgt werden.
3. Entropische Verschlechterung und Dissipation sind irreversible Prozesse und jede materielle Reversibilität, wie z. B. Recycling, beruht auf einem immer größeren Energieaufwand und zusätzlichen Inputs von Materie; einen vollständigen Kreislauf von Materie und Energie kann es in einer Welt, die den Gesetzen der Thermodynamik unterliegt, nicht geben.
4. Der prozessuale Charakter der ökonomischen Aktivität, die den Strom des Durchsatzes bestimmt, ist weniger eine Frage der *zeitlichen* Irreversibilität als vielmehr eine der *entropischen* Irreversibilität.
5. Da die Biosphäre ein offenes System ist, haben ökologische Prozesse eine Form von organischer Zirkularität, die auf dem Prinzip der Negentropie durch trophische Zyklen und Primärproduktion beruht. Dies gilt nicht für ökonomische Prozesse, die auf der Extraktion und der entropischen Umwandlung von geologischen Materievorräten, einschließlich Energieträgern wie fossilen Brennstoffen, beruhen, die die materielle Grundlage der kapitalistischen Akkumulation in den letzten beiden Jahrhunderten bildeten.

Entropie geschieht

Entropie wird sozioökonomisch bedeutsam für eine Gesellschaft, die von einer Produktionsweise abhängt, die auf der Extraktion und der entropischen Umwandlung von geologischen Beständen und der Arbeit von fossilen Energieträgern beruht. Das Gesetz der Entropie bringt also die biophysikalischen Grenzen kapitalistischer Gesellschaften[30] zum Ausdruck, die für ihr Wachstum und ihre Akkumulation auf diese materielle Basis angewiesen sind. Abb. 2.1, die auf der Abb. 1.1 des linearen Durchsatzes im ersten Kapitel beruht, zeigt die Materialität des ökonomischen Prozesses als einen entropischen Prozess.

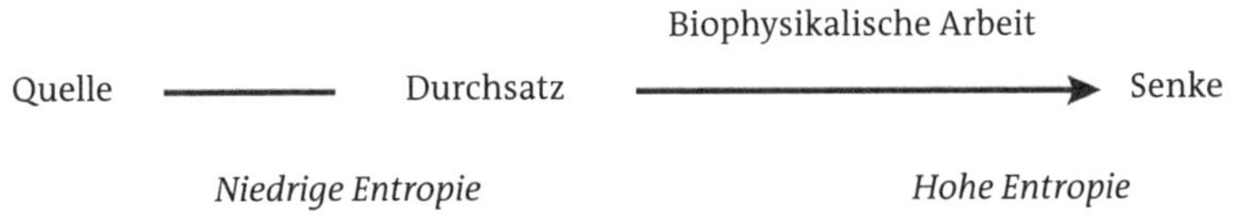

Abb. 2.1 Durchsatz als biophysikalische Arbeit
Quelle: Autor.

30 Georgescu-Roegen zufolge gilt diese Einschränkung auch für staatssozialistische Ökonomien, die dieselbe materielle Grundlage übernahmen und das Wachstum eines bewerteten Outputs zu ihrem allgemeinen wirtschaftlichen Ziel machten, auch wenn die Bewertung in diesem Fall auf dem Gebrauchswert und nicht auf dem Tauschwert beruhte.

Auf seinem Weg von der Quelle zur Senke geht der Durchsatz von einem Zustand niedriger Entropie in einen Zustand hoher Entropie über und dies ist ein irreversibler Prozess der Verschlechterung der Qualität von Materie und Energie, auch wenn ihre Quantität erhalten bleibt. Die Irreversibilität dieses Verlaufs ist nicht in erster Linie zeitlich, sondern entropisch. Das bedeutet auch, dass jedes der zuvor skizzierten formalen Momente des ökonomischen Prozesses – Extraktion, Produktion, Konsumtion und Dissipation – ebenfalls einem entropischen Prozess entspricht, oder anders ausgedrückt, sie erscheinen nun als biophysikalische Transformationen, die als biophysikalische Arbeit Gestalt annehmen und somit ebenfalls entropischer Natur sind (Abb. 2.2).

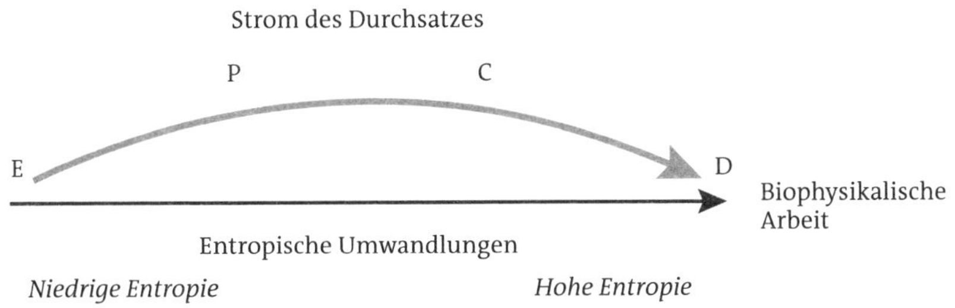

Abb. 2.2 Durchsatz als Entropie
Quelle: Autor.

Aber dieser entropische Wirtschaftsprozess ist in Ökosysteme und planetarische biogeochemische Kreisläufe eingebettet, die aus Sicht der Gesellschaft eine zirkuläre negentropische Form haben. Die biophysikalische Arbeit dieser organischen Systeme zeigt sich entlang der metabolischen Grenze zwischen dem ökonomischen Prozess und den natürlichen Systemen der lebendigen Erde, die aus Biomasse bestehende Quellen erzeugen und durch ökologische Prozesse Abfälle in Senken absorbieren. Diese ökologischen Beziehungen der Gesellschaften wirken sich durch ihr Ausmaß und die Art ihrer Interaktionen wiederum auf diese Systeme aus. Die Extraktion, sei es die Ernte von biotischen und organischen Stoffen oder der Abbau von abiotischen Produkten aus geologischen Kreisläufen, verändert die trophischen Beziehungen in den Ökosystemen und wirkt sich im weiteren Sinne auf sie aus, wenn Landschaften durch Agrikultur und Aufforstung verändert und natürliche Lebensgemeinschaften fragmentiert werden. Die Akkumulation von Vorräten verändert in radikaler Weise den Raum durch die Verstädterung und ersetzt komplexe Ökosysteme durch künstliche, vereinfachte oder verarmte ökologische Gemeinschaften. Und die Dissipation ist mit dem massenhaften Zufluss von Abfällen mit hoher Entropie in die Ökosysteme und deren Integration in die biogeochemischen Kreisläufe verbunden. Ökosysteme und biogeochemische Kreisläufe, mehr noch das lebendige Erdsystem als Ganzes, können sich im Einklang mit dem Stoffwechsel des Wirtschaftsprozesses weiterentwickeln und dabei Stabilität und Widerstandsfähigkeit bewahren, oder es können ihnen Instabilität und sprunghafte Veränderungen aufgezwungen werden, wie wir es heute im Fall des Kohlenstoff-, Stickstoff- und Phosphorkreislaufs erleben. Derartige sprunghafte Veränderungen können bis zum Zusammenbruch ganzer Ökosysteme wie Korallenriffen, Wäldern oder Feuchtgebieten führen. Mit Marx und zeitgenössischen Ökomarxisten wie John Bellamy Foster können wir von einem ökologischen *Riss* sprechen, wenn die Kopplung von ökonomischen Prozessen und ökologischen Beziehungen die Integrität und Lebensfähigkeit von Ökosystemen destabilisiert und Erdprozesse in den Bereich dramatischer nicht linearer Veränderungen oder von Kipppunkten bringt.

Eine letzte Bemerkung zu Stoffwechsel und sozialer Ökologie

Der Stoffwechsel im Allgemeinen, ob gesellschaftlich oder biologisch, beruht auf der Umwandlung von Sonnenenergie durch Pflanzen mittels Fotosynthese. Diese Umwandlung ist die Grundlage für fast alles Leben auf der Erde. Ohne die Primärproduktion organischer Stoffe durch Pflanzen und deren Nebenprodukt, den atembaren Sauerstoff, wäre die Biosphäre eine äußerst marginale Struktur. Die Nettoprimärproduktion (NPP) misst die Menge an Biomasse, die aus der Fotosynthese resultiert, also den biophysikalischen Überschuss an eingefangener und umgewandelter Sonnenenergie, der über das hinausgeht, was Pflanzen und andere Autotrophen zur Aufrechterhaltung ihrer Stoffwechselfunktionen aufwenden. Eine Besonderheit der NPP besteht darin, dass Pflanzen die von ihnen eingefangene und umgewandelte Nettosonnenenergie direkt als Körpermasse speichern – dies geschieht durch *organisches Wachstum*. Während des Wachstums nehmen die Pflanzen auch Mineralien in ihr Gewebe und ihren Körper auf, die für die Lebensprozesse von entscheidender Bedeutung sind, und zwar sowohl in großen Mengen (Stickstoff, Phosphor und Kalium) als auch in Spuren, die sie sich mithilfe von Symbionten wie etwa Rhizobium-Bakterien und Mykorrhiza einverleiben. Diese Energie wie auch diese Mineralien stehen dann anderen Lebewesen über trophische Beziehungen zur Verfügung, die sich zu Ökosystemen zusammenschließen. Wir können das Leben auf der Erde in autotrophe Lebewesen, die an der NPP beteiligt sind, und alle anderen Lebewesen, die Heterotrophen, unterteilen, seien es Pflanzenfresser, die sich von autotrophem Wachstum ernähren, Fleischfresser, die sich von letzteren ernähren, oder Detritivoren, die für den abschließenden Kreislauf von Biomasse und essenziellen Nährstoffen verantwortlich sind. Pflanzen sind als »unvergleichlicher Energiespeicher« bezeichnet worden und wenn wir die autotrophen Fossilien des Meeres miteinbeziehen, die uns heute als Reserven von fossilen Brennstoffen erscheinen, trifft dies im Wesentlichen zu.[31] Pflanzen und ihre aquatischen Verwandten sind die Grundlage des Lebensnetzes der Biosphäre und eine Quelle verfügbarer Energie und Materie, die alle anderen Lebensformen anzapfen müssen. Aus der Perspektive des Stoffwechsels der Lebewesen bildet die NPP der Autotrophen eine Gesamtheit, ein messbares Ganzes, das durch trophische Netzwerke das organische Wachstum und die Aktivität aller Lebewesen absolut begrenzt. Bis zur Integration der fossilen Brennstoffe und der Kernenergie in den Durchsatz war auch der Stoffwechsel menschlicher Gesellschaften vollständig durch die NPP begrenzt. Und als lebendige Heterotrophe bleiben wir für unsere Nahrung von der NPP abhängig. Wie wir im ersten Kapitel gesehen haben, ernten und verarbeiten wir Biomasse für eine viel größere Vielfalt an Verwendungszwecken und Praktiken als nur für Nahrungsmittel.

Dennoch können wir den ökologischen Beitrag der Pflanzen nicht nur darauf reduzieren, die Biosphäre mit einem Überschuss an Biomasse und Energie zu versorgen. Die Primärproduktion ist auch eine wesentliche Voraussetzung für die Regulierung klimatologischer Prozesse und hydrologischer Kreisläufe. Das pflanzliche Leben ist ein entscheidender Regulationsmechanismus der grundlegendsten biogeochemischen Kreisläufe der Erde.[32] Lebewesen, ob autotroph oder heterotroph, wurden in unserer Diskussion der Thermodynamik als dissipative Strukturen beschrieben, die die Entropieproduktion maximieren, um ihre Einheit und biophysikalische Integrität als lebende Organismen zu bewahren. Vom Standpunkt der Biosphäre aus gesehen lässt sich jedoch die Aktivität der Lebewesen als Ganzes als die Umwandlung des linearen entropischen Stroms von Sonnenenergie auf die Erde in einen kreisförmigen Fluss von Biomasse, kritischen Nährstoffen und Energie beschreiben. Ein kreisförmiger Fluss, der organische Strukturen wachsen lässt und planetarische Prozesse reguliert, die alle zusammen die Erde zu einem lebendigen Planeten machen. Das Leben vermittelt durch seine ökologischen Beziehungen sowohl die thermodynamische Offenheit als auch die Geschlossenheit dieses Erdsystems, indem es innerhalb der von ihm selbst geschaffenen biophysikalischen Grenzen gedeiht und den Planeten weit von dem thermodynamischen Gleichgewicht entfernt hält, das seinen Zustand angesichts seiner Position im Sonnensystem und der

31 Rolf Peter Sieferle: The Subterranean Forest. Energy Systems and the Industrial Revolution. Translated from German by Michael P. Osman, Cambridge 2001, S. 2 (Anm. d. Ü.: Es handelt sich bei dem Titel um die Übersetzung einer stark überarbeiteten Fassung von: Der unterirdische Wald. Energiekrise und Industrielle Revolution, München 1982).

32 Schließlich besteht ein wesentlicher Beitrag der Pflanzen zur terrestrischen Biosphäre in ihrer Beteiligung an der Bildung und Reproduktion lebendiger Böden, die ein komplexes Netz von Lebewesen beherbergen, das lebenswichtige Mineralien und Kohlenstoff in trophischen Netzen in Bewegung hält – Böden, die nach wie vor eine wesentliche Grundlage für den Stoffwechsel aller Gesellschaften bilden.

Zusammensetzung seiner abiotischen Elemente kennzeichnen sollte. Wir könnten diese Arbeit der Natur auf die Bereitstellung von Ökosystemleistungen für die Menschheit reduzieren und dieser Arbeit mithilfe verschiedener Techniken einen Geldwert zuweisen, von denen einige zweifelhafter sind als andere. Aber im Sinne von Marx ist es viel interessanter, die sich daraus ergebende Zirkularität als ökologisches Fundament zu betrachten, das das Gedeihen des Lebens und die Entwicklung seiner Ausdrucksfähigkeit unterstützt hat.

Dies war eine Perspektive auf Ökologie und Naturgeschichte, die in den 1980er-Jahren von Murray Bookchin in seiner sozialen Ökologie entwickelt wurde, insbesondere in seinem Buch »Die Ökologie der Freiheit« und auch in seinen Aufsätzen zum »dialektischen Naturalismus«. In diesen Schriften vertrat er die Ansicht, dass das Aufblühen des Lebens von einem quasi-teleologischen Drang zu größerer Vielfalt, Reflexivität und schließlich Freiheit angetrieben wird, der in der Natur die grundlegendere Form der Spontaneität annimmt. Ebenso projizierte er eine inhärente Tendenz zur Entwicklung kooperativer und wechselseitiger Beziehungen auf die Natur, eine Idee, die heute im Mittelpunkt unseres Verständnisses der Ökologie der Böden und der mit ihnen verbundenen Gemeinschaften von Pflanzen und Bäumen steht. An dieser Stelle sollten wir vielleicht die auf diesen Seiten entwickelte soziale Ökologie von diesem Aspekt der Auffassungen von Bookchin abgrenzen. Wir stimmen mit seiner Ansicht überein, dass ein evolutionärer Schub hin zu größerem Reichtum und größerer Vielfalt der Interdependenzen zwischen den Lebewesen in den Ökosystemen offensichtlich ist, und wir betrachten auch die daraus resultierenden dichten und komplexen trophischen Netze als ein dialektisches Ganzes, in dem Materie und Energie zirkulieren, in dem sich organische Strukturen ansammeln und ökologische Beziehungen zur Regulierung der weltweiten biophysikalischen Zyklen und Prozesse beitragen, die buchstäblich unsere Welt ausmachen. Aber in einem Punkt können wir Bookchin nicht folgen: Es muss nicht zwangsläufig zu dieser Totalität kommen. In seiner langen Geschichte ist der Planet als ökologisches Ganzes manchmal auch zusammengebrochen, die Evolution ist kontingent, Massenaussterben von katastrophalem Ausmaß haben stattgefunden. Das Gleiche gilt für den historischen Prozess menschlicher Gesellschaften, dessen Fortschrittlichkeit kontingent ist und nicht sein muss, und menschliche Gesellschaften müssen nicht zwangsläufig kooperative und nicht-hierarchische Beziehungen und Strukturen entwickeln, wie wir sie in der »ersten Natur« finden. Sie *können* eine solche Kultur entwickeln und tatsächlich ist ein Großteil unseres täglichen Lebens durch einen basalen Kommunismus strukturiert, der Bookchins anarchischer Normativität ähnelt. Aber dieses Ethos der Fürsorge und des Miteinanders ist eine soziale Frage, die sich nicht unter

Berufung auf irgendein naturalistisches Prinzip klären lässt. Hierarchie ist als Organisationsprinzip von sozialen Beziehungen nicht weniger natürlich als ihre Abwesenheit. Die expressive und normative Autonomie von Gesellschaften ist, ebenso wie die des Lebens selbst, die einzige ontologische Grundlage ihrer Geschichtlichkeit.[33] Dies wäre der Hauptunterschied zwischen den von Bookchin entwickelten Ansichten und dem hier entwickelten Argument.

33 Michel Freitag: Introduction à une théorie générale du symbolique: dialectique et société. Vol. 2, Montreal 2011.

3 — Stoffwechselregime in historischer Perspektive

Ökologie und Geologie

Auf der phänomenologischen Ebene können wir die Prozesse des Erdsystems entsprechend zwei verschiedener Zeitskalen einteilen. Im zweiten Kapitel haben wir eine Unterscheidung zwischen den Prozessen getroffen, die durch tages- und jahreszeitliche Schwankungen sowie jährliche Muster des organischen Wachstums bedingt sind, und anderen, die sich in geologischen Zeiträumen abspielen, eine Unterscheidung zwischen ökologischen und geologischen Zyklen. Wir können auch zwischen »schnellen« und »langsamen« biogeochemischen Zyklen und Erdprozesse unterscheiden, von denen die einen vom Leben und der biologischen Aktivität bestimmt werden, während die anderen von Prozessen reguliert werden, die sich nach Zeitskalen entwickeln und abiotischen Prozessen unterworfen sind, die wir als geologische verstehen.[1] Alle früheren Gesellschaften haben in den schnellen ökologischen Zyklen ihre Grenze sowie die Grundlage für ihr Gedeihen und die Gestaltung vielfältiger Lebensformen gefunden. Der Unterschied zwischen dem kapitalistischen fossilen Stoffwechsel und seinen agrarischen Vorläufern lässt sich auch so formulieren, dass die Entwicklung und das Wachstum des Kapitalismus in den letzten zweieinhalb Jahrhunderten nur dadurch begrenzt war, in welchem Maße er geologische (langsame) Zyklen für kritische Elemente seines Stoffwechsels anzapfen konnte,[2] während der agrarische Stoffwechsel in seinen verschiedenen Formen davon abhängig war, auf ökologische (schnelle) Zyklen zugreifen zu können. Kurz gesagt: Gesellschaften mit einem überwiegend agrarischen Stoffwechsel sind

1 Wie wir im zweiten Kapitel dargelegt haben, tragen das Leben und die lebendige Aktivität zu beiden Zyklen bei: Die schnellen ökologischen Zyklen werden durch den thermodynamischen Zwang bestimmt, Sonnenenergie einzufangen, umzuwandeln, zu verteilen und zu zerstreuen sowie sie als Biomasse zu akkumulieren. Die langsamen geologischen Zyklen werden zwar von abiotischen Kräften wie dem Energiefluss aus dem Erdkern sowie von kosmischen Kräften wie den Milanković-Zyklen angetrieben, aber auch durch organische Aktivität werden sie auf vielfältige Weise bestimmt, worauf im zweiten Kapitel hingewiesen wurde. Die molekulare Zusammensetzung der Atmosphäre, der Wasserkreislauf, die Bildung von Sedimentgestein und, was für das kapitalistische Wachstum am wichtigsten ist, das Vorhandensein abbaubarer Kohlenwasserstoffvorkommen sind allesamt das Ergebnis biologischer Aktivität und ökologischer Prozesse, werden aber unter die Zeitlichkeit geologischer Prozesse subsumiert.

2 Aaron Greenfield/T. E. Graedel: The omnivorous diet of modern technology, in: Resources, Conservation and Recycling, 2013, S. 1–7.

von ökologischen Kreisläufen und deren Produktivität abhängig – durch die menschliche Aneignung der Nettoprimärproduktion (NPP). Dieses biophysikalische Mehrprodukt vermittelt den Zugang zu Elementen aus geologischen Kreisläufen wie Mineralien, sei es in Form von behauenen Steinen, Ton oder Metallerz, und zu den Mitteln ihrer Umwandlung. In Agrar- und Wildbeutergesellschaften beruhen sowohl die Extraktion als auch die Umwandlung geologischer Elemente auf menschlicher und tierischer Arbeit, die von der NPP der landwirtschaftlichen Tätigkeit und von extrahierten Stoffen der NPP wie Holz genährt und aufrechterhalten wird.

In agrarischen Stoffwechselregimen ist es die gesellschaftliche Organisation der Aneignung und Umwandlung von landwirtschaftlicher, mariner und forstlicher NPP, die ein bestimmtes Niveau menschlicher und tierischer Produktionstätigkeit aufrechterhält. Mit der Entwicklung des Kapitalismus wurde diese Stoffwechselstruktur umgekehrt: Kapitalistische Gesellschaften stützen ihre landwirtschaftliche Produktion und die Ernte von Biomasse, indem sie die durch langsame und lange geologische Zyklen erzeugten Materialvorräte anzapfen. Die Geologie vermittelt die Ökologie, allerdings um den Preis einer Beschleunigung der geologischen Zyklen, die durch den kapitalistischen Stoffwechsel mobilisiert werden, sei es der Kohlenstoffkreislauf oder die Abbaugeschwindigkeit wichtiger Mineralien und Metalle (ein Prozess, der geologisch gesehen mit der Erosion vergleichbar ist). Die daraus resultierende Beschleunigung wird als geologischer Wandel erlebt. Für die Stabilität der Erdsystemprozesse hat diese Umkehrung enorme sozioökologische Folgen, da die biogeochemischen Kreisläufe in Bereiche der Instabilität getrieben werden.

Aus der Perspektive der kapitalistischen Gesellschaft, die den Übergang zum fossilen und industriellen Stoffwechsel im letzten Jahrhundert vollzogen hat, wurde diese Umkehrung als Emanzipation von den Grenzen der ökologischen Kreisläufe der Erde und als Aussicht auf ein unbegrenztes progressives Wirtschaftswachstum erlebt (und gefeiert).[3] Diese Emanzipation hat sich jedoch als illusorisch erwiesen, da sich die Grenzen vom Ökologischen zum Geologischen verschoben haben, mit einem Modus der Geschichtlichkeit – der Zeitskala –, der die Erfahrungsform von sozialer Zeitlichkeit und der Geschichtlichkeit der Moderne infrage stellt.[4] Der hervorgerufene geologische Wandel nimmt eine katastrophische und krisenhafte Form an; er erzeugt einen katastrophistischen Zeithorizont, wie er beispielsweise in den verschiedenen Szenarien der Entwicklung des Erdsystems in den Berichten des IPCC zum Ausdruck kommt. Die Geschichtlichkeit nimmt die Form einer »ablaufenden Zeit«

3 Eine gründliche Studie zu den ideologischen und kulturellen Aspekten dieses Wandels findet sich in Pierre Charbonnier: Überfluss und Freiheit. Eine ökologische Geschichte der politischen Ideen. Aus dem Französischen von Andrea Hemminger, Frankfurt a. M. 2022 [2020].

4 Timothy Morton: Hyperobjects. Philosophy and Ecology after the End of the World, Minneapolis/MN 2013.

an, die an die Stelle der modernen Erfahrung der sozialen Zeit als Vektor des Fortschritts tritt. In den folgenden Kapiteln werden wir versuchen, die historische Besonderheit des fossilen Stoffwechselregimes der kapitalistischen Gesellschaft zu erfassen, die zu diesem neuen Modus der Zeitlichkeit geführt hat, der als »Zustand des Anthropozäns« bezeichnet werden könnte.[5]

Soziometabolische Regime in der Geschichte

Die von Sieferle vorgeschlagene Unterscheidung zwischen jagenden und sammelnden, agrarischen und fossil-industriellen Stoffwechselregimen als Mittel zur Klassifizierung von Gesellschaften in der Geschichte ähnelt vielen gleichartigen Typologien, die die Gesellschaftstheorie in den letzten zwei Jahrhunderten geprägt haben. Die Besonderheit von Sieferles Typologie besteht darin, dass sie sich auf »die wichtigsten Energiequellen und die wichtigsten Technologien der Energieumwandlung«[6] stützt, was wiederum verbunden ist mit »Mustern und Niveaus der Ressourcennutzung, demografischen und Siedlungsmustern, Mustern der Nutzung von menschlicher Zeit und Arbeit, institutionellen Merkmalen und Kommunikationsmustern«.[7] Der Zugang zu einer bestimmten Energiequelle und einer bestimmten Art der Umwandlung »verursacht« nicht das Entstehen bestimmter Muster sozialer Praktiken und Strukturen. Wie wir in diesem Buch durchgehend darlegen, bedingen sich biophysikalische und soziale Prozesse gegenseitig. Windmühlen konnten in feudalen Gesellschaften auftauchen, aber sie führten nicht zum Aufstieg von Feudalherren, und wir finden sie mit Sicherheit in einem viel breiteren Spektrum von sozialen Formationen, von denen einige relativ egalitär waren.

Erschwerend kommt hinzu, dass die Typologie der Stoffwechselregime nicht genau zu der Klassifizierung von Produktionsweisen oder Wirtschaftstypen passt, wie sie in der aktuellen kritischen politischen Ökonomie oder Gesellschaftstheorie üblich ist.[8] Als Gesellschaftsform und als Ökonomie finden wir den Kapitalismus auf beiden Seiten des historischen Übergangs vom agrarischen zum fossil-industriellen Stoffwechsel. Die frühen oder vorfossilen kapitalistischen Ökonomien waren in ihrer Entwicklung durch die Zwänge ihrer metabolischen Basis

5 Vgl. Jeremy Davies: The Birth of the Anthropocene, Oakland/CA 2016; aber auch Christophe Bonneil/Jean-Baptiste Fressoz: The Shock of the Anthropocene. The Earth, History and Us. Translated by David Fernbach, London 2016; sowie Andreas Malm: Fossil Capital. The Rise of Steam Power and the Roots of Global Warming, London 2016.

6 Rolf Peter Sieferle: Rückblick auf die Natur. Eine Geschichte des Menschen und seiner Umwelt, München 1997.

7 Fridolin Krausmann/Marina Fischer-Kowalski/Heinz Schandl/Nina Eisenmenge: The Global Sociometabolic Transition. Past and Present Metabolic Profiles and their Future Trajectories, in: Journal of Industrial Ecology, 5–6/2008, S. 637–656, hier S. 639.

8 Sieferle bezieht sich ausdrücklich auf den marxschen Begriff der Produktionsweise als methodische Inspiration für seine Typologie; vgl. Rolf Peter Sieferle: Der unterirdische Wald. Energiekrise und Industrielle Revolution, München 1982.

begrenzt: Agrarkapitalismus, Plantagenkapitalismus und merkantilistischer Kapitalismus waren in den metabolischen Zyklen und dem Mehrprodukt des agrarischen Stoffwechselregimes gefangen und durch diese limitiert. Diese Stoffwechselbasis begrenzte sowohl das Wachstum und die Expansion als auch den Grad der Subsumtion der Produktions- und Konsumtionsverhältnisse durch den kapitalistischen Prozesse. Im Gegensatz dazu zeichnet sich das industrielle Kapital, wie es von Marx im »Kapital« dargestellt wird, aufgrund seiner fossil-kapitalistischen Stoffwechselbasis durch fortwährendes Wachstum, eine viel weitergehende globale geografische Expansion und Integration der Produktion sowie durch die reelle Subsumtion der produktiven und konsumtiven Verhältnisse unter das Kapital aus. Die Stoffwechselrate misst den jährlichen Durchsatz, den eine Gesellschaft pro Kopf mobilisiert (eine Kennzahl, die im ersten Kapitel verwendet wurde). Je höher die Stoffwechselrate ist, desto größer ist das biophysikalische Ausmaß des für die Reproduktion einer bestimmten Gesellschaft erforderlichen Wirtschaftsprozesses. Wir werden hier ein von Marina Fischer-Kowalski und Anke Schaffartzik berechnetes Maß für die Stoffwechselrate in Energieeinheiten anstelle der Masse von Materie verwenden.[9] Auf diese Weise ist es möglich, die Stoffwechseltypen nach ihrem Energiedurchsatz zu charakterisieren.

In Tabelle 3.1 wird die Stoffwechselrate berechnet, indem die direkt oder indirekt in Nahrung, Futtermitteln und biomassebasierten Rohstoffen verbrauchte Energie in Joule ausgedrückt wird[10] und diese Raten mit einer »metabolischen Basisrate« eines menschlichen Körpers verglichen werden. Diese Basisrate von etwa drei Gigajoule (GJ) pro Jahr und Kopf umfasst die gesamte endosomatische Energie, die mit dem biologischen Stoffwechsel eines durchschnittlichen Menschen verbunden ist, zu der noch die exosomatische Energie hinzukommt, die für die Zubereitung von Lebensmitteln mit einem einfachen Feuer benötigt wird. Alle Joule, die über diese Rate hinausgehen, haben eine »exosomatische« Form, d. h. sie werden durch praktische Tätigkeiten (Versorgung durch Sammeln oder Ernten), durch kontrollierte und gesteuerte physikalische Prozesse, die durch Werkzeuge vermittelt werden (z. B. Erhitzen von Lehm mit Feuer) und schließlich durch funktionierende Maschinen (Erhitzen einer Tiefkühlpizza in der Mikrowelle) externalisiert. Durch den Vergleich dieser Raten erfassen wir den Grad oder die Intensität der sozialen Vermittlung des biologischen Stoffwechsels des Menschen, den Energieaufwand, der notwendig ist, um eine »Lebensweise« in »einer bestimmten Form auszudrücken«.

9 Marina Fischer-Kowalski/Anke Schaffartzik: Energy availability and energy sources as determinants of societal development in a long-term perspective, in: MRS Energy & Sustainability – A Review Journal, 1/2015, S. 1–14.

10 Dies entspricht der Kategorie des direkten Energieverbrauchs.

Tab. 3.1 Soziometabolische Regime und Energie

Regime	*Durchschnittliche Stoffwechselrate GJ pro Kopf und Jahr*	*Faktor der Basisrate*
Basisrate des Stoffwechsels (einschließlich der Nutzung von Feuer für die Nahrungszubereitung)	3	1
Jägerinnen und Sammler	11	4
Ackerbau	50	17
Fossil-industriell	200	66

Quelle: Berechnet nach Marina Fischer-Kowalski/Anke Schaffartzik: Energy availability and energy sources as determinants of societal development in a long-term perspective, in: MRS Energy & Sustainability – A Review Journal, 1/2015, S. 1–14.

Jägerinnen und Sammler haben eine typische Stoffwechselrate, die viermal so hoch ist wie die Basisrate ihres körperlichen Umsatzes. Dieser Wert steht nicht nur für Arbeiten wie Jagen und Sammeln, sondern auch für die Nutzung von Holz durch Verbrennen, Kochen, Schneiden und Fällen, das Behauen von Steinen und den Bau von Unterkünften. Außerdem steht er für die Energie, die aufgewendet wird, um Totems herzustellen, Figuren zu bemalen und Rituale durchzuführen. Der landwirtschaftliche Stoffwechsel mobilisiert in der Regel 50 GJ pro Person und Jahr, eine Stoffwechselrate, die eine exosomatische Arbeit impliziert, die 17-mal so hoch ist wie der endosomatische Grundenergieaufwand. Dies resultiert aus der Produktion von landwirtschaftlichen Ökosystemen, die eine Nettoprimärproduktion speziell für soziale Zwecke erzeugen. Anders ausgedrückt: Der endosomatische Stoffwechsel und das alltägliche Leben hängen in diesem Regime vom exosomatischen Stoffwechsel ab, der sich in kultivierten Feldern, gerodeten Weiden und bewirtschafteten Wäldern materialisiert. Ein hervorstechendes Merkmal des agrarischen Stoffwechsels ist seine Einbindung in einen produktiven ökologischen Kreislauf mit Ober- und Untergrenzen des Stoffwechsels, was dem säkularen Trend des Stoffwechsels im Laufe der Zeit eine periodische Form verleiht. Fossil-industrielle Gesellschaften haben mit einer typischen Stoffwechselrate von heute 200 GJ, gegenüber 85 GJ im Jahr 1900, ihre materielle Basis von einem durch ökologische Zyklen begrenzten Prozess zu einem Wachstum ohne Ende verschoben. Diese sehr hohe Stoffwechselrate, die das 66-fache der Basisrate beträgt, drückt auch den Grad der Abhängigkeit der fossil-industriellen Gesellschaften von der exosomatischen Arbeit von Maschinen aus. Von ihnen und nicht mehr von vergesellschafteten Ökosystemen sind heute das Alltagsleben und der endosomatische Stoffwechsel der Menschen abhängig geworden.

Der landwirtschaftliche Stoffwechsel

Das agrarische Stoffwechselregime begann in der Jungsteinzeit mit der Entwicklung des Ackerbaus und bestimmt auch heute noch die Existenzweise eines bedeutenden Teils der Menschheit.[11] Seine zentrale Figur ist die bäuerliche Gemeinschaft, die den gesellschaftlichen Reichtum vor allem in Form von angebauter und extrahierter Biomasse direkt produziert. Die bäuerlichen Gemeinschaften produzieren und ernten in kulturspezifischen Formen: Diese Biomasse ist Nahrung für die Menschen, Futtermittel für das Vieh sowie Brennstoff, Fasern und Holz für die Produktion, die Errichtung von Gebäuden und die Erzeugung von Wärme. Die extrahierte und geerntete Biomasse macht in der Regel mindestens 95 Prozent des materiellen Durchsatzes der Agrargesellschaften aus, verglichen mit 26 Prozent in den heutigen Industriegesellschaften.[12] Bäuerliche Gemeinschaften müssen sich nicht nur um ihre eigene Reproduktion und ihr kulturelles Gedeihen kümmern und ihre Lebensweise reproduzieren, sondern auch ein Mehrprodukt an Biomasse produzieren, das die nichtlandwirtschaftliche Bevölkerung, die städtische Lebensweise sowie die Gemeinschaften und sozialen Aktivitäten zur Extraktion und Umwandlung nicht organischer Materie versorgt. Die Modalitäten der Extraktion und Produktion dieses Mehrprodukts, sein Umfang und seine Zusammensetzung, der Anteil, der von Nichtproduzenten angeeignet wird, die Modalitäten seiner Verteilung und Nutzung – all diese Determinanten des Wirtschaftsprozesses von Agrargesellschaften weisen im Laufe der Geschichte und in verschiedenen Kulturen enorme Unterschiede auf.[13] Wir konzentrieren uns hier auf die Grundstruktur des agrarischen Stoffwechselregimes, die als Idealtypus untersucht werden soll. Wir abstrahieren daher von diesen Vari-

11 Neuere archäologische und anthropologische Erkenntnisse, die Graeber und Wengrow über paläolithische Gesellschaften zusammengetragen haben, widersprechen einem klaren Schnitt zwischen jagenden und landwirtschaftlichen Gesellschaften, wie er in der Theorie der neolithischen Agrarrevolution unterstellt wird; vgl. David Graeber/David Wengrow: Anfänge. Eine neue Geschichte der Menschheit. Aus dem Amerikanischen übersetzt von Henning Dedekind, Helmut Dierlamm, Andreas Thomsen, Stuttgart 2022 [2021]. Während des Holozäns hatten die meisten menschlichen Gesellschaften ein opportunistisches und flexibles Verhältnis zur Jagd und zum Ackerbau, während sie gleichzeitig urbane Lebensformen und manchmal hierarchische, auf tributären Strukturen basierende soziale Beziehungen entwickelten. All diese Gesellschaften waren in bewusste ökologische Beziehungen involviert, die Ökosysteme formten und transformierten, wie es das Konzept der Kolonisierung impliziert, einschließlich der Schaffung von ökologisch unwahrscheinlichen Agrarökosystemen oder Waldgemeinschaften. Erst in der jüngsten Periode des »späten Holozäns« ist eine Minderheit von Gesellschaften in Eurasien und Mittel- und Südamerika radikal zu einer agrarischen Lebensweise übergegangen. Diese Gesellschaften sind demografisch dominant geworden und es ist die europäische Variante, die auch den Kapitalismus als Gesellschaftsformation hervorgebracht hat. Der von Sieferle konstruierte Idealtypus eines agrarischen Stoffwechselregimes bezieht sich vor allem auf diesen historischen Fall. Dennoch zeigt das von Graeber und Wengrow zusammengetragene Material die Notwendigkeit, die Typologie der Stoffwechselregime zu revidieren, um der Vielfalt der historischen Situationen während des frühen und mittleren Holozäns Rechnung zu tragen.

12 Fischer-Kowalski/Schaffartzik: Energy availability and energy sources.

13 So hat die soziometabolische Forschung herausgefunden, dass im vormodernen Europa das Verhältnis von nichtlandwirtschaftlicher zu landwirtschaftlicher Bevölkerung zwischen 3 und 10 pro 100 lag, eine Spanne, die vom Grad der Ausbeutung und der Produktivität der Landwirtschaft abhing. Fischer-Kowalski/Schaffartzik: Energy availability and energy sources.

ationen, obwohl die Untersuchung spezifischer historischer Fälle ein notwendiges Unterfangen für zukünftige soziometabolische Analysen wäre.

Aus biophysikalischer Sicht ist das Kernmerkmal des agrarischen Stoffwechselregimes die Entwicklung eines, wie Sieferle es nennt, kontrollierten »Solarenergiesystems« oder einer aktiven Nutzung der Sonnenenergie in erster Linie durch die Landwirtschaft.[14] Sieferle unterscheidet diese soziale Kontrolle der Nettoprimärproduktion von der »passiven Sonnenenergienutzung« der Jäger-Sammler-Gesellschaften. In Bezug auf die Ökologie beginnen landwirtschaftliche Gesellschaften,

> »Schlüsselparameter von Ökosystemen wie Vegetationsbedeckung, Elemente des Wasser- und des Nährstoffkreislaufs zu kontrollieren, und schaffen dadurch kolonisierte Gebiete, in denen sie Sonnenenergie für die Fotosynthese der von ihnen angebauten Pflanzen konzentrieren. [... Sie] greifen gezielt in die Evolution von Pflanzen und Tieren ein, indem sie selektiv Artenvarianten bevorzugen, die für die menschliche Nutzung besser geeignet sind, und indem sie versuchen, Nahrungskonkurrenten auszurotten.«[15]

Das Ergebnis ist ein sozialer Stoffwechsel, der auf der Organisation der *Produktion* von Biomasse durch die Arbeit von Menschen und Tieren beruht. Dies steht im Gegensatz zum Jagen und Sammeln, das in dem Auflesen und der Extraktion von bereits vorhandener Biomasse in Ökosystemen besteht.[16] Der landwirtschaftliche Modus beinhaltet sowohl die gesellschaftliche Herstellung dieser neuartigen Ökosysteme als auch deren aktive Bewirtschaftung zur Erzeugung erntefähiger Biomasse, entweder direkt in Form von Pflanzen oder indirekt als Weidetiere. Die Ökosysteme, die zur Erzeugung dieser Biomasse in bestimmten Formen geschaffen werden, können anhand einer Skala unterschieden werden, die ihren Abstand vom ökologischen Gleichgewicht misst, das als ihr »natürlicher« Zustand in einem bestimmten Biom angesehen werden kann.

Am größten ist der Abstand bei intensiv bewirtschafteten Gartenparzellen, Obstgärten oder terrassenförmig angelegten Reisfeldern und anderen Formen der »Nasslandwirtschaft«; in einem mittleren Bereich befinden sich offene Felder mit unbewässerten Getreidekulturen; näher am Gleichgewicht liegen Weiden und Waldgebiete; und nahe am Gleichgewicht befinden sich jene Gebiete und Ökosysteme, die im mittelalter-

14 Sieferle: Der unterirdische Wald.

15 Fischer-Kowalski/Schaffartzik: Energy availability and energy sources, S. 5, unter Bezug auf Sieferle.

16 Die Stoffwechselstrukturen und -beziehungen von Jäger- und Sammlergesellschaften führten zu erheblichen ökologischen Veränderungen und Störungen, insbesondere durch den Einsatz von Feuer. Diese Gesellschaften förderten zwar die Ausbreitung und das Wachstum von Pflanzen, die für ihre Lebensweise wesentlich waren, aber nicht in einem Ausmaß, das mit Agrar- und Industriegesellschaften vergleichbar wäre.

lichen Europa als »gemeinschaftliche Ödflächen bekannt waren, d. h. Wälder und Feuchtgebiete, die nicht aktiv bewirtschaftet werden«.[17] Dieses Gefälle verweist auf die menschliche und tierische Arbeit, die für die Schaffung und Aufrechterhaltung des Ungleichgewichtszustands dieser neuartigen und oftmals abwegigen Ökosysteme aufgewendet und versenkt wurde. Je weiter ein vergesellschaftetes Agrarökosystem vom Gleichgewicht entfernt ist, desto mehr Arbeit wurde in seine Schaffung gesteckt und desto mehr Arbeit muss aufgewendet werden, um seine Produktivität zu erhalten und einen Ertrag zu erzielen. Umgekehrt gilt aber auch: Je intensiver eine gegebene Einheit Land von durchschnittlicher Qualität bearbeitet wird, desto höher ist der Ertrag, d. h. desto größer ist möglicherweise der Stoffwechselüberschuss. Und das kann sich in einer größeren nichtlandwirtschaftlichen Bevölkerung pro Flächeneinheit niederschlagen. Im Folgenden werden wir auf diese Frage der landwirtschaftlichen Produktivität und des Mehrprodukts zurückkommen.

Auch Agrargesellschaften extrahieren und transformieren abiotische Materialien, die durch geologische Kräfte und Zyklen entstehen, wie Mineralien und Metalle, aber in einem im Vergleich zum Stoffwechselprofil heutiger kapitalistischer Gesellschaften unvergleichbar geringeren Ausmaß. Trotz ihres Anteils von weniger als fünf Prozent an der durchgesetzten Masse spielen diese Materialien, insbesondere im Falle von Metallen, eine wichtige Rolle bei der Produktion von Werkzeugen, die für die Fähigkeit zur Extraktion und weiteren Umwandlung von Materie und zur Erzeugung von Biomasse entscheidend sind. Was den Energiedurchsatz betrifft, so sind zwei Energieformen für die Gewinnung und Umwandlung von Materie im Wirtschaftsprozess der Agrargesellschaften ausschlaggebend: mechanische Energie und Wärmeenergie. Obwohl diese Gesellschaften die kinetische Energie des Windes und des fließenden Wassers zu nutzen und in mechanische Arbeit umzuwandeln wissen, stammt der wesentliche Input an mechanischer Arbeit aus Muskelarbeit, vermittelt durch den Stoffwechsel menschlicher und tierischer Körper. Thermische Energie, die im Wesentlichen aus der Verbrennung von Holz gewonnen wurde, war nicht nur ein alltägliches Mittel für die Zubereitung von Nahrung und eine Quelle für Wärme und Licht, sondern auch ein wesentliches Mittel für die Umwandlung von Mineralien, sowohl metallischen als auch nichtmetallischen (Ton), sowie von Biomasse (Bier) in quasi-industriellen Prozessen. Obwohl die meisten Agrargesellschaften fossile Brennstoffe für verschiedene Zwecke nutzten, wurden diese Energieträger nicht in vergleichbarem Umfang wie im fossil-industriellen Stoffwechselregime

17 Die verbesserte kapitalistische Landwirtschaft, wie sie sich in England vom 17. bis zum 19. Jahrhundert entwickelte, ist zwar vom trockenen Getreideanbau und von Weideflächen geprägt, würde aber aufgrund der Intensivierung der menschlichen und tierischen Arbeit sowie der Beschaffenheit der Pflanzengemeinschaften in beiden Agrarökosystemen der Nasslandwirtschaft auf dieser Skala näher kommen.

des Kapitalismus extrahiert und verwertet. Betrachten wir zur Veranschaulichung England an der Schwelle zur industriellen Revolution um 1700. In dieser »fortgeschrittenen organischen Ökonomie« entfielen 80 Prozent des Pro-Kopf-Energieverbrauchs zu fast gleichen Teilen auf menschliche Arbeit, tierische Arbeit und Brennholz, 18 Prozent bereits auf Kohle und die restlichen zwei Prozent auf Wind und Wasser.[18] Körperliche Arbeit sowie die Ernte des jährlichen Zuwachses an Biomasse in Form von Bäumen dominierten bei Weitem als die wesentliche Vermittlung des Stoffwechselprozesses dieser Gesellschaften. Außerdem ist nicht zu vergessen, dass der Zugang zu den Trägern von thermischer Energie wie Brennholz und Kohle im Wesentlichen durch die mechanische Arbeit von arbeitenden und schuftenden Körpern vermittelt wurde: Tiere und Menschen in Wäldern, Bergwerken und Zechen. Dieselbe Arbeit wird in künstlich hergestellten Ökosystemen auf Feldern, Obstwiesen, in Gärten und in geringerem Maße auf Weiden geleistet, die in Zusammenarbeit mit der Natur die für die körperliche Arbeit notwendige Biomasse erzeugen. Wenn also einerseits der Durchsatz im Wesentlichen aus produzierter Biomasse besteht und andererseits ein erheblicher Teil dieser Biomasse von arbeitenden Körpern in mechanische Arbeit umgewandelt wird, so bildet dies zusammen mit dem ökologischen Prozess, in dem Pflanzen Biomasse produzieren (Arbeit der Natur), die zentrale Vermittlung des Wirtschaftsprozesses von Agrargesellschaften. In seiner grundlegendsten Form erscheint das Mehrprodukt als ein Quantum an produzierter und geernteter Biomasse, das über das hinausgeht, was zur Reproduktion der Gemeinschaft der landwirtschaftlichen Produzentinnen notwendig ist.

Die »physiokratische« Struktur des agrarischen Stoffwechselregimes

Abb. 3.1 veranschaulicht die Beschränkungen und strukturellen Beziehungen des agrarischen Stoffwechsels in allgemeiner und ahistorischer Weise.[19] Er wird hier als ein begriffliches Instrument dargestellt, um durch Kontrastierung die historische und ökologische Besonderheit des fossilbasierten Stoffwechselregimes des Kapitals zu verdeutlichen, das im Folgenden vorgestellt wird. Es ist als Zwei-Sektoren-Modell aufgebaut:[20] auf der einen Seite ein Sektor der *Produktion* eines biophysikalischen Mehrprodukts, der sich um die gesellschaftlich kontrollierte NPP dreht,

18 E. A. Wrigley: Energy and the English Industrial Revolution, Cambridge 2010, S. 94.

19 Abb. 3.1 ist inspiriert von Krausmann/Fischer-Kowalski/Schandl/Eisenmenge: The Global Sociometabolic Transition.

20 Es ähnelt damit auch dem Modell, das Wrigleys Arbeit über »organische Ökonomien« zugrunde liegt, das er im Dialog mit klassischen Ökonomen, vor allem Smith, Malthus und Ricardo, entwickelt hat. Formal ließe sich dieses Modell angesichts seiner Nähe zu Quesnays »Tableau économique« als physiokratisch bezeichnen. Zu Quesnay siehe Paul Burkett: The Value Problem in Ecological Economics: Lessons from the Physiocrats and Marx, in: Organization & Environment, 2/2003, S. 137–167.

die aus einem agrarischen Stoffwechselkreislauf extrahiert wird; und auf der anderen Seite ein Sektor der *Absorption* des biophysikalischen Mehrprodukts, der aus nichtlandwirtschaftlichen gesellschaftlichen Beziehungen von Extraktion, Produktion, Konsumtion und Dissipation besteht.

Auf der linken Seite von Abb. 3.1 findet sich der Stoffwechselkreislauf der Agrargesellschaften: Eine landwirtschaftliche Bevölkerung aus Menschen und Tieren verfügt über eine definierte Quantität und Qualität an Arbeitskraft, die für die landwirtschaftliche Produktion und die Extraktion von Biomasse (aus Wäldern und Gewässern) durch die Nutzung von Land eingesetzt werden kann. Nutzung von Land bezieht sich hier auf die Kolonisierung und Schaffung neuartiger vergesellschafteter Ökosysteme und deren Bewirtschaftung zur Erzeugung einer NPP mit der »Arbeit der Natur«, die als autonomer ökologischer Kreislauf existiert. Das Ergebnis ist ein auf Biomasse basierendes Sozialprodukt, das sowohl die landwirtschaftliche als auch die nichtlandwirtschaftliche Bevölkerung ernährt. Die Aufteilung des Sozialprodukts zwischen diesen sozialen Gruppen hängt von einer Vielzahl sozialer Verteilungsbeziehungen ab, die von Gegenseitigkeit über die Abpressung von Tributen bis hin zum Austausch auf dem Markt reichen.[21] Diese Beziehungen müssen nicht zwangsläufig mit Ausbeutung verbunden sein, auch wenn dies oft der Fall war. Die Analyse jeder dieser Komponenten des Stoffwechselkreislaufs könnte noch weiter verfeinert werden. So variiert die Existenzweise der »Arbeitskraft« dramatisch von einer Gesellschaftsform zur anderen: zum Beispiel zwischen einer freien Bauernschaft, Leibeigenen, Lohnarbeiterinnen in der Landwirtschaft und Sklaven. Ein ausgeprägtes Merkmal der Arbeitskraft in Gesellschaften mit agrarischem Stoffwechsel ist die Bedeutung von Tieren, die die Menge der mobilisierbaren Arbeit *(work)* sowie die Leistung jeder von der Gesellschaft mobilisierten Einheit von Arbeit *(labor)* erheblich vervielfacht haben.[22] Eine Schätzung für das Jahr 1750 geht davon aus, dass alle Menschen in Europa durch die »38 Millionen Arbeitstiere« über doppelt so viel Arbeit verfügten, als »sie allein mit ihren Körpern hätten leisten können«.[23] Auch die Besitzverhältnisse und die ökologische Organisation des Bodens variieren, von gemeinsamen Brachflächen und offenen Feldern über eingezäunte und verbesserte Weiden und Ackerflächen bis hin zu privaten Plantagen. Die produzierte und extrahierte Biomasse existiert ebenfalls in unterschiedlicher Weise als gesellschaftlicher Reichtum – manchmal stellt sie sich als eine quantitative Masse dar, die je nach Nutzung und Anwendung angeeignet werden kann, und manchmal lässt sie sich nicht

21 Diese letztere Form ist bei Weitem die marginalste der drei.

22 Das Problem der Leistung wird in Kapitel 4 untersucht, da ihr exponentielles Wachstum ein entscheidendes Merkmal des fossil-industriellen Stoffwechselregimes des Kapitalismus ist.

23 Astrid Kander/Paolo Malanima/Paul Warde: Power to the People. Energy in Europe Over the Last Five Centuries, Princeton/NJ 2013, S. 75.

aneignen, weil sie vollständig in Beziehungen der Wechselseitigkeit und der Fürsorge eingebunden ist. Und als Letztes ist zu berücksichtigen, dass die landwirtschaftliche Bevölkerung selbst durch soziale Beziehungen der Verwandtschaft, der Macht und des Status strukturiert ist. Das entscheidende Merkmal des Stoffwechselkreislaufs ist jedoch seine doppelte Vermittlung durch die Arbeit von Menschen und die Arbeit der Natur in Form einer gesellschaftlich orientierten ökologischen Produktivität. Die arbeitenden Körper sind durch ihre eigene Stoffwechselaktivität zusammen mit der Natur die dynamischen und aktiven Elemente dieses Kreislaufs.

Die rechte Seite der Abb. 3.1 zeigt eine vertikale Struktur, die die Beziehungen der nichtlandwirtschaftlichen Bevölkerung zu diesem Stoffwechselkreislauf veranschaulicht, die Abhängigkeit dieser Gruppe von der Extraktion von Überschüssen aus diesem Kreislauf. Durch die gesellschaftliche Arbeitsteilung trägt aber auch sie zu diesem Kreislauf bei, indem sie landwirtschaftliche und extraktive Werkzeuge und Technologien herstellt und verbessert und Infrastrukturen der Kommunikation, des Transports und der Eroberung für die Kolonisierung von neuem Land entwickelt.

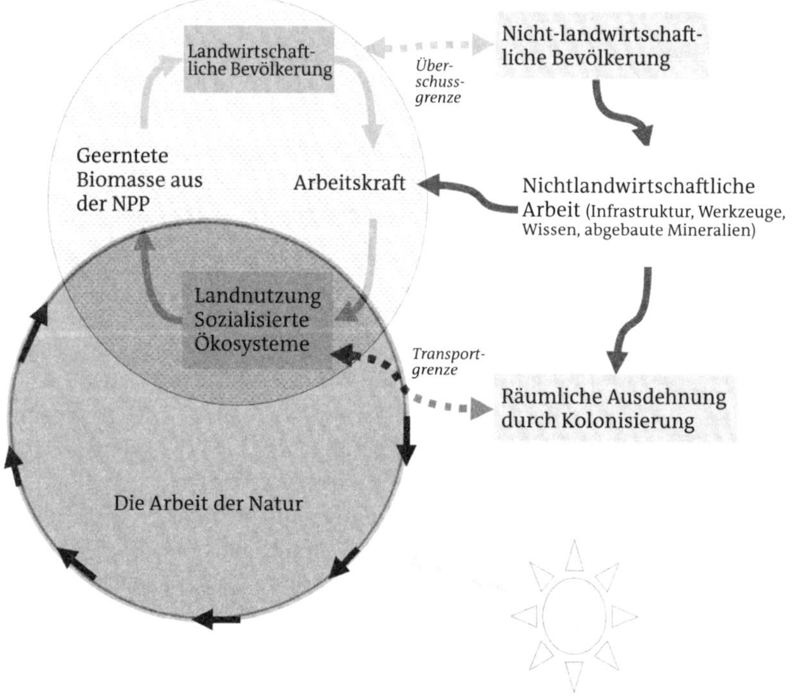

Abb. 3.1 Landwirtschaftlicher Stoffwechselkreislauf
Quelle: In Anlehnung an Krausmann/Fischer-Kowalski/Schandl/Eisenmenge: The Global Sociometabolic Transition.

Die Beziehung zwischen den Sektoren einer Agrarwirtschaft wird durch zwei Grenzen oder Zwänge geregelt – die des verfügbaren Mehrprodukts und die des Transports. Beide werden durch die Entwicklung eines kapitalistischen fossilen Stoffwechselregimes aufgehoben; genauer gesagt ist es die Art und Weise, wie diese Grenzen aufgehoben werden, die die Grundlage für das für dieses neue Stoffwechselregime typische Wachstumsmuster bildet. Der Transport von Biomasse auf dem Landweg ist durch den Energiebedarf der Körper – Tiere und Menschen – begrenzt, die die gesellschaftlichen Produkte in die Zentren der nichtlandwirtschaftlichen Bevölkerung, wie z. B. die Städte, schleppen, karren und tragen müssen. An einem bestimmten Punkt entspricht der Energieverbrauch der Transporteure dem Energiegehalt des transportierten Materials, was die Beziehungen zwischen Stadt und Umland strukturiert und begrenzt. Zum Teil kann diese Grenze durch den Transport auf dem Wasser überwunden werden, aber mit wachsender Entfernung von Flussufern und Küsten schwindet die Kapazität, eine große Menge an Biomasse in Umlauf zu bringen. Viel gravierendere Auswirkungen hat die Grenze des Mehrprodukts.

Der Doppelcharakter des landwirtschaftlichen Mehrprodukts und seiner Grenzen

Die Begrenztheit des Mehrprodukts, mit der Agrargesellschaften konfrontiert sind, nimmt zwei Formen an. Die erste betrifft den Zugang zu einem extrahierbaren biophysikalischen Überschuss und die Fähigkeit, ihn für die Verausgabung von nützlicher Arbeit zu verwenden. Zweitens ist die Fähigkeit beschränkt, aus diesem biophysikalischen Überschuss ein gesellschaftliches Mehrprodukt zu gewinnen, das entweder für nichtlandwirtschaftliche Arbeit verwendet oder als Biomasse von nichtlandwirtschaftlichen Bevölkerungsgruppen angeeignet werden kann. Die erste Beschränkung ist eine ökologische. Wie jede Lebensform sind auch die Menschen von einem trophischen Netz abhängig, das auf der Nettoprimärproduktion von Pflanzen beruht. Landwirtschaftliche Tätigkeit setzt die Schaffung von Ökosystemen voraus, mit denen genügend Biomasse produziert werden kann, um die unmittelbaren Produzentinnen auf den Feldern, Menschen und Tiere, zu reproduzieren und ausreichend Saatgut für die Wiederbepflanzung der bewirtschafteten Felder zu gewinnen, also die Reproduktion des Agrarökosystems selbst als spezifische Pflanzengemeinschaft sicherzustellen. Sinkt die NPP unter dieses Niveau, droht der Agrargesellschaft der Zusammenbruch, weil Saatgut verzehrt werden muss. Agrarökosysteme entwickeln sich dann in Richtung eines natürlichen Gleichgewichts, da sich ihr bisheriger Zustand nicht mehr durch den Einsatz von Arbeit aufrechterhalten lässt. In der Regel ist der aus landwirtschaftlicher Tätigkeit gewonnene biophysikalische Überschuss größer als das, was für die Reproduktion der unmittelbaren Produzentinnen unbedingt erforderlich ist. Mit ihm können auch eine nichtlandwirtschaftliche Bevölkerung und nichtlandwirtschaftliche Formen der Arbeit versorgt werden. Einen gewissen Einfluss auf diesen Überschuss hat auch die Intensität der Arbeit. Wie bereits erwähnt, kann auch die Anwendung von mehr Arbeit pro Flächeneinheit ein Mittel sein, um ein größeres Mehrprodukt zu erzeugen – allerdings innerhalb der metabolischen Grenzen der arbeitenden Körper. Aufgrund dieser körperlichen Grenzen ist für den erhöhten Arbeitseinsatz das Wachstum der landwirtschaftlichen Bevölkerung erforderlich. Doch mehr Hände auf den Feldern bedeuten auch mehr Münder am Tisch. Die Intensivierung der landwirtschaftlichen Produktion bedeutet im obigen Sinne auch ein Agrarökosystem, das weiter vom Gleichgewicht entfernt ist, das anfälliger und weniger in der Lage ist, sich durch seine eigenen ökologischen Beziehungen zu reproduzieren, und das einen ständigen Input an Arbeit benötigt, um zu existieren. Wie sowohl Malthus als auch Ricardo schreiben, kann dadurch ein Punkt erreicht werden, an dem der Beitrag einer neuen Hand geringer ist als das, was angesichts der begrenzten Menge an optimal fruchtbarem Land erforderlich ist, um den Mund zu ernähren, der mit ihr kommt. An diesem Punkt erreicht das landwirtschaftliche System eine Stoffwechselgrenze. Diese Theorie von einem »malthusianischen Zyklus« war für die Weltanschauung der klassischen Ökonomie von zentraler Bedeutung.

Was als gesellschaftliches Mehrprodukt angeeignet werden kann, hängt also von der Fähigkeit ab, durch sozioökologische Beziehungen und Arbeit einen biophysikalischen Überschuss zu erzeugen. Und dieser ist begrenzt durch die Fähigkeit, die biologische Produktivität von Agrarökosystemen zu steigern, die nicht nur von sozialen Faktoren wie der Demografie abhängt, sondern auch von Wissen, Werkzeugen, domestizierten Lebensformen und ökologischen Faktoren wie der Bodenfruchtbarkeit, dem Klima und den Wechselwirkungen mit anderen Lebewesen wie Insekten, Unkraut und Pilzen. Dies sind die ökologischen Parameter, die Agrargesellschaften zu kontrollieren versuchen – nicht unbedingt, um die Größe des landwirtschaftlichen Mehrprodukts zu maximieren, sondern um ein Produktionsniveau an erntefähiger Biomasse zu erreichen, das die Reproduktion ihrer gesellschaftlichen Strukturen sicherstellt, einschließlich einer ausgeklügelten sozialen Arbeitsteilung mit einem potenziell bedeutenden Anteil an nichtlandwirtschaftlichen Arbeitskräften sowie Strukturen der Herrschaft und Ausbeutung.[24] Diese

24 Der in England aufkommende Agrarkapitalismus beinhaltete dagegen normative Zwänge, die zur Herausbildung von gesellschaftlichen Produktionsverhältnissen führten, die Grundbesitzerinnen und kapitalistische Landwirte zur Maximierung des Mehrprodukts an Biomasse durch intensivierte landwirtschaftliche Methoden brachten. Außerdem konnte dieses Mehrprodukt in Warenform angeeignet werden. Dieser einzigartige historische Prozess führte zur Entwicklung

nichtlandwirtschaftliche Bevölkerung trägt indirekt zur Produktivität der Biomasseproduktion bei, indem sie »Verbesserungen« vornimmt, insbesondere durch die handwerkliche Schicht, die in der Lage ist, landwirtschaftliche Werkzeuge (wie metallische Pflüge und Sensen) zu entwerfen und zu bauen.

Die gesellschaftliche Aneignung und Verteilung des Mehrprodukts wird oft durch Herrschafts- und Gewaltverhältnisse zwischen verschiedenen sozialen Gruppen vermittelt, was aber nicht der Fall sein muss. Auch egalitäre Gesellschaften erzeugten Stoffwechselüberschüsse. Dieser Aneignungsprozess führte zur Entwicklung von symbolischen Instrumenten, mit denen sich die produzierte Biomasse als abstraktes Quantum von gesellschaftlichem Reichtum darstellen ließ. Konkret äußerte sich dies in Systemen von Gewichten und Maßen, mit denen die Menge an Grundnahrungsmitteln wie Getreide erfasst werden konnte. Getreide wurde in vielen Zivilisationen zur Recheneinheit für Bürokratien und Hierarchien, die die bäuerlichen Produzentinnen durch tributäre Aneignungsbeziehungen beherrschten. Andere typische Mittel, mit denen Biomasse als gesellschaftlicher Reichtum vergegenständlicht und in Verteilungskreisläufe aufgenommen werden konnte, die auch die nichtlandwirtschaftliche Bevölkerung einschlossen, waren Systeme der Gegenseitigkeit und Markttauschbeziehungen, wie sie von Karl Polanyi erforscht wurden.[25] Während erstere zentrale Merkmale agrarischer Gesellschaften sind und oft einen nicht hierarchischen Basiskommunismus (Graeber)[26] widerspiegeln, der von einem Imperativ des irreduziblen

einer »fortgeschrittenen organischen Wirtschaft«, die durch die Steigerung der landwirtschaftlichen Produktivität einen für Agrargesellschaften undenkbar großen nichtlandwirtschaftlichen und städtischen Teil der Bevölkerung ernähren konnte und den Übergang zum industriellen Kapitalismus und seinem fossil-metabolischen Regime vorbereitete. Wrigley, der den Ausdruck »fortgeschrittene organische Wirtschaft« geprägt hat, sieht die Gründe für diese Entwicklung in einer Reihe von anderen Faktoren als dem Übergang zu kapitalistischen Klassen- und Eigentumsverhältnissen auf dem Land; vgl. Wrigley: Energy and the English Industrial Revolution. Wood hingegen betont im Anschluss an Brenner die letztgenannten Kräfte als die entscheidenden Faktoren; vgl. Ellen Meiksins Wood: Das Imperium des Kapitals. Aus dem Englischen von Harald Etzbach, Hamburg 2016 [2003]; und Robert Brenner: The Agrarian Roots of European Capitalism, in: T. H. Aston/C. H. E. Philpin (Hrsg.): The Brenner Debate. Agrarian Class Structure and Economic Development in Pre-Industrial Europe, Cambridge 1985, S. 213–327. Ein Kommentar zu dieser Debatte würde den Rahmen dieser Arbeit sprengen, aber es wäre interessant, die Frage des Übergangs aus der hier vorgestellten metabolischen Perspektive neu zu beleuchten. Und mit Bellamy Foster ließe sich argumentieren, dass die immensen Produktivitätssteigerungen der kapitalistischen Landwirtschaft, die das Mehrprodukt vergrößerten, auf lange Sicht ökologisch nicht nachhaltig waren, zu einer Reihe von metabolischen Rissen in den Nährstoffkreisläufen des Bodens führten und nur durch den ständigen Zufluss von extrahierten Mineralien aufrechterhalten werden konnten, die auf kolonialer Ausbeutung beruhten, oder dem, was Jason Moore als metabolische »Verschiebungen« analysiert hat. Vgl. Jason W. Moore: The Value of Everything? Work, Capital, and Historical Nature in the Capitalist World-Ecology, in: Review (Fernand Braudel Center), 3–4/2014, S. 245–292; und ders.: Kapitalismus im Lebensnetz. Ökologie und die Akkumulation des Kapitals. Aus dem Englischen von Dirk Höfer, Berlin 2020 [2015].

25 Karl Polanyi: The Great Transformation. Politische und ökonomische Ursprünge von Gesellschaften und Wirtschaftssystemen. Übersetzt von Heinrich Jelinek, Frankfurt a. M. 1978 [1944].

26 David Graeber: Schulden. Die ersten 5000 Jahre. Aus dem Amerikanischen von Ursel Schäfer, Hans Freundl und Stephan Gebauer, Stuttgart 2012 [2011].

Minimums (Bookchin)[27] geleitet wird, blieben marktähnliche Austauschbeziehungen, ob monetarisiert oder nicht, bis zum Aufkommen des Kapitalismus Ausnahmen.[28]

Mehrprodukt und agrarischer Stoffwechsel – ein Fazit

Die Erkundung des sozialen Stoffwechsels von Agrargesellschaften, der Vielfalt der sozioökologischen Arrangements und Nischen, der Komplexität der Beziehungen zwischen Produktion, Reproduktion und Arbeitsteilung müsste und könnte Dutzende von Bänden füllen. In diesem kurzen und bescheidenen Kapitel haben wir ein abstraktes und allgemeines Modell skizziert, das sich auf die sozioökologischen Beziehungen dieser Form des Stoffwechsels, seine Beschränkungen und Grenzen und deren Bedeutung für eine Theorie des metabolischen und ökonomischen Mehrprodukts konzentriert.

In einem abstrakten und formalen Sinne können wir das ökonomische Mehrprodukt im Agrarregime als Biomasse charakterisieren, die über das Maß hinaus produziert werden muss, das zur Sicherung der Subsistenz der unmittelbaren Produzenten und zur Reproduktion ihrer sozialökologischen Produktionsbedingungen notwendig ist. Produzentinnen sind hier sowohl die arbeitenden Menschen als auch die von ihnen eingesetzten Tiere. Darüber hinaus wird die verausgabte und versunkene Arbeit dieser Menschen und Tiere aus ihrer eigenen Stoffwechseltätigkeit gewonnen, wie es das oben dargestellte Konzept des Stoffwechselkreislaufs impliziert. Die von ihnen geleistete Arbeit ist ein direktes Ergebnis der Biomasse, die ihr Körper verstoffwechselt. Sobald ein Mehrprodukt erwirtschaftet wird, kann es für die Reproduktion von nichtlandwirtschaftlichen Klassen verwendet werden, die aber im größten Teil der Menschheitsgeschichte eine kleine Minderheit blieben. Aus sozialgeschichtlicher Sicht ging es bei dieser Überschussproduktion nicht darum, im abstrakten Sinne eine immer größere Masse an Materie zu erzeugen – wie es das zuvor untersuchte Konzept des Durchsatzes impliziert – oder an Energie, die in Einheiten wie Joule objektiviert werden kann, wie wir im zweiten Kapitel gesehen haben, sondern um den Zwang, *konkrete* Formen materiellen Reichtums zu erzeugen, die im Rahmen tributärer Ausbeutungsverhältnisse und in geringerem und marginalerem Maße marktwirtschaftlicher Austauschbeziehungen angeeignet werden können. Und dieses Mehrprodukt ermöglicht in Agrargesellschaften auch erst den Zugang zu anderen Segmenten des materiellen

27 Murray Bookchins: Die Ökologie der Freiheit. Wir brauchen keine Hierarchien. Aus dem Amerikanischen übersetzt und überarbeitet von Karl-Ludwig Schibel, Weinheim/Basel 1985 [1982].

28 Einige städtische Zentren traditioneller Agrargesellschaften durchliefen durchaus Perioden intensiver Kommerzialisierung, wie z. B. Rom und das kaiserliche China der Song-Zeit. Vgl. Ting Chen/James Kai-Sing Kung: Commercial Revolution in Medieval China, SSRN (May 14, 2022), online: https://ssrn.com/abstract=3960074.

Durchsatzes, insbesondere zu jenen entscheidenden Elementen geologischen Ursprungs wie den Metallen. Ebenso beruht die Fähigkeit, diese Elemente in Gebrauchswerte umzuwandeln, auf dem Mehrprodukt, das aus dem agrarischen Stoffwechselkreislauf gewonnen wird und die nichtlandwirtschaftlichen Produzentinnen ernährt. Je größer das produzierte Mehrprodukt, je tiefer die gesellschaftliche Arbeitsteilung im agrarischen Stoffwechselregime, desto mehr kann diese Arbeit zur Steigerung der agrarökologischen Produktivität beitragen. Aber unabhängig davon, dass die Steigerung der Produktivität meistens gar nicht das Ziel der Agrarproduzenten ist, stößt sie schon aus biophysikalischen Gründen an eine definierte ökologische Obergrenze.

Das für die nun zu untersuchenden Regime der fossilen Energie typische Mehrprodukt hat eine umgekehrte Existenzweise. Diese Regime finden bereits vorhandene Vorräte an Nutzenergie vor, die sie nach ihrer Extraktion mobilisieren und aufbrauchen können. Das Mehrprodukt ist bereits vorhanden, das Problem ist seine Extraktion und Konsumtion. Dieser bereits vorhandene Vorrat an Exergie vermittelt die Arbeit und ganz allgemein die Produktionsverhältnisse, einschließlich der Produktion von Biomasse. In dieser umgekehrten Welt ist es die Verbrennung von Elementen geologischen Ursprungs, die eine Bedingung für die Fähigkeit zur Arbeit in der Industrie und auch in der Landwirtschaft ist. Die metabolische Grundlage der Gesellschaft verlagert sich von der Ökologie zur Geologie. Darin findet der Kapitalismus die materielle Grundlage für das spektakuläre und maßlose Wachstum, das seine Entwicklung in den letzten zweieinhalb Jahrhunderten gekennzeichnet hat.

4 —— Fossil-basierter industrieller Metabolismus

Wir begannen unsere Untersuchung der Stoffwechselregime mit der Bemerkung, dass Kategorien wie Energie und Materie in einem abstrakten modernen und naturwissenschaftlichen Sinne keine effektiven symbolischen und institutionalisierten Vermittlungen des Wirtschaftsprozesses *aller* Gesellschaften sind. »Die Vorstellung, dass Wärme, Arbeit und Licht unter dem gemeinsamen Begriff ›Energie‹ zusammengefasst werden könnten oder dass Wasser, Wind, Bewegung und Nahrung in gewisser Weise gleich sein könnten, war Agrargesellschaften fremd«, stellt Sieferle fest und fügt hinzu: »Erst im Rahmen des Industriesystems wurde eine vollständige Umwandlung verschiedener Energieformen möglich und erst dann konnte der allgemeine Begriff ›Energie‹ entstehen.«[1] Der moderne Begriff der Energie drückt die historische Emanzipation und Abstraktion der »Fähigkeit, Arbeit zu verrichten« von ihrer Verkörperung in bestimmten und inkommensurablen Formen aus, die für Agrargesellschaften charakteristisch waren: arbeitende Menschen und Tiere, aber auch Flüsse, Wasserfälle, Sonnenlicht und Windböen, die vor dem industriellen fossilen Stoffwechsel die Hauptantriebskräfte waren.[2] Dieser Abstraktionsvorgang war sowohl ein intellektuelles Unterfangen in Form der Theorie der Thermodynamik als auch eine materielle Praxis durch die systematische Entwicklung von »energetisierten Artefakten«, von denen das bedeutendste die mit Kohle befeuerte Dampfmaschine war.[3]

Bei der Untersuchung von Agrargesellschaften aus einer Stoffwechselperspektive impliziert die Analyse und Berechnung von Energieflüssen wie dem »Primärenergieverbrauch« die Anwendung eines methodischen Hilfsmittels auf diese Gesellschaften, das außerhalb ihres Systems von Repräsentationen, gesellschaftlichen Verhältnissen und Strukturen liegt. »Energie« ist in diesen Gesellschaften keine soziale Vermittlung, auch wenn sie eine biophysikalische Determinante der gesellschaftlichen

1 Rolf Peter Sieferle: The Subterranean Forest. Energy Systems and the Industrial Revolution. Translated from German by Michael P. Osman, Cambridge 2001, S. 19–20.

2 Larry Lohmann/Nicholas Hildyard: Energy, Work and Finance. Sturminster Newton 2014.

3 François Vatin: Le travail, économie et physique, 1780–1830, Paris 1993; und die neuere Studie Cara Daggett: The Birth of Energy. Fossil Fuels, Thermodynamics, and the Politics of Work, Durham/NC 2019.

Praxis und Realität bleibt. Diese Äußerlichkeit verschwindet vollständig im Fall von Gesellschaften mit einem auf fossilen Brennstoffen basierenden industriellen Stoffwechsel. Ein Maßstab wie der »Primärenergieverbrauch« erfasst eine interne und reflektierte Triebkraft des Durchsatzes. Diese Gesellschaften streben aktiv danach, Energieflüsse – und auch Flüsse von extrahierter Materie – als solche zu entwickeln. Um diese Flüsse zu vergrößern, mussten die dem landwirtschaftlichen Regime innewohnenden Schranken für eine grenzenlose Expansion gezielt durchbrochen werden.

Ausbruch aus den strukturellen Grenzen des agrarischen Stoffwechsels

Im letzten Kapitel haben wir zwei strukturelle Grenzen für die materielle Expansion des agrarischen Stoffwechsels ausgemacht: die Beschränkung des Mehrprodukts und die Beschränkung des Transports. Durch die Verlagerung der Grundlage der Produktion des biophysikalischen Überschusses von ökologisch bedingten Strömen zu geologisch gebildeten Vorräten war es dem neuen fossil-industriellen Regime möglich, in eine lange Phase des exponentiellen Wachstums von Produktion, Durchsatz und städtischer Bevölkerung einzutreten. Die Ursachen dieses Wachstums sollen im Rahmen der institutionellen Analyse kapitalistischer Gesellschaftsverhältnisse untersucht werden, aber die Extraktion von fossilen Brennstoffen und Metallerzen war eine notwendige Voraussetzung. Natürlich war Kohle die erste und wichtigste Ressource, auf der das biophysikalische Mehrprodukt in diesem neuen System beruhte. Andere fossile Brennstoffe folgten rasch nach und trugen zur Wachstumsrate des Primärenergieverbrauchs während des gesamten 20. Jahrhunderts bei, am stärksten jedoch in dessen zweiter Hälfte – eine Zeit, die einige Umwelthistoriker als die »Große Beschleunigung« bezeichnet haben.[4] Wie in Tabelle 4.1 dargestellt, besteht der metabolische Imperativ für ein Agrarregime darin, durch den Anbau von Biomasse ein Mehrprodukt zu erzeugen, während der metabolische Imperativ des fossilen Regimes darin besteht, so effizient wie möglich einen Überschuss an fossilen Brennstoffen zu extrahieren und zu verbrennen. Diese Unterscheidung lässt sich durch das erfassen, was wir als »Wrigleys metabolische Wachstumsregel« bezeichnen können:[5]

4 John R. McNeill/Peter Engelke: Mensch und Umwelt im Zeitalter des Anthropozän [The Great Acceleration]. Übersetzt von Thomas Atzert, in: Akira Iriye/Jürgen Osterhammel (Hrsg.): Geschichte der Welt – 1945 bis heute. Die globalisierte Welt, München 2013, S. 357–534.

5 Ich verwende den Ausdruck »Regel« im Gegensatz zu »Gesetz«, um die Tatsache hervorzuheben, dass es sich meiner Meinung nach um eine faktische Beobachtung handelt, die keine kausalen Mechanismen identifiziert. Die Gesetze – oder vielmehr sozioökologischen Bestimmungen – hinter diesen Regeln können nicht in der abstrakten Sprache der ricardianischen Ökonomie formuliert werden, da sie spezifisch für kapitalistische gesellschaftliche Verhältnisse sind. Eine ausführliche Diskussion und Kritik der ricardianischen und malthusianischen Modelle des Übergangs vom agrarischen zum fossil-industriellen Stoffwechsel, die Wachstum als natürliche Eigenschaft gesellschaftlicher Systeme postulieren, findet sich in Andreas Malm: Fossil

> »In einer organischen Ökonomie müssen die Grenzkosten der Produktion ab einem bestimmten Niveau der Produktion ansteigen. Im Gegensatz dazu sinken sie in energiereichen, mineralstoffbasierten Ökonomien normalerweise mit steigender Produktion. Eine höhere Produktion erschwerte nicht ihre weitere Steigerung, sondern erleichterte sie eher noch. Sinkende Produktionskosten förderten ein schnelles Wachstum der Nachfrage und es entstand ein sich selbst verstärkender Kreislauf.«[6]

Durch die Verwendung des Mehrprodukts für die weitere Steigerung der Extraktion von fossilen Brennstoffen entwickelt das System die Fähigkeit zu einem kontinuierlichen Wachstum und befreit sich von der unmittelbaren Abhängigkeit von ökologischen Kreisläufen.[7] Durch die Nutzung der Arbeit fossiler Brennstoffe zur systematischen und massenhaften Umwandlung anderer mineralischer Ressourcen wie Metallerze wird die Industrie unabhängig von Formen der Extraktion und Produktion, die durch Energie- und Materialströme aus ökologischen Kreisläufen vermittelt und begrenzt sind – wie die Umwandlung von Bäumen in Holzkohle zum Schmelzen von Eisen oder die Umwandlung von Getreide in Muskelkraft zum Abbau von Erz durch menschliche und tierische Arbeit. Diese Materialien und neuen Energiequellen wurden dann rekursiv wiederum für extraktive Tätigkeiten eingesetzt, wodurch der Fluss von fossilen Brennstoffen und von Materialien wie Eisen und Stahl, die für die Entwicklung dieses Stoffwechselregimes von entscheidender Bedeutung sind, weiter intensiviert wurde. Diese Rekursivität, bei der fossile Brennstoffe und Metalle in ihrem Zusammenwirken mit menschlicher Arbeit eben die Arbeitskraft *vervielfachen,* mit der noch mehr fossile Brennstoffe und Mineralien extrahiert werden können, ist ein Kernmerkmal des fossil-industriellen Stoffwechsels.

Für einige Sozialökologinnen liegen die Anfänge des fossil-industriellen Stoffwechselregimes in den Niederlanden und im Vereinigten Königreich des 16. Jahrhunderts. Damals begann laut Marina Fischer-Kowalski die »Unterstützung der Menschheit durch die Energie fossiler Brennstoffe«, indem massenhaft Kohle und Torf in den sozialen Stoffwechsel eingebunden wurde.[8] Zu Beginn des 18. Jahrhunderts, am Vorabend der

Capital. The Rise of Steam Power and the Roots of Global Warming, London 2016, insbesondere im 12. Kap.

6 E. A. Wrigley: Energy and the English Industrial Revolution, Cambridge 2010, S. 195.

7 Das Schlüsselwort ist hier natürlich »unmittelbar«. Geologische Kreisläufe anzuzapfen, bedeutet auch, in ihren Ablauf einzugreifen. Geschieht dies in kleinem Maßstab, sind die Auswirkungen harmlos. Da Wachstum jedoch mit einer Ausweitung dieser Eingriffe verbunden ist, haben ihre Auswirkungen auf den Kohlenstoffkreislauf sowohl in ihrem Umfang als auch in ihrem zeitlichen Rahmen bereits geologische Ausmaße mit verheerenden ökologischen Folgen angenommen.

8 Marina Fischer-Kowalski/Fridolin Krausmann/Irene Pallua: A sociometabolic reading of the Anthropocene: Modes of subsistence, population size and human impact on Earth, in: Anthropocene Review, 1/2014, S. 15.

industriellen Revolution, machte Kohle 20 Prozent der Primärenergieversorgung des Vereinigten Königreichs aus,[9] und dennoch wäre es ein Fehler, in der Nutzung von Kohle als Wärmequelle die entscheidende Entwicklung zu sehen, die den Übergang von einem auf landwirtschaftlicher Biomasse basierenden zu einem auf fossilen Brennstoffen basierenden System besiegelte. Erst als Kohle eingesetzt wurde, um mehr Kohle zu gewinnen, können wir davon ausgehen, dass der Übergang zu einem neuen Stoffwechselregime begonnen hatte. Es handelte sich um ein eher banales Unterfangen: Durch die Verbrennung von Kohle wurde Wärme erzeugt, die über Dampf in mechanische Arbeit umgewandelt wurde, und zwar durch den Newcomen-Motor, der eine Pumpe antrieb. Diese Pumpe wurde dann verwendet, um Wasser aus immer tieferen Bergbauschächten zu fördern und so unzugängliche Kohleflöze in zugängliche Flöze umzuwandeln.[10] Doch hinter dieser Banalität verbirgt sich ein weiteres Kernmerkmal dieses Stoffwechselregimes: Die rekursive Anwendung von extrahierter Energie und Materie auf die extraktive Tätigkeit *vergrößert den Bestand* an zugänglichen Quellen für Materie und Energie: Wrigley's Regel in Aktion. In einer kapitalistischen Gesellschaft nimmt diese rekursive Anwendung die Form von kapitalisierten extraktiven Artefakten und kapitalisierten Orten der Extraktion durch Investitionen oder Akkumulation im Bereich der Extraktion an.

Zweitens überwand das Regime fossiler Brennstoffe die Schranken der Transportmöglichkeiten, mit denen Agrargesellschaften konfrontiert waren. Obwohl sie ausgeklügelte Mittel für den Wassertransport entwickelt hatten, sei es auf Kanälen, Flüssen oder auf dem Meer, blieb der Transport auf dem Landweg immer eine Schranke für die Ausweitung ihrer Wirtschaftsbeziehungen und für die Vertiefung der Arbeitsteilung, für die eine bedeutende nichtlandwirtschaftliche Bevölkerung notwendig gewesen wäre. Luxusgüter konnten weiträumig und global zirkulieren, aber sperrige Massenware wie Getreide, Holz und andere Baumaterialien, die nicht auf dem Wasserweg transportiert wurden, hatten nur einen begrenzten Verbreitungsraum. Eisenbahnen, die kohlebefeuerte Dampfmaschinen und eine Transportinfrastruktur aus Stahl kombinierten, bildeten eine erste Möglichkeit, diese Einschränkung zu überwinden, gefolgt von Dampfschiffen und schließlich dem Straßen-, Luft- und Containertransport – alle mit fossilen Brennstoffen betrieben und aus geologischen Beständen an Metallen und Kunststoffen gebaut. Diese neuen Zirkulationsmittel waren für die Entwicklung der Massenströme von Grundnahrungsmitteln, Rohstoffen und Menschen, die die

9 Ebd.

10 Dieselbe Logik wurde im 21. Jahrhundert auf Öl und Gas angewandt. Die Kapitalisierung der Extraktion hat zur Entwicklung »unkonventioneller Methoden« geführt, die die zugänglichen Kohlenwasserstoffreserven vergrößert haben.

Entwicklung des Kapitalismus in den letzten 150 Jahren geprägt haben, von entscheidender Bedeutung. Es sind fünf wirtschaftliche Folgen zu nennen, die wir als »Bunker-Effekte« bezeichnet haben, da sie an Stephen Bunkers Arbeit über die extraktive Akkumulation angelehnt sind:[11]

1. Die neuen, mit fossilen Brennstoffen betriebenen Zirkulationsmittel bildeten die Grundlage für die Vergrößerung des Volumens der in Umlauf gebrachten extrahierten Materie und damit für die Steigerung der Extraktion sowie für die Senkung der Kosten für den Transport und Endverbrauch, was die massenhafte Einbringung dieser Materialien in den Stoffwechsel der Industriegesellschaften ermöglichte. Die so geschaffene Nachfrage trug zur Herausbildung eines Angebotsregimes von standardisierten Qualitäten extrahierter Materialien bei, das den biophysikalischen Durchsatz serialisierte.
2. Die Akkumulation und Nutzung dieser neuen Zirkulationsmittel vergrößerte in starkem Maße die Nachfrage nach genau den Materialien, die den Übergang zum neuen industriellen Stoffwechsel markierten, insbesondere nach Metallen und fossilen Brennstoffen, die für die Entwicklung der Eisenbahn und später anderer Transportmittel wie der Schifffahrt von entscheidender Bedeutung waren. Auch für den Straßenbau wurden in großem Umfang mineralische Stoffe benötigt.
3. Die Entwicklung von Zirkulationsmitteln hat die Arbeitsteilung sowohl innerhalb von Gesellschaften als auch zwischen ihnen grundlegend verändert und damit die Herausbildung von langen Kreisläufen für die grundlegenden und sperrigen Materialien des industriellen Stoffwechsels vorangetrieben. Auf diese Weise wurde die massenhafte Extraktion und Anwendung dieser Materialien nicht nur im fortgeschrittenen kapitalistischen Kern, sondern auch weltweit gefördert. Die für Agrargesellschaften charakteristische Vielfalt der Materialität von Artefakten und Infrastrukturen wurde durch den homogenisierenden Effekt der massenhaften Ströme von Kunststoff, Spanplatten, Beton und Basismetallen allmählich ausgelöscht.[12]
4. Die Entwicklung langer Kreisläufe wirkt sich auch auf die Zirkulation von Zwischen- und Endprodukten aus und war die Grundlage für die

11 Alle fünf Folgen sind auch mit der zuvor vorgestellten Wrigleyschen Wachstumsregel verbunden. Vgl. Stephen G. Bunker: How Ecologically Uneven Developments Put the Spin on the Treadmill of Production, in: Organization & Environment, 1/2005, S. 38–54.

12 Hinter der scheinbaren Homogenität der massenhaften Ströme und der Form der Materialbestände verbirgt sich eine globale Arbeitsteilung, die auf der Entwicklung der Heterogenität der sozioökonomischen und ökologischen Bedingungen der Extraktion und Umwandlung dieser Materialien beruht. Seit seiner Entstehung hat das Regime fossiler Brennstoffe durch Machtasymmetrien zwischen Zentrum und Peripherie sowie zwischen globalen Unternehmen und lokalen Gemeinschaften und deren Ökonomien zu ungleichen Geografien der globalen Materialflüsse von der Quelle bis zur Senke geführt. Dies wurde von Alf Hornborg in seinen verschiedenen Arbeiten zum ungleichen ökologischen Austausch systematisch untersucht.

geografische Trennung zwischen dem Ort der Extraktion, dem Ort der Produktion, dem Ort der Konsumtion und dem Ort der Dissipation. Diese Entwicklung hat auch die jüngste räumliche Fragmentierung der Produktion in komplexe Lieferketten und Kreisläufe von Zwischenprodukten ermöglicht, die von großen multinationalen Monopolunternehmen verwaltet und kontrolliert werden.

5. Die neuen Mittel der massenhaften Zirkulation sind auch für moderne Formen der Urbanisierung und Suburbanisierung von entscheidender Bedeutung. Sie haben nicht nur die Morphologie der Städte und die Möglichkeiten der Mobilität von Menschen und Gütern verändert, sondern auch die Beziehungen zwischen Stadt und Umland grundlegend transformiert, indem sie die globalen Städte metabolisch von ihrer unmittelbaren ländlichen Umgebung getrennt und in globale Stoff- und Energieflüsse eingebettet haben. Dies hat wiederum ländliche Ökonomien dazu gezwungen, ihren Stoffwechsel und ihre Produktionsaktivitäten auf die Erzeugung eines Stroms von serialisierter Massenware auszurichten oder schlimmstenfalls als Senken zu fungieren, in denen der massenhafte Abfall entsorgt werden kann.

Nachdem die Barrieren, die die materielle Expansion des Agrarsystems begrenzten, durchbrochen waren, wuchs der fossil-industrielle Stoffwechsel exponentiell in der Größenordnung seines Energie- und Stoffdurchsatzes und damit seiner Fähigkeit, materielle Bestände zu erzeugen und zu akkumulieren. Tabelle 4.1 fasst die wichtigsten Merkmale dieses Stoffwechselregimes durch einen Vergleich mit dem Agrarregime zusammen, das wir im dritten Kapitel untersucht haben.

Wachstum, Umfang und Substanz des fossil-industriellen Stoffwechsels

Wie wir bereits gesehen haben, ist der Umfang des fossilen Stoffwechsels gemessen an der Stoffwechselrate für Energie oder Materie drei- bis fünfmal größer als der Stoffwechsel von Agrargesellschaften (Spalte 1 von Tabelle 4.1). Abb. 4.1 und 4.2 verdeutlichen, dass *Wachstum* ein weiteres hervorstechendes Merkmal dieses Regimes ist.[13] Diese Daten beruhen auf den besten verfügbaren Schätzungen des globalen Durchsatzwachstums in den letzten 150 bis 200 Jahren und zeigen den Energiedurchsatz (4.1) und die Materialflüsse (4.2).

13 Und dieses Wachstum kann nicht allein auf demografische Faktoren zurückgeführt werden. Die Daten, die uns Paul Warde über die Entwicklung des Pro-Kopf-Energieverbrauchs (an Land) für England und Wales während des 19. Jahrhunderts zur Verfügung gestellt hat, zeigen einen Anstieg von 53 GJ/Kopf auf 150 GJ/Kopf im Jahr 1900; vgl. Astrid Kander/Paolo Malanima/Paul Warde: Power to the People. Energy in Europe Over the Last Five Centuries, Princeton/NJ 2013.

Tabelle 4.1: Hauptmerkmale des agrarischen und des fossil-industriellen Metabolismus

Regime und Stoffwechselrate für Energie- und Materialverbrauch (pro Kopf, pro Jahr)	Hauptenergieform	Entwicklungsmuster	Form und Grenze des Mehrprodukts	Vorherrschende Arbeitsform	Biophysikalische Vermittlung
Agrarisch 40–70 GJ 3–6 T	Getreide und Biomasse	Zyklische Schwankung zwischen Ober- und Untergrenze durch abnehmende Erträge bei Wachstum	Angepflanzte und produzierte Biomasse bildet das Mehrprodukt	Arbeitskraft, die auf dem Stoffwechsel von Menschen und Tieren beruht	Ökologische Beziehungen
Fossil-industriell 150–400 GJ 15–25 T 3- bis 5-mal größer als das agrarische Regime	Fossile Brennstoffe	Anhaltendes Wachstum durch kontinuierlich steigende Erträge	Fossile Biomasse wird als Mehrprodukt extrahiert und verbrannt	Menschliche Arbeit, die durch Antriebsmaschinen vermittelt wird	Geologische Beziehungen

Eine erste Gemeinsamkeit der Entwicklung in diesen Jahren ist ihr Wachstumsmuster. Die Steigerung des Durchsatzes verläuft in zwei unterschiedlichen Phasen: eine Anfangsphase, in der das Wachstum im 19. Jahrhundert und bis ins frühe 20. Jahrhundert hinein eine lineare Form annahm, mit einem Wendepunkt in den 1950er-Jahren, als das Wachstum eine exponentielle Form annahm. Die erste Phase entspricht der Industriellen Revolution und ihren transformativen Auswirkungen auf den Wirtschaftsprozess; die zweite Phase entspricht dem epochalen Phänomen der Großen Beschleunigung. Eine zweite Gemeinsamkeit ist der relative Bedeutungsverlust der Biomasseströme (unabhängig davon, ob sie als Energiequelle oder als Materialfluss bilanziert werden) im gesamten Stoffwechselprofil der menschlichen Gesellschaften während dieses Zeitraums. In Agrarsystemen (auch in kapitalistischen) deckt Biomasse in der Regel mindestens 95 Prozent des gesellschaftlichen Energiebedarfs. Das Gleiche gilt für die für Agrarregime typischen, auf Biomasse basierenden Artefakte aus Holz und Naturfasern, die durch metallische, mineralische und kohlenwasserstoffbasierte Materialien wie Kunststoffe, Aluminium und Zement verdrängt wurden.[14] Das Schlüsselwort hier ist *relativ*. Biomasseströme, ob als Energieträger oder als Materie bilanziert, nehmen während

14 Diese Stoffe können als Formen einer abstrakten Materialität betrachtet werden, die den zuvor beschriebenen Formen abstrakter Energie ähneln.

der gesamten Geschichte des Agrarregimes weiter zu, aber sie verschieben sich von einem allumfassenden zu einem Strom unter anderen.

Abb. 4.1 zeigt eine Schätzung des globalen Primärenergieverbrauchs von 1800 bis 2020 auf der Grundlage von Daten von Vaclav Smil und dem BP-Jahresbericht über die Weltenergie.[15] In Terawatt Primärenergie gemessen bietet sie einen umfassenden Überblick über die Energieflüsse, die während der Geschichte des fossil-industriellen Regimes zum Einsatz kamen. Ein erster Blick bestätigt das zweiphasige Wachstumsmuster und den relativen Rückgang der Biomasse als Energieträger. Sie widerlegt aber auch die gängige Darstellung der Geschichte der Energienutzung in modernen Gesellschaften als eine Reihe von »Übergängen«, die auf der »Ersetzung« eines Energieträgers durch einen anderen beruht hätten. Vielmehr sind wir mit einer Dynamik konfrontiert, die sich besser als das »Hinzufügen« neuer Energieträger beschreiben lässt.[16] Als sich das fossil-industrielle System in seinem Wachstum über den gesamten Globus ausbreitete und immer größere Teile der Menschheit erfasste, wurden zusätzlich zu den bestehenden Trägern neue Energiequellen, die größtenteils fossilen Ursprungs waren, in den sozialen Stoffwechsel integriert, und sie alle nahmen in absoluten Zahlen zu. Bis in die 1950er-Jahre war Kohle der vorherrschende Energieträger, aber auch während der Großen Beschleunigung stieg ihr Verbrauch weiter an und macht 2019 immer noch 25 Prozent des weltweiten Primärenergieverbrauchs aus, neben Öl mit 31 und Gas mit 23 Prozent und einem Anteil fossiler Brennstoffe insgesamt von 78 Prozent.

Ein weiteres wichtiges Merkmal ist das zeitliche Zusammentreffen des Eintritts in die historische Phase, die als »Große Beschleunigung« bekannt ist, mit der raschen Einbindung von Öl in den Stoffwechsel moderner Gesellschaften. In den 1920er-Jahren machte Öl nur fünf Prozent des gesamten Primärenergieverbrauchs aus; ein Jahrzehnt später, 1930, waren es neun Prozent. Von 1950 bis 1970 stieg der Anteil von Öl am gesamten Primärenergieverbrauch von 19 auf 40 Prozent. Dasselbe Wachstumsmuster prägt derzeit die Integration von fossilem Gas in den globalen energetischen Stoffwechsel der Gesellschaften. Seit den 1970er-Jahren folgen die Förderung von Gas und seine Nutzung als Energiequelle einem ähnlichen Wachstumsmuster wie dem des Öls im 20. Jahrhundert. Dies widerlegt auch die Vorstellung, dass fossiles Gas ein Übergangsbrennstoff auf dem Weg zu kohlenstoffneutralen Energiesystemen sei. Sein Wachstum ist an materielle Veränderungen gekoppelt, die im Verlauf der letzten fünf Jahrzehnte durch gasabhängige Prozesse und Artefakte in der Industrie, der Stromerzeugung und der Gebäudewirtschaft entstanden sind.

15 Vgl. Hannah Ritchie: How have the World's Energy Sources Changed over the Last Two Centuries?, Our World in Data, December 1, 2021, unter: ourworldindata.org/global-energy-200-years.

16 Richard York/Shannon Elizabeth Bell: Energy transitions or additions?: Why a transition from fossil fuels requires more than the growth of renewable energy, in: Energy Research & Social Science, 5/2019, S. 40–43.

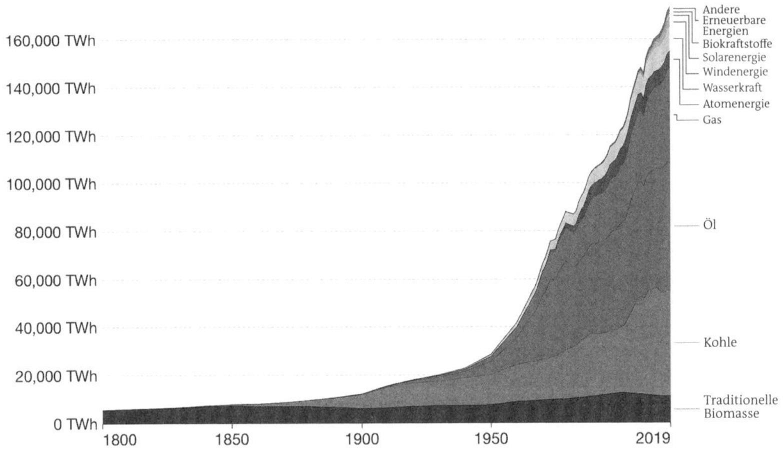

Abb. 4.1 Globaler Primärenergieverbrauch nach Quelle, 1800–2020

Quelle: Hannah Ritchie: How have the World's Energy Sources Changed over the Last Two Centuries?, Our World in Data, December 1, 2021, unter: ourworldindata.org/global-energy-200-years.

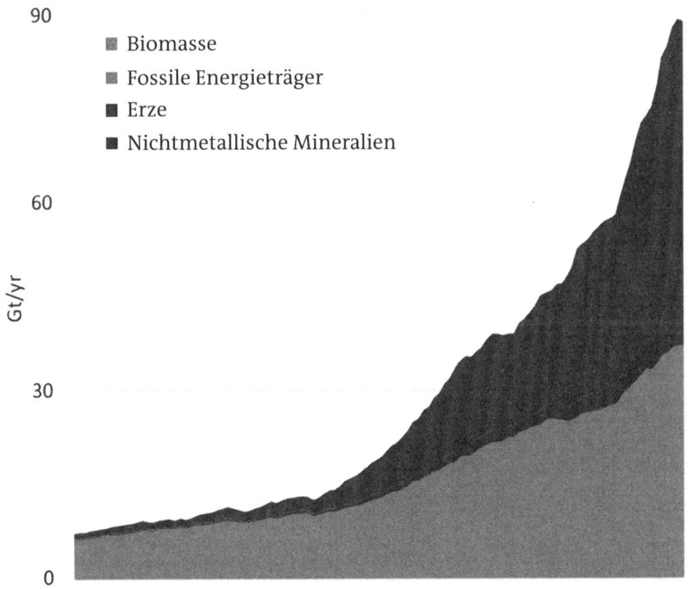

Abb. 4.2 Globale Extraktion von Materie, 1900–2015

Quelle: Fridolin Krausmann/Christian Lauk/Willi Haas/Dominik Wiedenhofer: From resource extraction to outflows of wastes and emissions: The socioeconomic metabolism of the global economy, 1900–2015, in: Global Environmental Change, 2018, S. 131–140.

Die Materialflüsse zeigen dasselbe Wachstumsmuster. Abb. 4.2 erfasst das Durchsatzwachstum von 1900 bis 2015, und wie bei den Energieflüssen ist 1950 ein klarer Wendepunkt zu erkennen, an dem es zu einem Übergang vom linearen zum exponentiellen Wachstum kommt.

Während vor 1950 auf globaler Ebene die Ströme von ökologisch erzeugter Biomasse noch deutlich überwiegen, werden danach die aus geologischen Kreisläufen extrahierten Ströme (Metalle, Mineralien, fossile Energieträger) immer wichtiger: 1900 betrug der Anteil der Biomasse am globalen Durchsatz 72 Prozent, 1955 50 Prozent, 1970 37 Prozent und 2015 nur noch 26 Prozent. Besonders wichtig ist an dieser Absenkung, dass sie nicht auf eine geringere Menge an geernteter Biomasse zurückzuführen ist, sondern auf die exponentielle Zunahme der Extraktion aus geologischen Beständen. Diejenigen Stoffe, die für die Herstellung von Zement und für Verfüllungen benötigt werden, hatten zu Beginn des 21. Jahrhunderts einen Anteil von 50 Prozent am gesamten Durchsatz von Materie, gegenüber 23 Prozent im Jahr 1950 und zwölf Prozent im Jahr 1900.

Abb. 4.3 zeigt die Entwicklung der prozentualen Anteile der verschiedenen Verwendungsarten am Durchsatz von extrahierter Materie im Verlauf des 20. Jahrhunderts. Die auffälligste Veränderung ist die Ablösung des Stroms von Futtermitteln durch den Materialfluss für die Herstellung von

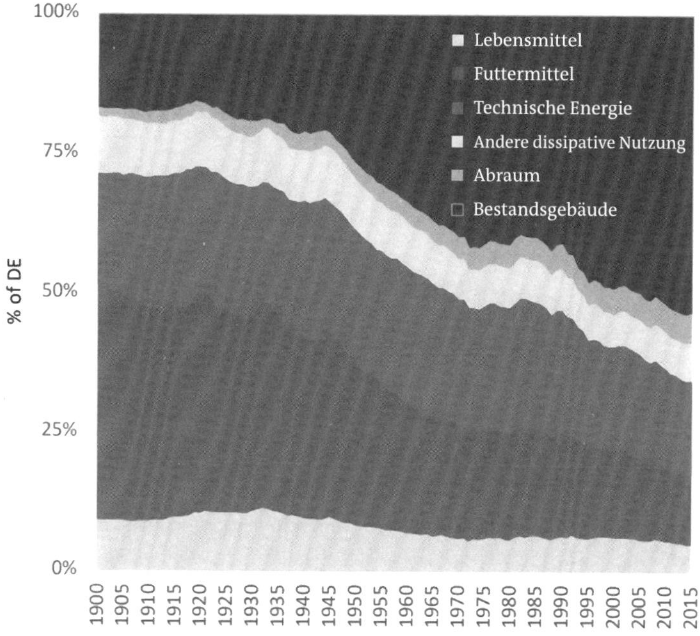

Abb. 4.3 Globale Extraktion von Materie nach Verwendungsart, 1900–2015

Quelle: Krausmann/Lauk/Haas/Wiedenhofer: From resource extraction to outflows of wastes and emissions.

materiellen Artefakten. Wie lässt sich dieser Rückgang des Anteils von Tierfutter im Stoffwechselprofil der fossil-industriellen Gesellschaften verstehen? Gesellschaften haben im 20. Jahrhundert nicht aufgehört, Fleisch zu essen; im Gegenteil, während der Großen Beschleunigung ist der Fleischkonsum gestiegen. Aber zum einen sind im ökonomischen Prozess relativ immer weniger Arbeitstiere eingesetzt worden und zum anderen ist der Anteil von Materialien, die für den Aufbau von Beständen genutzt werden, am gesamten Durchsatz zunehmend größer geworden – von 17 Prozent im Jahr 1900 auf 53 Prozent im Jahr 2015. Der Anteil der meisten anderen Ströme ist konstant geblieben oder weist nur geringfügige Schwankungen auf – Lebensmittel sind leicht zurückgegangen und bilden 2015 einen Strom von 4,3 Gt pro Jahr, während Tailings (Bergbaurückstände) angestiegen sind auf einen Strom von 4,8 Gt. Es ist interessant und aufschlussreich festzustellen, dass mit dem Übergang der Gesellschaften in die Große Beschleunigung der Strom der Tailings den von Lebensmitteln übersteigt![17]

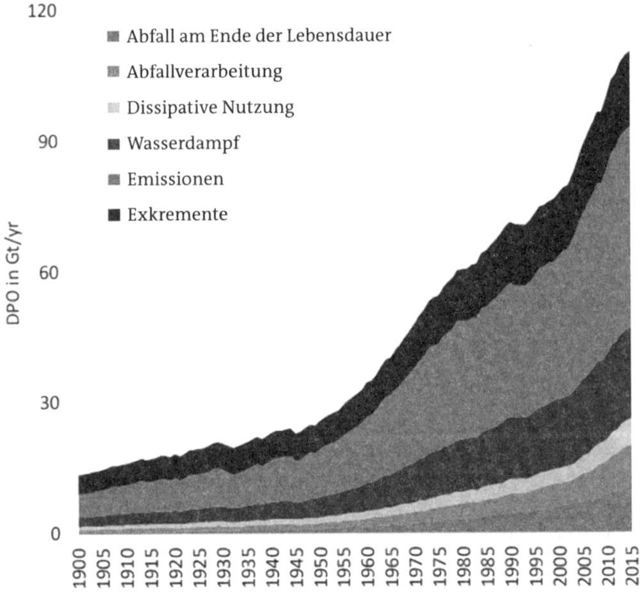

Abb. 4.4 Inländischer Produktionsausstoß (Domestic Processed Output, DPO), 1900–2015

Quelle: Krausmann/Lauk/Haas/Wiedenhofer: From resource extraction to outflows of wastes and emissions.

Auf der Grundlage desselben Datensatzes, auf dem Abb. 4.2 beruht, schätzt Abb. 4.4 die globalen verarbeiteten Outputs, oder das, was wir als Dissipation bezeichnen, für den Zeitraum von 1900 bis 2015. Dissipation

17 Den der Abb. zugrunde liegenden Daten zufolge übertrifft die Masse der Tailings seit 2012 die Masse der Nahrungsmittel.

und Abfall zeigen dasselbe ausgeprägte Wachstumsmuster mit einem Knick im Jahr 1950 und einem anschließenden exponentiellen Wachstum. Es ist nicht überraschend, dass die Emissionen in diesem Stoffwechselregime schnell zur vorherrschenden Form der Dissipation und des Abfalls werden, und auch die Abfälle aus dem Endverbrauch und aus den Produktionsprozessen weisen ein starkes und ausgeprägtes Wachstum auf, das mit der Art der wirtschaftlichen Verhältnisse übereinstimmt, die wir in den nächsten Kapiteln untersuchen werden.

Und wie wir bereits im ersten Kapitel gesehen haben, ist das derzeitige Stoffwechselregime auf den massenhaften Gebrauch von fossilen Brennstoffen und die Akkumulation von Beständen, hauptsächlich Artefakten, ausgerichtet. Abb. 4.5 und 4.6 zeigen diesen Akkumulationsprozess für den Zeitraum von 1900 bis 2015 aus zwei sich ergänzenden Perspektiven – als Zugänge zu den Beständen und als in Gebrauch befindliche Bestände.

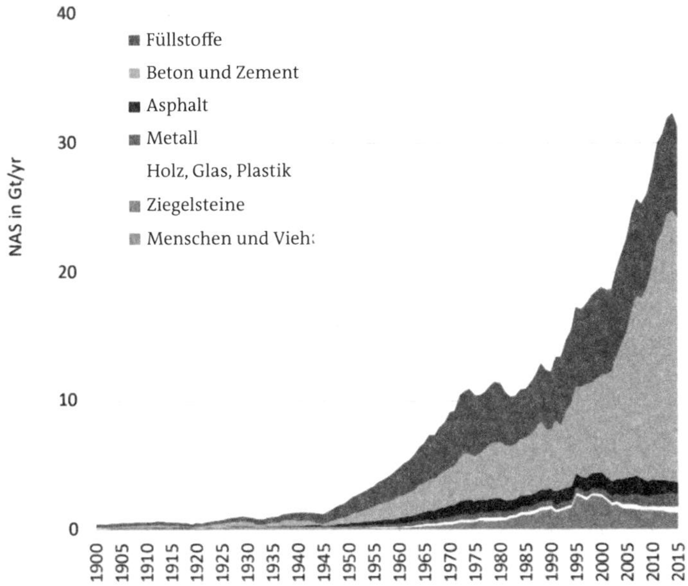

Abb. 4.5 Nettozugänge zum Bestand, 1900–2015

Quelle: Krausmann/Lauk/Haas/Wiedenhofer: From resource extraction to outflows of wastes and emissions.

Die aus Beton und anderen Baumaterialien bestehende Zugänge zu den Beständen überwiegen im Stoffwechselprofil, aber auch Artefakte aus anderen Materialien zeigen nach 1950 ein schnelles Wachstum und eine rasche Akkumulation. Die Dynamik der Akkumulation von Beton und Zement weist ein besonderes Muster auf, das einer Erklärung bedarf. Die

Verwendung von Beton ist offensichtlich: Bauwerke und Infrastrukturen als materielle Grundlage der Urbanisierung im letzten Jahrhundert sowie Verkehrsinfrastrukturen wie Straßen, Seehäfen und Flughäfen, die diese städtischen Gebiete miteinander verbanden. Das Wachstumsmuster dieser Materialien lässt sich in drei Phasen unterteilen: 1900–1950 verlief das Wachstum linear; 1950–1995 setzte sich Zement als Hauptbaustoff durch und wurde in städtischen und industriellen Umgebungen angehäuft; und eine Phase exponentiellen Wachstums nach 1995, die hauptsächlich mit der Modernisierung Chinas und seinem großen Übergang von einem agrarischen zu einem fossilen Stoffwechselregime verbunden ist, oder was Sozialökologen als die »zweite Große Beschleunigung« bezeichnet haben. Im Jahr 2017 entfielen mehr als 50 Prozent der weltweiten Zementproduktion auf China; der nächstgrößte Produzent war Indien. Dies spiegelt sich dann in der Masse der akkumulierten Bestände in Abb. 4.6 wider.

Was diese auf dem Gewicht basierenden Messungen des Durchsatzwachstums in Bezug auf die Zusammensetzung nicht erfassen, ist die Integration von Materialien, die nicht so sperrig sind wie Zement und andere Baustoffe, die aber sowohl ökologisch als auch metabolisch im fossil-industriellen System von Bedeutung sind. Ein besonders wichtiger Fall sind Kunststoffe. Rein rechnerisch gehört Plastik zu dem Strom fossiler Brennstoffe, aber dies verschleiert die Explosion seines Durchsatzes während der Großen Beschleunigung. Nach den von Roland Geyer und

Abb. 4.6 In Gebrauch befindliche Materialbestände, 1900–2015

Quelle: Krausmann/Lauk/Haas/Wiedenhofer: From resource extraction to outflows of wastes and emissions.

Kollegen zusammengestellten Daten stieg die Kunststoffproduktion von zwei Millionen Tonnen im Jahr 1950 auf 380 Millionen Tonnen im Jahr 2015.[18] Die Hälfte aller jemals hergestellten Kunststoffe wurde im laufenden Jahrhundert produziert und über 44 Prozent dieses Stroms wurden zur Herstellung von Einwegverpackungen für Konsumgüter verwendet. Dies deutet bereits auf die in den nächsten beiden Kapiteln zu behandelnde Frage hin, wie das Wachstum im fortgeschrittenen Kapitalismus auf der Kombination von Überkonsumtion und Überproduktion beruht.

Zusammenfassend lässt sich sagen, dass mit zunehmendem Umfang der Durchsatzströme neue Materialien schrittweise in das fossil-industrielle Stoffwechselsystem integriert werden. Kohle, Öl und Gas, Metalle, Zement und andere mineralische Zuschlagstoffe bilden die materielle Grundlage für das phänomenale Wachstum des Wirtschaftsprozesses seit 1800 – alles Elemente, die aus geologischen Prozessen resultieren und durch Bergbau extrahiert werden müssen. Geerntete Biomasse bleibt zwar ein wichtiger Bestandteil des Durchsatzes und wächst absolut weiter, macht aber einen immer geringeren Anteil an den Gesamtströmen aus. Die *Extraktion* überholt den *Anbau* als metabolische Grundlage des Wirtschaftsprozesses und es ist die Extraktion aus geologischen Beständen, die das spektakuläre Wachstumsmuster des fossil-industriellen Stoffwechselregimes aufrechterhält und nährt.

Es könnte eingewandt werden, dass das exponentielle Wachstum der Material- und Energieflüsse, das wir bisher in diesem Kapitel untersucht haben, nicht mit einer tiefgreifenden sozioökologischen Transformation verbunden ist, sondern lediglich eine andere Wachstumsdynamik widerspiegelt, nämlich die der Bevölkerung. Deren Wachstum folgt einem Muster, das dem der Materialströme im 20. Jahrhundert ähnelt. Das in absoluten Zahlen spektakulär wirkende Anwachsen des Durchsatzes sei daher weit weniger dramatisch, wenn es ins Verhältnis zum Bevölkerungswachstum gesetzt wird. Das trifft zu: In Pro-Kopf-Zahlen haben sich die Materialströme von 1900 bis 2015 um das 2,6-fache vervielfacht, in absoluten Zahlen um das 12-fache. Aber dies ist eine Abstraktion von den sehr realen materiellen Ungleichheiten zwischen den Regionen der Welt, auf die wir im ersten Kapitel gestoßen sind. Während ein (kleiner) Teil der Welt ein exponentielles Durchsatzwachstum erlebte, blieben andere Teile in einem überwiegend agrarischen Stoffwechselregime und erlebten (und erleben immer noch) den fossil-industriellen Stoffwechsel als eine hauptsächlich äußere koloniale Kraft, die ihnen den Abfluss von extrahierter oder geernteter Energie und Materie von der Peripherie in die kapitalistischen Zentren aufzwingt. Die Demografie erklärt weder die bemerkenswerten Merkmale des fossil-industriellen Regimes noch des-

18 Roland Geyer/Jenna R. Jambeck/Kara Lavender Law: Production, use, and fate of all plastics ever made, in: Science Advances, 7/2017, S. 25–29.

sen Ausmaß, seine Wachstumsdynamik und die Vorherrschaft von Strömen zum Aufbau von Beständen gegenüber rein dissipativen Strömen.

Ein wichtigerer Maßstab ist der Durchsatz pro Einheit des weltweiten Bruttoinlandprodukts. Schätzungen des BIP können uns eine ungefähre Vorstellung von der Größe der globalen monetären Produktion in einem bestimmten Jahr vermitteln und bringen die ungleiche und ungleichmäßige Entwicklung kapitalistischer Gesellschaftsverhältnisse auf der ganzen Welt zum Ausdruck. Mit dem Maßstab Durchsatz pro BIP-Einheit (hier US-Dollar) haben wir eine grobe Abschätzung der Materialität jeder monetären Einheit der produzierten Güter und Dienstleistungen für ein bestimmtes Jahr.[19] Abb. 4.7 zeigt, wie viel Materie auf globaler Ebene extrahiert werden muss, um einen US-Dollar des BIP für ein bestimmtes Jahr zu generieren. Hier ist ein deutliches Muster der »Dematerialisierung« oder der relativen Entkopplung zwischen der Entwicklung des globalen BIP und der durchgesetzten Masse zu erkennen. Im Jahr 1900 mussten noch 3,7 kg Materie extrahiert und geerntet werden, um einen US-Dollar des BIP zu generieren, und der größte Teil (75 Prozent) davon war geerntete Biomasse, die vor allem als Tierfutter verwendet wurde. Im Jahr 2015 waren es nur noch gut 1,4 kg. Die Linie mit der Bezeichnung »geologische Konstante des BIP« erzählt jedoch eine ganz andere Geschichte. Sie stellt den Anteil des Durchsatzes dar, der aus extrahierten Stoffen aus geologischen Kreisläufen besteht: Metalle, nichtmetallische Mineralien und fossile Energieträger. Hier gibt es keine Anzeichen für eine Dematerialisierung oder Entkopplung. Um 1900 musste 1 kg Materie aus geologischen Kreisläufen extrahiert werden, um einen US-Dollar des BIP zu generieren; 2015 waren es 1,1 kg. Die Kopplung ist offensichtlich.

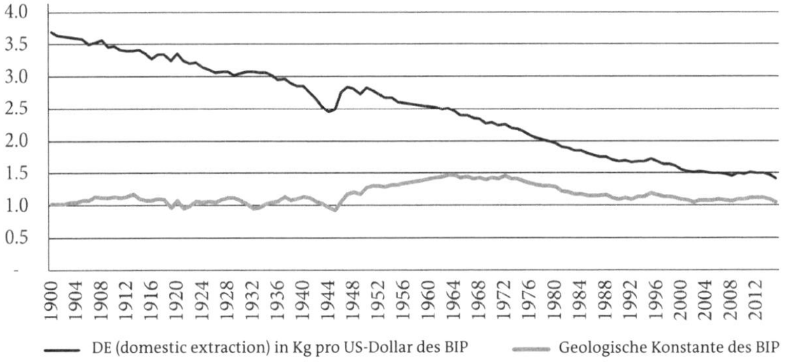

Abb. 4.7 Materialintensität der Weltwirtschaft, 1900–2015

Quelle: Krausmann/Lauk/Haas/Wiedenhofer: From resource extraction to outflows of wastes and emissions.

19 Darin enthalten sind Güter und Dienstleistungen für Investitionen und für die Konsumtion, die sowohl privat als auch kollektiv durch öffentliche Dienstleistungen verbraucht werden.

Trotz einiger zeitlicher Schwankungen wie dem Höhepunkt der materiellen »Ineffizienz« zu Beginn der 1960er-Jahre stimmt die Entwicklung des BIP in der gesamten Geschichte des fossil-industriellen Stoffwechselregimes stark mit dem Wachstum der Extraktion überein.

Die strukturellen Merkmale des fossil-industriellen Stoffwechsels

Wir verfügen nun über alle empirischen Elemente, um ein Interpretationsmodell des fossil-industriellen Stoffwechsels analog zum agrarischen Modell vorzuschlagen, das wir im dritten Kapitel vorgestellt haben. Der Zweck des Modells besteht darin, die strukturellen Determinanten dieses Stoffwechselprozesses und seiner typischen Dynamik auszumachen, die – wie in Tabelle 4.1 dargestellt – aus exponentiellem Wachstum und einer spezifischen Form des Mehrprodukts bestehen.

Im ersten Kapitel haben wir ein Modell des Durchsatzflusses skizziert, das auf vier aufeinanderfolgenden strukturellen Momenten aufbaut: Extraktion, Produktion, Konsumtion und Dissipation/Abfall. In ihrem Fluss durchläuft die durchgesetzte Materie eine Reihe von Metamorphosen, die sowohl sozialer als auch biophysikalischer Natur sind, und diese Momente kennzeichnen diese Veränderungen. Dies hat uns dazu veranlasst, weiterhin auf einer Konzeption von Produktion und Konsumtion als biophysikalische Transformationen zu bestehen.[20] Das Vier-Stufen-Modell sollte daher wie folgt gelesen werden:

E: Ort der Extraktion
P: Ort der produktiven Transformation
C: Ort der konsumtiven Transformation
D: Ort des Abfalls und der Entsorgung

Es wurde auch gezeigt, dass an jedem dieser Orte ein bestimmter Zusammenhang zwischen Beständen, Strömen und Praxis existiert, und wir haben die unterschiedliche soziale Form der an jedem Punkt akkumulierten Bestände hervorgehoben. An den Punkten E, P und D nehmen die Bestände vor allem die Form von fixem Kapital an, während sie am Punkt C vor allem aus langlebigen Gütern, Wohngebäuden und kollektiv genutzten Infrastrukturen bestehen. Dieser Rahmen ermöglicht es uns, den Charakter, die Dynamik, die Zwänge und die spezifischen Merkmale des fossil-industriellen Stoffwechsels zu analysieren.

Wie andere Stoffwechselregime unterliegt auch das fossil-industrielle Regime einer Beschränkung der Biomasseproduktion und der Aneignung

20 Damit durchbrechen wir die in der ökonomischen Theorie vorhandene Konfusion zwischen der Produktion und Konsumtion von Wert auf der einen und der Produktion, Nutzung und Entsorgung von materiellen Objekten (Gütern) oder Praktiken (Dienstleistungen) auf der anderen Seite.

der Ernte. Der im dritten Kapitel beschriebene agrarische Stoffwechselzyklus ist daher ein wichtiger struktureller Bestandteil dieses Regimes, aber nicht seine Grundlage. Im Gegenteil, die Biomasseproduktion und die Ernten werden von Durchsatzströmen reguliert, die aus einem neuen zentralen Stoffwechselzyklus stammen, dem industriell-extraktiven Komplex, der den gesamten Durchsatzstrom durch die Erschließung geologischer Bestände, insbesondere fossiler Energieträger, steuert. Die produktive Transformation nimmt eine industrielle Form an, die in vielfältiger Weise in Bezug auf Umfang, Energieverbrauch, Produktionsform (serielle Waren) und typische Ausbeutungsverhältnisse definiert werden kann.

Wie von Sozialökologinnen (Fischer-Kowalski) und führenden Öko-Marxisten (Burkett, Foster) dokumentiert wurde, war Marx ein Vorreiter bei der Verwendung des Begriffs des Stoffwechsels für die Erklärung der Beziehungen zwischen Natur und Gesellschaft.[21] Explizit verwendet er den Begriff in seiner Untersuchung des Arbeitsprozesses im 5. Kapitel des »Kapitals« oder genauer gesagt in seiner Analyse des Produktionsprozesses als Einheit von Arbeitsprozess und Verwertungsprozess. Marx beginnt mit einer Darstellung der Produktion von Gebrauchswerten als einem überhistorischen und universellen Merkmal allen gesellschaftlichen Lebens, bevor er ihre Vermittlung in der kapitalistischen Produktion durch den Imperativ der Mehrwertproduktion untersucht und die historisch spezifischen sozialen Beziehungen einführt, die den Arbeitsprozess in dieser Produktionsweise subsumieren.[22] Der Arbeitsprozess bringt in dialektischer Form drei »elementare Faktoren« zusammen: 1. die persönliche Tätigkeit oder Arbeit; 2. das Subjekt dieser Arbeit; und 3. die Arbeitsinstrumente, »ein Ding oder ein Komplex von Dingen, die der Arbeiter zwischen sich und den Arbeitsgegenstand schiebt und die ihm als Leiter seiner Tätigkeit auf diesen Gegenstand dienen«. Diese dialektische Struktur der Produktion, die im »Kapital« zu finden ist, war seit den ökonomischen Manuskripten von 1844 Gegenstand von Marx' Studien und wird in Abb. 4.8 schematisch dargestellt. Sie basiert auf drei dialektischen Elementen: S–M–O, Arbeit als eine Subjekt-Objekt-Beziehung, die durch eine dritte Ebene vermittelt wird. Im Arbeitsprozess ist diese vermittelnde Ebene selbst eine dreistufige Struktur: Die »Arbeitsinstrumente« bringen Natur, Werkzeuge und Materialien zusammen, wobei Werkzeuge und Materialien die objektiven Faktoren sind, die aus der Natur entnom-

21 Kohei Saito: Natur gegen Kapital. Marx' Ökologie in seiner unvollendeten Kritik des Kapitalismus, Frankfurt a. M. 2016; John Bellamy Foster/Brett Clark/Richard York: Der ökologische Bruch. Der Krieg des Kapitals gegen den Planeten. Aus dem US-amerikanischen Englisch von Klaus E. Lehmann, Hamburg 2011 [2010]; John Bellamy Foster/Brett Clark: The Robbery of Nature. Capitalism and the Ecological Rift, New York 2020; Paul Burkett: Marx and Nature: A Red Green Perspective, Chicago 2014; und Paul Burkett/John Bellamy Foster: Marx and the Earth: An Anti-Critique, Chicago 2019.

22 Diese Methode der Untersuchung und Darstellung hat sich als sehr hilfreich für den Aufbau unserer Analyse in diesem Buch erwiesen.

men und im Arbeitsprozess vom arbeitenden Subjekt mit dem Ziel der Erzeugung eines bestimmten Gebrauchswerts verbraucht werden. Und wie Marx in den Manuskripten von 1844 argumentiert, wird durch diesen Arbeitsprozess die Natur selbst als historische Welt sozialisiert.[23]

Ob der Arbeiter sich freiwillig und für sich selbst an diesem Prozess beteiligt, wie der sprichwörtliche Cincinnatus, der sein Feld bestellt,[24] oder ob dies unter Bedingungen der Ausbeutung durch Lohnarbeit oder Sklaverei geschieht, ändert für Marx nichts an der Form dieses Stoffwechselprozesses.

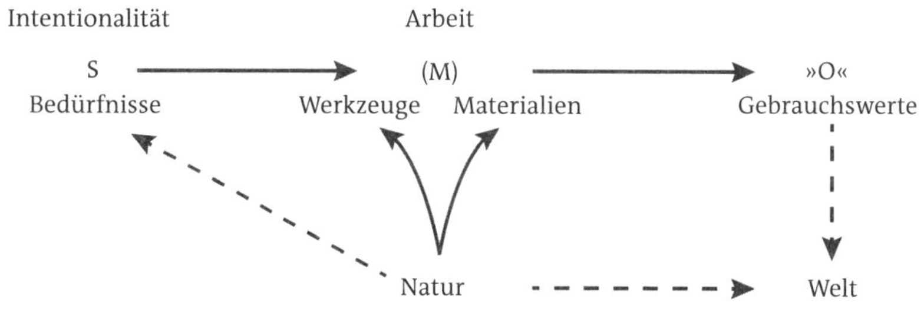

Abb. 4.8 Der Arbeitsprozess als Stoffwechsel
Quelle: Autor.

Die Industrie basiert auf der Zersetzung und Umkehrung dieser Form durch die Entwicklung dessen, was Marx als Maschinerie und was wir als Maschinenprozess bezeichnen. Im Maschinenprozess ist der Ausgangspunkt der Produktion nicht die Intentionalität und Körperkraft der Arbeiterin, sondern die Maschine selbst und die Antriebskraft, die ihren künstlichen Körper belebt. Der Arbeiter ist nur ein Bestandteil dieses selbsttätigen und automatisierten Produktionsprozesses.[25] Und wenn sich der Maschinenprozess andere Produktionsformen unterordnet, findet er in der Dampfmaschine die ideale Antriebsmaschine und materielle Grundlage für seine Entwicklung. Wie Marx jedoch anmerkt, muss die Dampfmaschine, um zur allgemeinen Quelle der Arbeit zu werden, in großem Maßstab selbst von Maschinen produziert werden. Und obwohl Marx die-

23 Vgl. hierzu Franck Fischbach: Sans Objet: Capitalisme, subjectivité, aliénation, Paris 2009. Genauer untersucht habe ich dies in Éric Pineault: Capital, valeur et réversibilité : recherche sur les fondements de l'approche marxienne du capital financier, in: Olivier Clain (Hrsg.): Marx Philosophe, Quebec 2009, S. 211–259. Ein Großteil dieses Abschnitts beruht auf diesem Text.

24 Anm. d. Ü.: Lucius Quinctius Cincinnatus, der im 5. Jahrhundert v.u.Z. lebte, war ein römischer Adliger, der aufgrund von politisch motivierten Anschuldigungen gezwungen war, ein zurückgezogenes Leben als einfacher Bauer zu führen. Er gilt daher als Sinnbild der Einfachheit und Tugend des ländlichen Lebens.

25 »Aller kapitalistischen Produktion, soweit sie nicht nur Arbeitsprozess, sondern zugleich Verwertungsprozess des Kapitals, ist es gemeinsam, dass nicht der Arbeiter die Arbeitsbedingung, sondern umgekehrt die Arbeitsbedingung den Arbeiter anwendet, aber erst mit der Maschinerie erhält diese Verkehrung technisch handgreifliche Wirklichkeit.« (Karl Marx: Das Kapital. Erster Band, in: MEW, Bd. 23, S. 446)

sem Aspekt keine große analytische Bedeutung beimisst, impliziert die Entwicklung von Maschinen, die andere Maschinen produzieren können, insbesondere Dampfmaschinen, den Zugang zu Massenströmen der für ihren Bau verwendeten Materialien, in diesem Fall Eisen und Stahl sowie Kohle, Öl und Gas, also den geologischen Beständen, auf denen das fossil-industrielle Stoffwechselregime beruht. Außerdem impliziert dieses System die Notwendigkeit, immer mehr Energie pro Arbeitseinheit einzusetzen, und wird von dieser Notwendigkeit angetrieben. Je leistungsfähiger die Maschinen sind, desto intensiver können die materiellen Umwandlungen sein, desto mehr Materie kann extrahiert, in Umlauf gebracht, produktiv umgewandelt, verbraucht, akkumuliert und entsorgt werden.[26]

Tabelle 4.2 Leistung und sozio-metabolischer Wandel

Antriebsmaschine	*Leistung gemessen in Pferdestärken*
Mensch mit Werkzeug	0,05 PS
Arbeitstier (Pferd, Ochse, Esel)	0,5 PS
Wassermühle (ca. 1750)	3 PS
Windmühle (ca. 1750)	8 PS
Newcomen-Dampfmaschine (ca. 1712)	5 PS
Watt-Dampfmaschine (ca. 1776)	40 PS
Dampfmaschine vom Typ Corliss (ca. 1870)	100–300 PS
Muldenkipper Caterpillar 797F*	4000 PS
Hydraulikbagger O&K RH400**	4500 PS
(beide wurden um 2020 im Bergbau eingesetzt)	

Quelle: Astrid Kander/Paolo Malanima/Paul Warde: Power to the People. Energy in Europe Over the Last Five Centuries, Princeton/NJ 2013.

Anmerkungen:
**www.cat.com/en_US/products/new/equipment/off-highway-trucks/mining-trucks/18093014.html*
*** https://machine.market/specification-20915*

Um sich von dieser Entwicklung eine Vorstellung machen zu können, sind in Tabelle 4.2 die maximalen Leistungsfähigkeiten einiger typischer Antriebsmaschinen zur Zeit der Entstehung des fossil-industriellen Stoffwechselregime aufgelistet, ergänzt um die von zwei industriellen Bergbaumaschinen, die heute typischerweise bei der Extraktion von Kohle, Metallerzen, Phosphaten, Pottasche, Kalkstein und anderen wichtigen Mineralien sowie von Teersanden eingesetzt werden. Um dieselbe Leis-

26 Zum Beispiel ist die regelmäßige Konsumtion von Craft Beer in kleinen Einweg-Aluminiumdosen in einer Gesellschaft ohne fortschrittliche Maschinen und Zugang zu billigen Bauxitquellen durch asymmetrische Ströme von Materie völlig unvorstellbar.

tungsfähigkeit wie eine dieser Maschinen zu erreichen, müsste in einem Agrarsystem die Arbeit von 80 000 Menschen oder 8000 Arbeitstieren eingesetzt werden. Selbst die relativ primitiven Dampfmaschinen von Watt und von Boulton verkörperten bereits die Leistung von 800 Arbeitern oder 80 Arbeitstieren. Die viel leistungsstärkeren Corliss-Dampfmaschinen, die Mitte des 19. Jahrhunderts nicht nur Spinnmaschinen antrieben, sondern auch Stahl und Schmiedeeisen bearbeiteten und Dampfschiffe antrieben, entsprachen der Leistung von 5000 bis 15 000 Arbeiterinnen.

Wie Marx bemerkte, hatten die einzelnen Kapitalisten des 19. Jahrhunderts, die investierten und diese Maschinen dann zum Einsatz brachten, Zugang zu einer Leistungsfähigkeit, wie sie in der Geschichte der Menschheit beispiellos war. Es sind diese Maschinen, die den extraktiven Prozess der fossilen Industriegesellschaft vermittelten. Der Umfang und das Ausmaß dessen, was durch industrielle Prozesse extrahiert und transformiert werden konnte, wuchsen in gleichem Maße exponentiell an, wie die Leistungsfähigkeit dieser industriellen Maschinen zunahm. In diesem sehr präzisen Sinne trägt die Wrigley-Regel zur Erklärung bei. Eine auf fossilen Brennstoffen basierende industrielle Ökonomie hat aufgrund der sozialen Stoffwechselbeziehungen, die sich um Maschinen herum entwickeln, sinkende Grenzkosten bei steigendem Output. Diese Leistungsfähigkeit der Maschine verschaffte der Gesellschaft nicht nur den Zugriff auf zuvor unzugängliche Rohstoffquellen, sondern eröffnete auch Möglichkeiten, neue Arten von Materie industriell zu transformieren. Sie ebnete den Weg für den heutigen »alles verschlingenden« Stoffwechsel, in dem fast alle Elemente des Periodensystems systematisch extrahiert, umgewandelt und entsorgt werden, da sie für den sozialen Stoffwechsel fortgeschrittener kapitalistischer Gesellschaften unerlässlich geworden sind.[27]

Aus sozio-metabolischer Sicht ist eine Maschine ein Bestand, ein hergestelltes Artefakt, und als solches gelten für Maschinen die Gesetze und Prinzipien, die ihre materielle Existenz und ihre Beziehungen zum Durchsatz regeln. Aber Maschinen haben ihre eigene besondere Beziehung zum Durchsatz, ihre Existenzweise ist auf die Umwandlung von Materie und den Verbrauch von Energie ausgerichtet. Sie existieren, um Ströme zu steuern, und zwar durch die Mobilisierung und Absorption von Arbeitskraft. Selbst eine Rechenmaschine wie ein Smartphone kann nicht immateriell rechnen; es ist auf den Fluss von Elektronen in einem Prozessor angewiesen, um seine entmaterialisierten Aufgaben zu erfüllen. Und so benötigen die meisten Smartphones, die es heute auf der Welt gibt, den Fluss von Kohle, um zu existieren. Eine Maschine kann dann als ein Geflecht von Beziehungen begriffen werden zwischen dem Artefakt, den Material- und Energieflüssen, die ihre Existenz beleben und die sie verbraucht, und

27 Vgl. Aaron Greenfield/T. E. Graedel: The Omnivorous Diet of Modern Technology, in: Resources, Conservation and Recycling, 5/2013, S. 1–7.

den sozialen Praktiken, die sie mobilisiert und reproduziert. Um auf das Verhältnis zwischen Beständen und Strömen zurückzukommen, das für Maschinen aufgrund ihrer Leistungsfähigkeit einzigartig ist: Maschinen sind auf unvergleichlich größere Ströme angewiesen, als sie von den Artefakten und Beständen der Agrargesellschaften reguliert werden. Was die Zusammensetzung betrifft, so besteht ein erheblicher Teil dieser Ströme tendenziell aus Materialien geologischen Ursprungs, die aufgrund der zu Beginn dieses Kapitels vorgestellten »Bunker-Effekte« leicht verfügbar sind.

Abb. 4.9 zeigt die gesamte Struktur des Stoffwechsels von fossil-industriellen Gesellschaften.

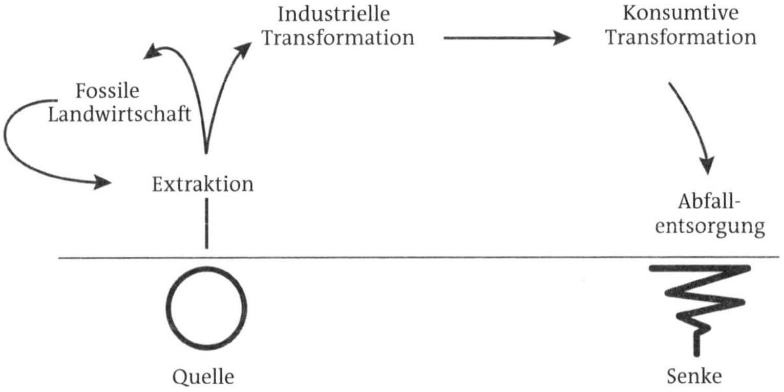

Abb. 4.9 Struktur des fossil-industriellen Stoffwechsels
Quelle: Autor.

Der Ort der Extraktion

In diesem Modell gibt es zwei funktional unterschiedliche Orte der Extraktion. Der erste ist der agrarische Stoffwechselkreislauf, der die Arbeit der Natur in Form ökologischer Produktivität mobilisiert, um ein biologisch produziertes Mehrprodukt durch Ernten zu gewinnen. Diese Materie gelangt als Biomasse in den Stoffwechsel der Industriegesellschaft und wird in die Sphäre der industriellen produktiven Transformation eingespeist, die vom Maschinenprozess dominiert wird. Dies können gefällte Bäume sein, die von einer Zellstoff- und Papierfabrik aufgenommen werden, lebende Tiere, die in ein Mega-Schlachthaus kommen, oder Palmfrüchte, die von einer Bioraffinerie verarbeitet werden. Aber diesem Abfluss von Biomasse aus dem Agrarkreislauf steht ein Zufluss von Industrieprodukten gegenüber – insbesondere von dissipativen Stoffen wie Düngemittel und Pestiziden –, die die biologische Produktivität der Landwirtschaft regulieren. In energetischer Hinsicht produziert der Agrarkreislauf keinen Überschuss, sondern ist eine Senke; fossil-industrielle Gesellschaften nutzen den geologischen Energieüberschuss, der in fossilen Brennstoffen enthalten ist, um die biologische Produktivität von Agrarökosystemen zu unterstützen. Aus der Perspektive der Energieanalyse ist die moderne Landwirtschaft (und Aquakultur sowie einige Formen der Baumzucht wie brasilianische Eukalyptusplantagen) ein eher ineffizientes Energieumwandlungssystem.[28] Dieser Energie- und Materiezufluss ersetzt jedoch Arbeit im agroökologischen Kreislauf, befreit die Menschen von den Zwängen der landwirtschaftlichen Arbeit und unterstützt die Entwicklung urbaner Lebensstile und eine Urbanisierung der Gesellschaft, in der lediglich fünf Prozent der Bevölkerung die Biomasse für die anderen 95 Prozent erzeugen können, in einem umgekehrten Verhältnis zu dem in Agrargesellschaften.[29] Diese Umkehrung hat ihre ökologische Entsprechung in den biogeochemischen Kreisläufen von Stickstoff und Phosphor, die heute von anthropogenen Düngemittelflüssen verdrängt werden.

Die zweite Stufe der Extraktion von Materie ist der extraktive Sektor als solcher, der auf dem Abbau geologischer Rohstoffvorkommen basiert: Metalle, nichtmetallische Mineralien wie Kalkstein, Phosphate, Kali oder Uran und fossile Brennstoffe (Kohle, Öl und Gas) sowie in jüngerer Zeit Spurenmetalle und Stoffe, die mit der Entwicklung der Elektronik verbunden sind. Während die erste Stufe die Interaktion mit Ökosystemen umfasst – insbesondere die Verausgabung von Arbeit in künstlichen Agrarökosystemen –, bedeutet die Extraktion, dass Ökosysteme als »totes Gelände« betrachtet werden, um einen Ausdruck aus der Bergbauindustrie zu verwenden. Eine dritte Dimension erhält der Raum, wenn die Extraktion unter die Oberfläche vordringt, in einer Art der Aneignung, die als »punktförmig« statt als »flächig« charakterisiert wurde. Diese Unterscheidung gilt natürlich nur für Untertagebau und nicht für Tagebau oder extreme Formen der Untertageförderung wie Fracking, die eine sehr »flächige Form« annehmen können. Wie wir zu Beginn dieses Kapitels festgestellt haben, besteht der wichtigere Unterschied darin, ob bereits vorhandenen Bestände an nützlicher Materie ausgebeutet werden, die unmittelbar ein Mehrprodukt darstellen, oder Bestände durch die Beteiligung an der Nettoprimärproduktion aufgebaut werden, was den agroökologischen Beschränkungen unterliegt.

Aufgrund von Investitionen in die Steigerung der Förderkapazitäten von allen möglichen Mineralien besteht die Tendenz, ein Überangebot von geologischer Materie zu schaffen. Diese Investitionen erzeugen

28 Ein Beispiel aus Quebec, das jedoch für die meisten fossilen Agrarsysteme typisch ist, findet sich bei Lluis Parcerisas/Jérôme Dupras: From mixed farming to intensive agriculture: energy profiles of agriculture in Quebec, Canada, 1871–2011, in: Regional Environmental Change, 4/2018, S. 1047–1057.

29 Wie dies in einem postfossilen Stoffwechselregime aufrechterhalten werden könnte, bleibt in den meisten Übergangsdebatten eine Leerstelle. Eine ernüchternde Diskussion der Auswirkungen findet sich bei Alevgul H. Sorman/Mario Giampietro: The energetic metabolism of societies and the degrowth paradigm: analyzing biophysical constraints and realities, in: Journal of Cleaner Production, 1/2013, S. 80–93.

einen Push-Effekt: Der Durchsatz vom Ort der Extraktion zum Ort der Produktion wird nicht unbedingt von den funktionalen Anforderungen der Produktion bestimmt, sondern in vielen Fällen von den Imperativen der Extraktion, insbesondere wenn diese durch kapitalistische Eigentumsverhältnisse vermittelt wird. Denn dann werden die extraktiven Ströme von dem Imperativ der Verwertung beherrscht, den wir in den nächsten Kapiteln untersuchen werden.

Der Ort der produktiven Transformation

Auf die Logik und Dynamik der produktiven Transformation sind wir bereits bei der Analyse des Maschinenprozesses gestoßen. Dort haben wir auf den wichtigen Aspekt hingewiesen, dass es zu einer sich selbst verstärkenden Rückkopplung zwischen Extraktion und industrieller Produktion kommt – nicht nur durch die Produktion spezieller Maschinen für die Extraktion, sondern auch durch die ständige Anpassung der Produktion an den Umfang und die Art der Ströme von extrahierter Materie. Die relativ lange Lebensdauer der industriellen Maschinen, die im Mittelpunkt der produktiven Transformation des Durchsatzes stehen, verfestigt und verstärkt tendenziell die einmal etablierten Muster der Extraktion. Malm zufolge wird die Fähigkeit der industriellen Maschinen, Arbeitskraft zu absorbieren und zu organisieren, durch die Menge an fossilen Brennstoffen bestimmt, durch deren Verbrennung Antriebsmaschinen in Bewegung gesetzt werden. Aber auch andere Materialflüsse geologischen Ursprungs sind von entscheidender Bedeutung, wie das Beispiel des Wettlaufs um seltene Erden zeigt. Die Fähigkeit, immer größere Mengen an serialisierter Materie zu extrahieren, ermöglicht die industrielle Produktion eines warenförmigen Durchsatzes mit denselben Eigenschaften.

Der Ort der konsumtiven Transformation

Der Maschinenprozess der industriellen Transformation spuckt einen kontinuierlichen Strom von massenhaften serialisierten Gebrauchswerten aus und verwirklicht kolossale Bauprojekte in Form von Wohnhäusern und Infrastrukturen des Transports. Die soziale Beziehung zu diesem Stoffwechselstrom wird durch den Nexus von Beständen, Strömen und Praxis am Ort der Konsumtion organisiert. An diesem Punkt wird die reproduktive soziale Aktivität vom Durchsatz sowie von akkumulierten Artefakten gestaltet und vermittelt. Um den als »Große Beschleunigung« bezeichneten epochalen Wachstumsprozess zu verstehen, können wir auch untersuchen, wie er durch die Akkumulation von Artefakten angetrieben wird, die sich tendenziell die reproduktive Sphäre durch die Entwicklung des Massenkonsums als Form sozialer Aktivität unterordnen – und wie ein entscheidendes Merkmal dieser Artefakte in ihrer Existenz als Maschinen besteht, die denen in der Produktionssphäre entsprechen und die den Energiebedarf auf Basis fossiler Brennstoffe verallgemeinern – insbesondere in Form der Nutzung von Kraftfahrzeugen und der dadurch begünstigten Urbanisierung. Das andere hervorstechende Merkmal ist die Errichtung einer aus Betonbauten bestehenden städtischen Landschaft, die zunehmend größere Mengen an Energie und Materie verschlingt. Im Vergleich zu Gebäuden und Infrastrukturen aus Holz, Ziegeln und Stein sind diese Bauwerke aus Beton überraschend kurzlebig, was zu einer hohen Erneuerungsrate führt.

Der Ort des Abfalls und der Entsorgung

Massenhafte Extraktion und Massenproduktion sind offensichtlich mit massenhaften Strömen von Abfällen verbunden. Diese werden noch dadurch verstärkt, dass die spezifische Form der Massenproduktion im fortgeschrittenen Kapitalismus mit eingebauten Beschränkungen der Nutzungsdauer verbunden ist sowie mit Imperativen der Abfallerzeugung, die den materiellen Formen und symbolischen Dimensionen der Artefakte für Reproduktion und Konsumtion eingeschrieben sind. Alle Gesellschaften regulieren ihre Abfallströme biophysikalisch und markieren sie symbolisch. Das Charakteristische der Regulation in diesem System ist die Akkumulation von funktional unterschiedenen Artefakten in Form von Infrastrukturen und Maschinen, die den Stoffwechsel am Übergang zu den Senken vermitteln. Und auch an diesem Punkt der Dissipation werden die Ströme von den Beständen beherrscht. Die Entwicklung der Fähigkeit, dissipative Massenströme zu regulieren, wird zu einer eigenständigen Triebkraft für das Wachstum des Durchsatzes. Schornstein, Kanalisation und Deponie sind keine neuen Formen der Verwaltung von Abfallströmen und Senken, aber die Dimensionen, in denen sie eingesetzt werden, sind mit denen früherer Agrargesellschaften nicht zu vergleichen. Die Schaffung dieser neuen Dimensionen ist ein umfassender Prozess, der sich in der Zunahme der Größe dieser vermittelnden Strukturen (höhere Schornsteine, ausgedehntere Abwassersysteme, Mega-Deponien), ihrer Anzahl und Dichte materialisiert. Die Vergrößerung dissipativer Ströme erfolgt aber auch durch intensive Formen der Akkumulation, indem die Menge an biophysikalischer Arbeit, die in immer komplexere dissipative Strukturen investiert wird. Ein interessantes Beispiel ist die technische Entwicklung von immer raffinierteren Abgasanlagen für Kraftfahrzeuge im Laufe des letzten Jahrhunderts, da diese die Zunahme und Konzentration einer immer größeren Anzahl von Verbrennungsmotoren in städtischen Umgebungen ermöglicht haben. Ein extremes Beispiel sind die modernen Systeme zur Abscheidung, Nutzung und Speicherung von Kohlenstoff, bei denen injiziertes CO_2 dazu verwendet wird, mehr Kohlenwasserstoffe aus Öl- und Gasquellen zu pressen.

Strukturelle Grenzen des fossil-industriellen Stoffwechsels als Ganzem

Obwohl der fossil-industrielle Metabolismus die Beschränkungen des agrarischen Stoffwechselregimes überwindet, stößt er auf eigene Grenzen. Zwei offensichtliche Schranken, die im Mittelpunkt vieler Überlegungen zu den strukturellen Grenzen des Wachstums dieses Regimes standen, sind die Erschöpfung der Quellen und die Sättigung der Senken. Seit seiner Entstehung wurde dieses Regime von der Sorge um die Erschöpfung geologischer Lagerstätten geplagt (siehe die Arbeit von Jevons zur Kohlefrage[30] im späten 19. Jahrhundert), die sich heute aufgrund des »alles verschlingenden« Charakters des Durchsatzes noch verschärft hat. Interessanter ist jedoch die Art und Weise, wie die Gesellschaft mit größeren Investitionen in die Kapazitäten zur Extraktion und zur Entsorgung auf diese Schranken reagiert hat. Die Grenzen konnten damit verschoben, aber nicht endgültig überwunden werden. Zwei weitere Beschränkungen sind die biophysikalischen Grenzen der Effizienz des maschinellen Prozesses, die zwischen Extraktion und produktiver Transformation auftauchen, oder die Grenzen der »Arbeit«. Und am wichtigsten sind die Schranken, die sich im Verhältnis zwischen Produktion und Konsumtion als Problem der begrenzten Absorptionsfähigkeit zeigen. Die erste Schranke ist genau der materielle und praktische Kontext, der den Aufstieg und die Entwicklung der Physik der Thermodynamik und des Ingenieurwesens förderte. Die zweite wurde als Problem der effektiven Nachfrage zu einem Kernanliegen der Wirtschaftswissenschaften: Sind die sozialen Praktiken, die sich um den reproduktiven Bereich herum verfestigen, in der Lage, den aus der Produktion stammenden Massendurchsatz zu absorbieren? Um diese Grenzen und Zwänge sowie jene, die sich aus dem untergeordneten Bereich der Produktion von Biomasse ergeben, analysieren zu können, müssen wir von der Betrachtung des Stoffwechsels im Abstrakten zur Analyse der kapitalistischen Form übergehen, von der die Entwicklung dieses Stoffwechselregimes beherrscht wird.

Der Wachstumsverlauf des fossil-industriellen Stoffwechsels

Wir haben das fossil-industrielle Stoffwechselregime im Singular diskutiert, als wäre es ein einziger undifferenzierter Typ. Diese abstrakte, idealtypische Analyse darf nicht über die sehr große Diskrepanz und Variation der Stoffwechselraten und -profile zwischen Gesellschaften hinwegtäuschen, sowohl in zeitlicher als auch in räumlicher Hinsicht. Die Raten des Energie- und Materialverbrauchs und der Akkumulation variieren und sind zwischen Gesellschaften, wie im ersten Kapitel gezeigt wurde, und innerhalb von Gesellschaften zwischen sozialen Gruppen höchst

30 Brett Clark/John Bellamy Foster: William Stanley Jevons and the Coal Question: An Introduction to Jevons's »Of the Economy of Fuel«, in: Organization & Environment, 1/2001, S. 93–98.

ungleich. Darüber hinaus sind diese Unterschiede weder zufällig noch natürlich; sie sind das Produkt von strukturell verfestigten Beziehungen der unterschiedlichen Aneignung, der Ausbeutung und der Externalisierung zwischen hegemonialen Zentren der Akkumulation und Peripherie[31] sowie zwischen Klassen, Geschlechtern und rassialisieren Gruppen.[32]

Ein bedeutender Teil der Menschheit lebt heute in Gesellschaften, die insgesamt immer noch von der Logik und Dynamik des agrarischen Stoffwechselregimes bestimmt werden. In vielen Regionen der Welt ist die Subsistenzlandwirtschaft nach wie vor eine vorherrschende Lebensweise. Auch in diesen Gemeinschaften finden sich industrielle und mit fossilen Brennstoffen angetriebene Artefakte und eine um deren Nutzung herum organisierte bebaute Umwelt, aber die überwiegende Mehrheit der Menschen ist gezwungen, durch landwirtschaftliche (von fossilen Brennstoffen unterstützte) Tätigkeiten ein biophysikalisches Mehrprodukt zu erwirtschaften. Ihre Lebensgrundlage hängt vor allem von lokalen und regionalen Kreisläufen der Verteilung ab, auch wenn sie als Produzentinnen oder Verbraucher in geringem Umfang an globalen Lieferketten teilhaben. Dies ist eigentlich ein historisches Merkmal des fossil-industriellen Stoffwechselregimes. Es hat schon immer mit dem Agrarregime in einer Beziehung koexistiert, die sich verändert und weiterentwickelt hat, aber nie verschwunden ist. Der metabolische Übergang sollte als ein ungleicher, partieller und gegliederter Prozess verstanden werden. Das exponentielle Wachstum des fossil-industriellen Regimes war von wechselseitigen materiellen Beziehungen zu landwirtschaftlichen Regionen abhängig und lenkte deren Entwicklung in bestimmte Richtungen.

Das industrielle Großbritannien war für seinen Zucker und die Baumwolle, die in Manchester verarbeitet wurde, auf das System der Sklavenplantagen angewiesen. Weizen wurde aus Russland und Kanada und Holz aus nordamerikanischen und skandinavischen Wäldern importiert – alles Produkte, die von Menschen und Tieren geerntet und transportiert und dann mit Wind- und Wasserkraft verschifft wurden. Fossile Brennstoffe, die für den Wachstumsprozess im Großbritannien des 19. Jahrhunderts so wichtig waren, spielten in Kanada im selben Jahrhundert nur eine untergeordnete Rolle: Kohle deckte 1870 nur sieben Prozent des Energiebedarfs des Landes, während 82 Prozent aus Brennholz stammte (im Vereinigten Königreich lag zu dieser Zeit das Verhältnis bei 95 Prozent aus Kohle und null Prozent aus Holz).[33] Trotzdem war Kanada in diesem

31 Ulrich Brand/Markus Wissen: Imperiale Lebensweise. Zur Ausbeutung von Mensch und Natur im globalen Kapitalismus, München 2017.

32 Zur Analyse dieser Dynamik vgl. Gargi Bhattacharyya: Rethinking Racial Capitalism. Questions of Reproduction and Survival, London 2018.

33 Daten veröffentlicht vom Joint Center for History and Economics, Harvard University and University of Cambridge. Energy History. https://histecon.fas.harvard.edu/energyhistory/data_papers.html.

Zeitraum ein wichtiger Exporteur von Holz und Weizen in das Vereinigte Königreich. Und die Steigerung der Produktion beider Stoffe wurde durch die genozidale Enteignung der hauptsächlich von der Jagd und dem Sammeln lebenden Ureinwohnerinnen von ihrem traditionellen Land und ihren Territorien durch weiße Siedler und Landwirtinnen ermöglicht. Wie wir gesehen haben, ist diese Verbindung tatsächlich ein struktureller Aspekt der Art und Weise, wie das fossil-industrielle Regime seine geologische Grundlage in seinen agroökologischen Kreislauf integriert und eingegliedert hat. Die historische Besonderheit besteht darin, dass diese Verbindung zwei verschiedene Gesellschaften zusammenbringt – allerdings in einem Verhältnis der kolonialen Abhängigkeit.

Dies bringt uns zu einer weiteren wichtigen Unterscheidung: Die Entwicklung des fossil-industriellen Regimes im kapitalistischen Zentrum war kein linearer und rein quantitativer Prozess; sie war selbst ungleichmäßig und vielfältig in Bezug auf die materielle Zusammensetzung und die typischen extraktiven, produktiven, konsumtiven und dissipativen sozialen Beziehungen. Auf einer sehr abstrakten und allgemeinen Ebene können wir zwei historische Phasen unterscheiden, die den Wachstumsverlauf des fossil-industriellen Regimes kennzeichnen: eine erste Phase, in der sich das Regime auf die Extraktion und Umwandlung von Kohle, Eisen und Stahl stützt; und eine zweite Phase, in der Öl, Gas und Zement neben Kohle, Eisen und Stahl zu wichtigen »regimebildenden« Elementen des Durchsatzes werden. Die zweite Phase entspricht dem Zeitraum, den Sozialökologen und Umwelthistorikerinnen als »Große Beschleunigung« bezeichnet haben; die erste Phase umfasst die Zeit der klassischen industriellen Revolution.

Der Verlauf des Wachstums dieses Regimes und seine institutionellen und materiellen Merkmale waren von kapitalistischen Verhältnissen geprägt. Das Agrarregime erlebte, wie in seiner Mitte kapitalistische Verhältnisse entstanden, sich in England zu einer neuen Form von Wirtschaft und Gesellschaft herausbildeten und in dem Maße ausbreiteten, in dem sein Handelsimperium zu einem Imperium des Kapitals wurde.[34] Aber die Entwicklung und das Wachstum von England blieben durch die strukturellen Merkmale des Agrarregimes eingeschränkt, die wir im dritten Kapitel hervorgehoben haben.[35] Das fossil-industrielle Stoffwechselregime ist ein Geschöpf der kapitalistischen Entwicklung und Akkumulation. Damit kommen wir zu der Frage, wie das Kapital den gesellschaftlichen Stoffwechsel vermittelt.

34 Ellen Meiksins Wood: Das Imperium des Kapitals. Aus dem Englischen von Harald Etzbach, Hamburg 2016 [2003].

35 Viele dieser Einschränkungen wurden schon von den klassischen politischen Ökonomen Smith, Ricardo und Malthus erkannt und untersucht. Vgl. hierzu E. A. Wrigley: Energy and the English Industrial Revolution, Cambridge 2010. Er bezeichnet dort England in der Zeit vor der Industriellen Revolution von 1600 bis 1800 als eine »fortgeschrittene organische Ökonomie«. Dieser Begriff lässt sich auch auf die Niederlande im gleichen Zeitraum anwenden.

5 —— Der kapitalistische Stoffwechsel

Zum Maßstab für den Fortschritt des »fortgeschrittenen Kapitalismus« ist die Effizienz geworden, mit der in gigantischen Dimensionen Abfall erzeugt und entsorgt werden kann.

István Mészáros: Beyond Capital[1]

Materie strömt nicht von selbst auf einer entropischen Reise durch die gesellschaftlichen Strukturen in Richtung der Dissipation noch akkumuliert sie von selbst und versteinert zu Artefakten aus Stahl, Kunststoff oder Zement. Aufgrund ihres Potenzials kann sie wirken, aber weder als Strom noch als akkumulierte Artefakte verfügt sie über Handlungsfähigkeit.[2] Kohlenwasserstoffe, um ein aus gesellschaftlichen und ökologischen Gründen zentrales Element des heutigen sozialen Stoffwechsels zu nennen, stellen eine radikal verlangsamte Komponente des Kohlenstoffkreislaufs dar, die mit einer Geschwindigkeit fließt, die nur aus der Perspektive der geologischen Zeit wahrnehmbar ist.[3] Damit Kohlenwasserstoffe den Klimawandel auslösen können, muss dieser Kreislauf beschleunigt und forciert werden, es muss mehr Kohlenstoff die Erdkruste verlassen, als geologisch in Mooren, Sümpfen und anderen anaeroben Meeresumgebungen gebunden wird. Die unausgewogene Beschleunigung dieses Flusses ist die »Ursache« des Klimawandels, aber Kohle, Öl oder Gas können nicht für die globale Erwärmung verantwortlich gemacht werden. Das Gleiche gilt für die Phosphor- und Stickstoffkreisläufe, die ebenfalls stark vom gesellschaftlichen Stoffwechsel beeinflusst werden und die Ökosysteme der Meere und Süßgewässer gestört haben. Und Materie fließt oder sammelt sich auch nicht, um abstrakt den menschlichen Bedürfnissen zu dienen. Materie wird in einem Geflecht kapitalistischer sozialer Beziehungen, die den Durchsatzprozess antreiben, extrahiert, umgewandelt, genutzt und entsorgt.

1 István Mészáros: Beyond Capital. Toward a Theory of Transition, New York 1995, S. 547.

2 Alf Hornborg: Nature, Society, and Justice in the Anthropocene. Unraveling the Money-Energy-Technology Complex, Cambridge 2019.

3 Jeremy Davies: The Birth of the Anthropocene, Oakland/CA 2016.

Wie wir im vierten Kapitel gesehen haben, wurde ein erheblicher Teil des Materieflusses in den letzten 200 Jahren durch den maschinellen Prozess gesteuert, und dieser Prozess ist selbst Ausdruck kapitalistischer gesellschaftlicher Produktionsverhältnisse. Der maschinelle Prozess, ein »Nexus aus Beständen-Strömen und Praxis«, ist die effektive – materielle – Vermittlung der enormen Durchsatzströme, die zu einer Akkumulation von Beständen von titanischem Ausmaß geführt haben, die in ihrer Masse der vorhandenen Biomasse entsprechen. Die Frage ist also, was den Maschinenprozess, den Durchsatz und die enorme Akkumulation von Beständen im fossil-industriellen Stoffwechselregime antreibt.

Marx über Akkumulation und kapitalistischen Wachstumszwang

Dass kapitalistische Ökonomien zum Wachstum gezwungen sind, wird in der Regel auf den Imperativ der Akkumulation zurückgeführt. Unter Bezug auf »Das Kapital« von Marx lässt sich dies durch die einfache, aber ausdrucksstarke Formel G–W–G‘ veranschaulichen. In einem Prozess der Verwertung wird Geld (G) zu Kapital (G‘), indem durch die Ausbeutung von Lohnarbeit (Ware) aus der produktiven Tätigkeit ein Mehrwert herausgepresst wird. Wenn dieser Mehrwert durch den anschließenden Verkauf realisiert werden kann, werden die den Mehrwert enthaltenden Waren zu ihrem Wert und nicht zu ihren Produktionskosten verkauft und der Kapitalist erhält einen größeren Geldbetrag (G‘) als zu Beginn der Produktion (G). Auf der anderen Seite erhält die Arbeiterin gerade genug Geld, um ihre Lebenshaltungskosten zu decken, sodass sie am nächsten Tag wieder zur Arbeit kommen kann. Mit jedem Produktionszyklus akkumuliert der Kapitalist immer mehr Geld, das durch den Prozess der Verwertung und der Realisierung wiederum in Kapital verwandelt wird – eine Spirale der Akkumulation treibt das Wirtschaftswachstum an.

Für Marx ist der Kapitalismus eine *monetäre Produktions*ökonomie. Das Ziel des Wirtschaftsprozesses, der den Stoffwechselprozess antreibt, ist die Akkumulation von Kapital, das letztlich eine Geldform annimmt. Geld wird hier als Anspruch auf zukünftigen gesellschaftlichen Reichtum im abstrakten Sinne definiert – als das wertmäßige Produktionsergebnis unabhängig von jeglichen materiellen Eigenschaften.[4] Zukünftiger gesellschaftlicher Reichtum besteht also aus zukünftiger gesellschaftlicher Arbeit und den biophysikalischen Strömen, aus denen durch die Arbeit das wertmäßige

4 Diese Definition des Geldes ist zwar mit der marxistischen Auffassung von der kapitalistischen Akkumulation vereinbar, stammt aber von Simmel und nicht von Marx. Marx blieb in einer Warentheorie des Geldes gefangen, auch wenn es an einigen Stellen so aussieht, als würde er mit seinem Ansatz über die klassische Auffassung von Geld als Ware hinausgehen – insbesondere in der Wertformanalyse im ersten Kapitel des »Kapitals«. Simmel bietet einen viel produktiveren Ausgangspunkt für eine Theorie des Geldes als institutionelle Vermittlung von sozialer Praxis und gesellschaftlichen Verhältnissen. Éric Pineault: Réification et massification du capital financier: une contribution à la théorie critique de la financiarisation à partir de l'analyse de la titrisation, in: Cahiers de Recherche Sociologique, 55/2013, S. 117–154.

Produkt herausgeschnitten wird. Abstrakter zukünftiger gesellschaftlicher Reichtum ist somit zukünftige gesellschaftliche Arbeit, die abstrakt und noch unbestimmt ist. Darüber hinaus existiert gesellschaftliche Arbeit in einem kapitalistischen Kontext als Arbeit, die von ihren Produktionsmitteln getrennt ist, die aus der Sicht der sozialen Ökologie als der Zusammenhang von Beständen und Strömen existieren. Wir können also hinzufügen, dass die Macht, »zukünftigen gesellschaftlichen Reichtum« zu kommandieren, in der Macht besteht, zukünftige Ströme und den Aufbau und die Nutzung zukünftiger Bestände im abstrakten Sinne zu kommandieren.

In der Zukunft ebenso wie in der Gegenwart von den Produktionsmitteln getrennt, reproduziert die Akkumulation einen Produzenten, der nicht in der Lage ist, seine produktiven oder kreativen Kräfte nicht nur zu Ausdruckszwecken, sondern auch zu Subsistenzzwecken autonom nach seinen eigenen Vorstellungen zu aktivieren. Da er keinen nennenswerten Zugang zu Werkzeugen, Materialien, Raum, sei es Land oder Gebäude, und oft auch zu Märkten hat, können seine produktiven und kreativen Kräfte nur durch den Verkauf seiner Arbeitskraft als Ware an eine Kapitalistin aktiviert werden, die Zugang zu diesen Mitteln der Produktion und Verteilung des gesellschaftlichen Reichtums hat. Lohnabhängige Arbeit ist die idealtypische Form, die gesellschaftliche Arbeit in einer kapitalakkumulierenden Wirtschaft annimmt. In der Beziehung zwischen Lohnarbeit und Kapital nimmt die moderne ökonomische Trennung zwischen Produktion und Konsumtion Gestalt an, ebenso wie ihre Vermittlung durch monetisierte Beziehungen.[5]

Letztendlich ist Akkumulation in kapitalistischer Form die Produktion von Ansprüchen auf zukünftige produktive gesellschaftliche Aktivität als Lohnarbeit und auf Materialflüsse als Durchsatz. Rosa Luxemburg hat nachdrücklich darauf hingewiesen, dass die Akkumulation dieser

5 Die monetäre Integration kapitalistischer Volkswirtschaften impliziert auch die Abgeschlossenheit und Totalität des Kreislaufs. In einer monetären Ökonomie sind Einkommen das Ergebnis von Ausgaben und Ausgaben stammen aus Einkommen. Das bedeutet, dass Geldströme im Gegensatz zum biophysikalischen Durchsatz zirkulärer Natur sind und die Einheiten das Attribut der Reversibilität haben – wenn wir die Inflation außer Acht lassen. Wachstum ist möglich, weil es in kapitalistischen Volkswirtschaften Formen autonomer Ausgaben gibt, die aus Kreditbeziehungen resultieren, die auf der gesellschaftlichen Produktion von »endogenem« Bankgeld basieren. Zwei Klassen von Akteuren im Kapitalismus haben in der Vergangenheit autonome Ausgaben monopolisiert: Kapitalisten und der Staat. Alle anderen Akteure müssen in irgendeiner Form monetäres Einkommen erhalten, bevor sie Geld ausgeben können. In der Regulationstheorie wird dies als monetäre Beschränkung kapitalistischer Volkswirtschaften bezeichnet. Dies bedeutet auch, dass monetäre Ausgaben – ontologisch – materielle oder biophysikalische Kosten, Verluste oder Zerstörungen in keiner Weise kompensieren können. Monetäre Ausgaben können nur an ein Wesen fließen, das das erwirtschaftete Einkommen akkumulieren und ausgeben kann, indem es etwas kauft oder eine Schuld begleicht. Für eine allgemeine marxistische Diskussion über die Auswirkungen der Betrachtung des Kapitalismus als eine monetäre Produktionsökonomie siehe Costas Lapavitsas: Social Foundations of Markets, Money, and Credit, London 2003, S. 49; und Riccardo Bellofiore: Augusto Graziani and the Marx–Schumpeter–Keynes »Cycle of Money Capital«: A Personal Look at the Early Italian Circuitism from an Insider, in: Review of Political Ecomony, 4/2019, S. 528–558. Zum Begriff der finanziellen Beschränkung siehe Jean Cartelier: Marx's Value, Exchange, and Surplus Value Theory: A Suggested Interpretation, The Jerome Levy Economics Institute Bard College, Working Paper Nr. 26, 1989.

Ansprüche mit der Notwendigkeit verbunden ist, die soziale Aktivität als abstrakte Lohnarbeit in der Zukunft auszuweiten. Da Arbeit notwendigerweise durch den materiellen Zusammenhang von Beständen und Strömen vermittelt wird, impliziert dies in gleicher Weise eine erweiterte Extraktion, Umwandlung und Dissipation des massenhaften Durchsatzes wie die Ausweitung der Sphäre der Produktion von warenförmigen und der Verwertung dienenden Gütern und Dienstleistungen. Dieser Wachstumsimperativ des Kapitalismus ist keine zufällige Begleiterscheinung dieser Form von Ökonomie – er ist das eigentliche Wesen einer auf Akkumulation beruhenden monetären Produktionswirtschaft. Die Akkumulation von Kapital mag richtungslos und ziellos erscheinen, was sie bis zu einem gewissen Grad auch ist, weil Kapital in Geldform akkumuliert wird und seine Bewegung daher endlos und maßlos zu sein scheint. Aber in der marxistischen Tradition als erweiterte Reproduktion definiert, hat der Prozess ein Ziel, eine Richtung, einen Zweck – nämlich die Reproduktion der gesellschaftlichen Verhältnisse, die die Umwandlung von Geld in Kapital ermöglichen, in immer größerem Maßstab; oder anders ausgedrückt, die Ausweitung des Akkumulationsprozesses selbst und der damit verbundenen sozialen und ökologischen Beziehungen, die wir als fossil-industriellen Stoffwechsel untersucht haben. In seinem Buch »Fossil Capital« hat Malm gezeigt, wie dieser Akkumulationsprozess im kapitalistischen Kern (erst England, dann die USA und schließlich Westeuropa) von fossilen Brennstoffen als strategischem Input im Produktionsprozess abhängig wurde.[6] Er schlug vor, die marxsche Formel der Akkumulation zu erweitern, um die Verbrennung fossiler Brennstoffe (hier FB) als notwendige materielle Vermittlung des Verwertungsprozesses einzubeziehen:

$$G - W \ldots FB + P \ldots W' - G' + CO_2$$

Die ursprüngliche Absicht des Kapitals war es, durch den Einsatz von kohlebetriebenen Dampfmaschinen die Arbeit in der als Maschinenprozess organisierten Textilindustrie reell subsumieren zu können. Außerdem ermöglichten fossile Brennstoffe eine flexibel einsetzbare Antriebskraft, die keine Kooperation von verschiedenen Firmen erforderte, wie sie bei der Nutzung von Wasserkraft erforderlich war. Kohlebetriebene Dampfmaschinen passten daher zu den gesellschaftlichen Eigentums- und Marktverhältnissen, wie sie kennzeichnend für die auf Konkurrenz beruhende frühe Phase der kapitalistischen Entwicklung waren.

Ohne diesen fossilen Input, so argumentiert Malm, wären die Wachstumsraten, die für die westlichen Gesellschaften seit dem 19. Jahrhundert

6 Andreas Malm: Fossil Capital. The Rise of Steam Power and the Roots of Global Warming, London 2016.

charakteristisch waren, nicht möglich gewesen.[7] Die Entwicklung von auf fossilen Brennstoffen basierenden Produktionstechnologien war zwar weder eine historische noch eine natürliche Notwendigkeit, aber sobald der Kapitalismus fossile Brennstoffe in seine Produktionsverhältnisse integriert hatte, um den Arbeitsprozess als Maschinenprozess organisieren zu können, wurden sie bestimmend für den gesamten Verlauf der kapitalistischen Akkumulation. Unsere Analyse des fossil-industriellen Stoffwechselregimes beinhaltet eine komplexere Integration zwischen biophysikalischen Strömen und dem Verwertungsprozess, an dem vielfältigere Materialitäten beteiligt sind. Wir haben dies als Energie- und Materieströme zusammengefasst, die an den Arbeits- und Maschinenprozess gebunden sind.

In der marxistischen Tradition entfaltet sich diese Kapitalakkumulation in zwei idealtypischen Formen: extensiv und intensiv.[8] Die extensive Akkumulation stellt eine quantitative Ausweitung des Wirtschaftsprozesses dar, die zu einer gesteigerten Produktion von Gebrauchswerten führt, die in Form von stärker kommodifizierten Produktionsmitteln (konstantes Kapital) und stärker kommodifizierten Subsistenzmitteln (variables Kapital) das Anwachsen der lohnarbeitenden Bevölkerung und des materiellen Durchsatzes ermöglichen. Aus sozialökologischer Sicht bedeutet dies die erweiterte Reproduktion der bestehenden Beziehungen zwischen Arbeit, Artefakten und dem Durchsatz (ökonomisch betrachtet bleiben die quantitativen Verhältnisse zwischen diesen Faktoren gleich). Und wenn der Wert realisiert werden kann, bedeutet dies die erweiterte Reproduktion bestehender Nutzungsmuster und Konsumgewohnheiten in der reproduktiven Sphäre, zu denen auch die üblichen Formen der Abfallerzeugung und Entsorgung gehören. Die biophysikalischen und ökologischen Dimensionen der extensiven Akkumulation nehmen die Form des Wachstums der extraktiven und agroindustriellen Produktion an, ohne dass sich ihre metabolische Effizienz und die Zusammensetzung des Durchsatzes wesentlich verändern oder ein neues Muster der Materialbestandsbildung entsteht. Umgangssprachlich könnte dieses Muster als »mehr vom Gleichen« zusammengefasst werden. Diese Expansion weist jedoch spezifische biophysikalische Merkmale auf, von denen das wichtigste der im vierten Kapitel untersuchte »Bunker-Effekt« ist, der mit der Massifizierung des Durchsatzflusses zusammenhängt.

Die steigende Nachfrage nach Rohstoffen und Energie hat einen rekursiven Effekt auf den Umfang der Extraktion und damit auf den Kreislauf der extrahierten Stoffe. Umfangreichere Zirkulationsmittel senken die

7 Ebd.

8 Diese beiden Begriffe stammen aus dem Ansatz der Regulationsschule der politischen Ökonomie und erhalten hier eine umfassendere und entscheidendere Bedeutung. Im Gegensatz zum Regulationsansatz sehe ich diese Formen jedoch nicht als sich gegenseitig ausschließend an, da sie in jedem Akkumulationsregime miteinander verflochten sind.

Kosten pro Einheit des extrahierten Durchsatzes, wodurch er noch tiefer in das Stoffwechselprofil des ökonomischen Prozesses eindringt und seine Nutzung ausweitet und festigt, ohne dass dafür eine Steigerung der Produktivität in der Extraktion erforderlich ist. Angesichts des Paradoxons des Überflusses, das den extraktiven Strom aus den meisten geologischen Quellen für den fossil-industriellen Stoffwechsel kennzeichnet, bleibt die mögliche Erschöpfung dieser Quellen in der Zukunft unsichtbar.[9] Und wie schon Rosa Luxemburg hervorgehoben hat, manifestiert sich die extensive Akkumulation räumlich als geografische Ausdehnung und Vertiefung der kapitalistischen Produktions- und Konsumtionsverhältnisse in kolonialen, neokolonialen und imperialen Formen. Weit davon entfernt, die im fortgeschrittenen kapitalistischen Kern vorherrschenden Ausbeutungs- und Verwertungsbedingungen auszugleichen, zu homogenisieren und zu universalisieren, fördert diese Expansion Unterschiede und erzeugt Heterogenitäten entlang ethnischer, rassialisierter und geschlechtsspezifischer Spaltungen.[10] Die gleichen räumlichen und globalen Heterogenitäten zeigen sich in den ökologischen Bedingungen von Extraktion, Produktion und Abfallerzeugung, da das Kapital »die Wege des geringsten Widerstands« beschreitet.[11]

Intensive Akkumulation bezieht sich auf die qualitative Veränderung sozialer und metabolischer Beziehungen durch die Fähigkeit des Kapitalismus zu einem selbstständigen Wachstum. Ständig zerstört er gegebene Extraktions- und Produktionsverhältnisse durch produktivitätssteigernde Investitionen, was sich in den Kategorien von Marx als die Vergrößerung des Verhältnisses von konstantem zu variablem Kapital darstellt – oder, um es allgemeiner auszudrücken: mehr Maschinen und bessere Werkzeuge pro gegebener Arbeitseinheit. Dadurch vergrößert sich der Durchsatz pro Einheit aufgewendeter Arbeit, es sei denn, der materielle Inhalt des Durchsatzes verändert sich. Zu einer solchen Veränderung kann es durch eine effizientere Nutzung des Materialdurchsatzes kommen, wenn neue Methoden zur Einsparung von Material und Energie entwickelt werden, doch aufgrund des zuvor diskutierten Bunker-Effekts auf den Kreislauf bestehen dafür im industriellen Kapitalismus nur geringe Anreize. Und wie Jevons im 19. Jahrhundert feststellte, führt Materialeffizienz aufgrund von Rebound-Effekten oft zu einem höheren Energie- und Materialdurchsatz.[12] Der qualitative Wandel im Stoffwech-

9 Dies ist auch ein wesentlicher Bestandteil des von Hornborg untersuchten Maschinenfetischismus; vgl. Alf Hornborg: The Magic of Technology. The Machine as a Transformation of Slavery, Abingdon 2023.

10 Gargi Bhattacharyya: Rethinking Racial Capitalism. Questions of Reproduction and Survival, London 2018.

11 Mészáros: Beyond Capital. Vgl. auch Jason W. Moore: Kapitalismus im Lebensnetz. Ökologie und die Akkumulation des Kapitals. Aus dem Englischen von Dirk Höfer, Berlin 2020 [2015].

12 Brett Clark/John Bellamy Foster: William Stanley Jevons and the Coal Question: An Introduction to Jevons's »Of the Economy of Fuel«, in: Organization & Environment, 1/2001, S. 93–98.

selprofil aufgrund intensiver Akkumulation hat in den letzten anderthalb Jahrhunderten einen anderen Weg eingeschlagen: An die Stelle der Nutzung einer begrenzten Anzahl von Elementen, die extrahiert und in relativ einfache Formen umgewandelt wurden – Eisen in Stahl, Kalkstein in Zement, Öl in Kraftstoff und schließlich in Kunststoffe, Erdgas in ammoniumbasierte Düngemittel in der ersten Hälfte des 20. Jahrhunderts –, ist heute ein alles verschlingender Fluss molekular komplexer und zusammengesetzter Materialien getreten. Die intensive Akkumulation hat auch einen höheren Energieverbrauch pro eingesetzter Arbeitseinheit zur Folge sowie Maschinen, die in der Lage sind, mehr dieser intensiven Energieströme zu verbrauchen und zu nutzen, und eine allgemeine Ausweitung der Vermittlung sozialer Aktivitäten durch Maschinen und die Einbettung von Maschinen in die Infrastruktur und die bebaute Umwelt.

Ein Beispiel für diese Dynamik ist das in Abb. 5.1 dargestellte Wachstum der aufgewendeten Energie pro Arbeitsstunde in den USA im 20. Jahrhundert. Einen genaueren Einblick in diese energetische Vermittlung bietet die auf denselben Quellen beruhende Abb. 5.2, die den Beitrag der verschiedenen physikalischen Arbeitsformen zum energetischen Stoffwechsel der Vereinigten Staaten im Verlauf des 20. Jahrhunderts nachzeichnet und ihn auf die Masse der pro Jahr aufgewendeten Arbeitszeit bezieht. Die Muskelarbeit steigt zwar von 60 auf 80 Petajoule (PJ) pro Stunde, aber das ist wenig im Vergleich zum Anstieg der mechanischen und elektrischen Arbeit, die in den 1970er-Jahren 130 PJ pro Arbeitsstunde erreichte. Ihr Wachstum ist direkt an den Energiebedarf von animierten

Abb. 5.1 Energieaufwand pro Arbeitsstunde in den USA, 1900–2000

Quelle: Benjamin Warr/Robert Ayres/Nina Eisenmenger/Fridolin Krausmann/Heinz Schandl: Energy use and economic development: A comparative analysis of useful work supply in Austria, Japan, the United Kingdom and the US during 100 years of economic growth, in: Ecological Economics, 10/2010, S. 1904–1917.

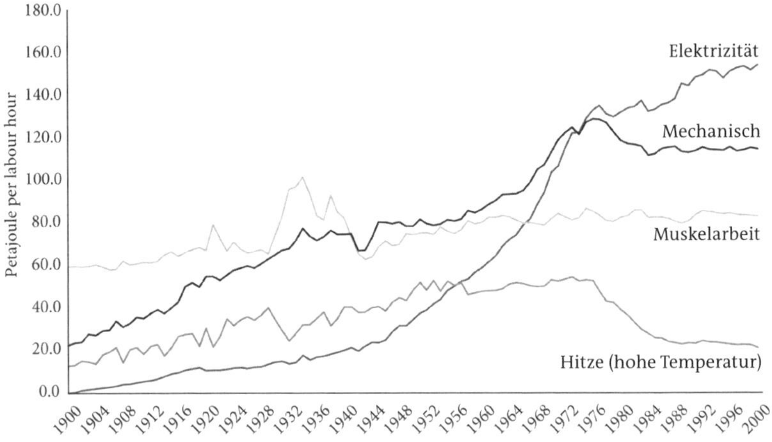

Abb. 5.2 Physikalische Arbeit pro Arbeitsstunde in den USA, 1900–2000
Quelle: Warr u. a.: Energy use and economic development.

Artefakten im Bereich der Produktion und der Konsumtion gebunden, der aus einem Muster der intensiven Akkumulation resultiert.

Aus rein biophysikalischer Sicht führt die materielle Produktivität intensiver Akkumulation also oft zu mehr Entropie, nicht zu weniger. Ein weiteres Ergebnis intensiver Akkumulation ist die Zerstörung gegebener Konsumtionsverhältnisse und die Einführung neuer Gebrauchswerte, was die Subsistenzmuster von Arbeiterinnen und die Reproduktionsarbeit von Frauen revolutioniert, die soziale Aktivität im Allgemeinen verändert und neue soziale Normen für Abfall und Entsorgung hervorbringt.

Obwohl wir für rein analytische Zwecke zwischen extensiven und intensiven Formen der Akkumulation unterschieden haben, handelt es sich im realen Prozess der Kapitalakkumulation um miteinander verflochtene Kräfte. Im üblichen Vokabular der Wirtschaftswissenschaften werden diese beiden Formen der Akkumulation als zwei komplementäre Formen der Investition verstanden: Kapitalverbreiterung (extensiv) und Kapitalvertiefung (intensiv). In einer kapitalistischen monetären Produktionswirtschaft sind Investitionen die soziale Macht, den Akkumulationsprozess für private Zwecke zu initiieren und zu lenken, in dem Wissen, dass das letztendliche Ergebnis die erweiterte Reproduktion der kapitalistischen Form des Wirtschafts- und Stoffwechselprozesses ist. Investitionen sind daher eine sehr starke Form sozioökologischer Macht, da diejenigen, die in extensiver oder intensiver Weise investieren, die wirtschaftliche und metabolische Zukunft der Gesellschaft konstruieren und bestimmen, spezifische Formen der gesellschaftlichen Produktion als Lohnarbeit hervorbringen, zukünftige Formen des Konsums produzieren, die Akkumulation von Materie steuern und schließlich kontrollie-

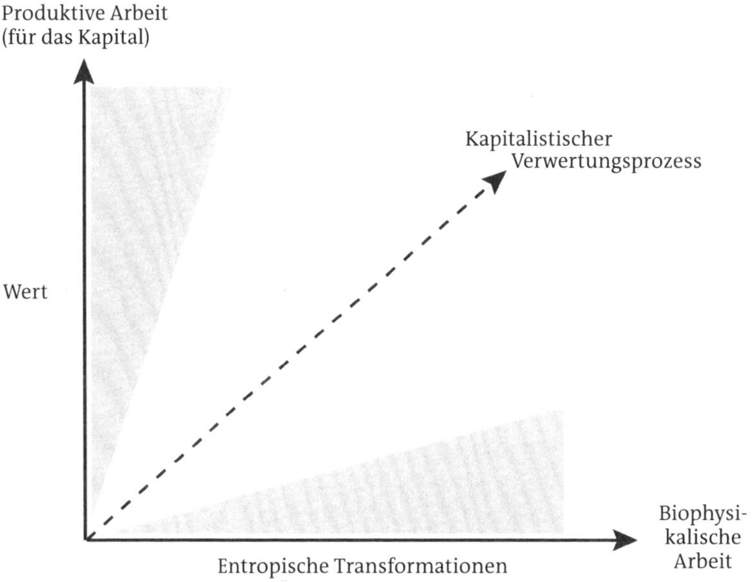

Abb. 5.3 Kapital und Entropie
Quelle: Autor.

ren, wie fixes Kapital an allen Punkten des Stoffwechselkreislaufs, von der Extraktion bis zur Dissipation, in spezifischen Artefakten akkumuliert wird. Kapitalistische Investitionen sind eine historische Kraft, eine sozioökologische Form der Geschichtlichkeit. Noch wichtiger ist jedoch, dass jede Investition in konkreter Weise die effektive Beziehung zwischen dem ökonomischen und dem materiellen Wachstum als Durchsatz und damit die soziale Ökologie des Kapitals gestaltet und bestimmt. Im Kapitalismus entwickelt sich der ökonomische Prozess im Bereich zwischen diesen beiden Dimensionen. In Abb. 5.3 wird dies als ein Verwertungsprozess dargestellt, der sowohl die Produktion von Wert durch die Ausbeutung produktiver Arbeit als auch die Produktion eines entropischen Stroms durch biophysikalische Arbeit impliziert, eine Ebene der Materialität, die Marx mit seinem Begriff des »Gebrauchswerts« erfasst hat.[13] Durch diese Art der Darstellung der Verbindung von Wert und entropischer Transformation wird deutlich, dass sie nicht aufeinander reduzierbar sind. Der Prozess der kapitalistischen Verwertung beinhaltet notwendigerweise eine entropische Dissipation. Kapitalistischer Wert kann nicht produziert werden, ohne Entropie zu produzieren, aber Entropie ist kein Wert. Die Steigung der Linie, die die Ergebnisse des Verwertungsprozesses darstellt,

13 Wie wir im ersten Kapitel gesehen haben, erfasst der Gebrauchswert aus der Sicht der Stoffwechselanalyse nur eine der Metamorphosen der Materie, die von einer entropischen Transformation zur nächsten fließt.

kann zwar größer oder kleiner werden, wenn sich die Materialeffizienz der kapitalistischen Extraktion und Produktion verändert. Aber wie in Abb. 5.3 dargestellt, gibt es (hellgrau markierte) Zonen der Unmöglichkeit: Biophysikalische Arbeit, die nicht durch produktive Arbeit vermittelt wird, ergibt keine kapitalistische Verwertung, und die Ausbeutung produktiver Arbeit ohne einen entropischen Fluss würde gegen grundlegende biophysikalische Gesetze verstoßen. Paradoxerweise entsprechen jedoch beide Varianten kapitalistischen Utopien (von denen jede auch ihren sozialistischen Fanklub hat): die erste dem Traum eines vollständig automatisierten Wirtschaftsprozesses und die zweite der Hoffnung auf einen vollständig entmaterialisierten Verwertungsprozess.

Akkumulation bedeutet mehr als Verwertung, ihr folgt notwendigerweise ein Prozess der Realisierung des Werts durch die Konsumtion und, da Gebrauchswerte materiell sind, schließlich ein Prozess der Abfallentsorgung. Die ersten beiden Momente der erweiterten Reproduktion werden von Marx im »Kapital« ausführlich behandelt und finden ihre Entsprechung in seiner Formel der Akkumulation. Der dritte Prozess ist der Punkt, an dem der Materialdurchsatz in die untere Zone der Unmöglichkeit in Abb. 5.3 eintritt: Materie arbeitet und fließt, ohne durch produktive Arbeit vermittelt zu werden. Diese Metamorphose des materiellen Durchsatzes geschieht jedoch nicht von selbst; wie zu Beginn dieses Kapitels dargelegt, wird sie durch soziale Praktiken vermittelt (und auch durch Bestände, dazu später mehr). In Marx' Kategorien entsprechen diese Praktiken einer *gesellschaftlich notwendigen,* aber aus Sicht des Kapitals *unproduktiven Arbeit.*[14]

Abb. 5.4 veranschaulicht in vollständiger Weise die metabolische Struktur der Kapitalakkumulation, indem sie nachzeichnet, wie der Massendurchsatz durch die Verwertungs- und Realisierungsimperative einer kapitalistischen monetären Produktionswirtschaft vermittelt wird, bevor er im kapitalistischen Abfallprozess auf seinem Weg zur Dissipation jeglichen Wert verliert. Sie ordnet diese Imperative den vier Momenten des Stoffwechselprozesses zu, die in den vorherigen Kapiteln skizziert wurden: Während Wert durch die Ausbeutung produktiver Arbeit extrahiert und in der Zirkulation realisiert wird, werden Materie und Energie entropisch extrahiert (E), produktiv und konsumtiv transformiert (P und C) und dann als Abfall entsorgt (D), was unproduktiven, aber gesellschaftlich notwendigen Praktiken und Arbeiten entspricht. Dies sind die spezifisch kapitalistischen Verhältnisse, die den Durchsatz in einem grundlegenden marxistischen Rahmen antreiben und gestalten. Von Punkt E bis P wird Wert gebildet, der sich am Punkt C als konsumierbarer Output kristallisiert. Von P bis C wird Wert konserviert und am Punkt C realisiert, während sich die

14 In Malms Analyse des fossilen Kapitals entspricht dies den CO_2-Emissionen, die der Formel des Kapitals von Marx am Ende hinzugefügt wurden; vgl. Malm: Fossil Capital.

Entropie des Durchsatzes erhöht. Am Punkt der Konsumtion legt der Wert seine materielle Form ab und kehrt als Geld (G') zum Kapitalisten zurück, während die Elemente des Materialflusses verbraucht werden und zum Punkt der gesellschaftlichen Dissipation oder Abfallentsorgung fließen.

Der Weg von C zu D wird in Abb. 5.4 als »kapitalistischer« Abfallprozess bezeichnet, da der Prozess der gesellschaftlichen Dissipation nicht auf den Prozess der biophysikalischen oder entropischen Dissipation reduziert werden kann (daher die gekrümmte Kurve). Manche Einwegartikel wie Verpackungen können sogar ohne tatsächliche physikalische Verschlechterung außer Gebrauch geraten. Die gesellschaftliche Dissipation oder Kennzeichnung von Materie als Abfall geht daher über den Prozess der physikalischen Abnutzung und Zersetzung hinaus und bestimmt diesen. Dies unterscheidet sich von der umgekehrten Krümmung der Kurve zwischen E und P. Da die kapitalistische Extraktion auf geologischen Reserven von hochorganisierter Materie mit sehr geringer Entropie beruht, insbesondere auf fossilen Brennstoffen, wird in dieser Phase Wert schneller gebildet als Entropie. Aber wenn der Durchsatz den Produktionsprozess durchläuft, sammelt sich Abfall an und die Materie durchläuft eine irreversible Metamorphose, die von Natur aus entropisch ist. Zwischen den Punkten P und C, was für Marx das Stadium der »Zirkulation« ist, bleibt der Wert erhalten, aber diese Erhaltung ist mit hohen entropischen Kosten verbunden.

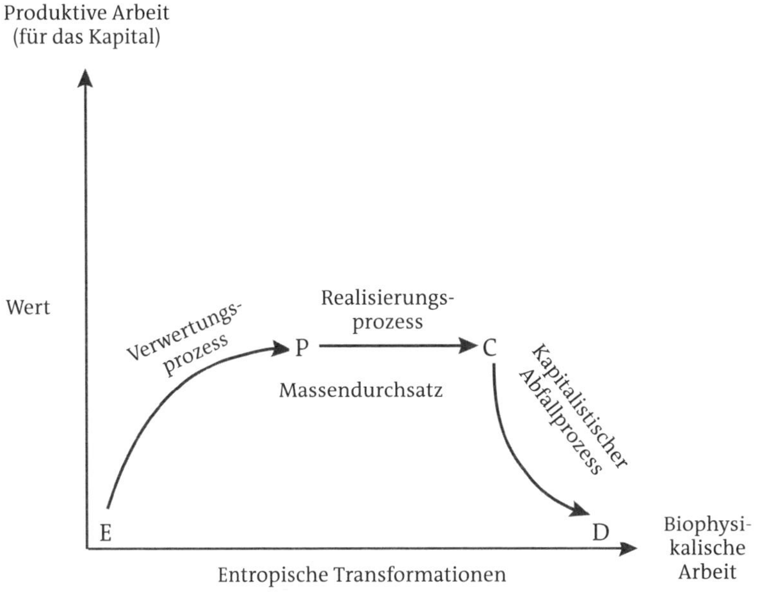

Abb. 5.4 Die metabolische Struktur der kapitalistischen Akkumulation
Quelle: Autor.

Der Kapitalismus entstand im metabolischen Kontext von Agrargesellschaften und entwickelte sich zu einer Vielzahl von Formen, die durch die Grenzen und Beschränkungen dieses Stoffwechselregimes in ihrer Entwicklung gehemmt wurden. Das größte Hindernis für ein unbegrenztes Wachstum und die erweiterte Reproduktion war die spezifische Form des Mehrprodukts, das als ökologisches Mehrprodukt erzeugt werden musste. Entweder akzeptierte das Kapital sinkende Erträge im landwirtschaftlichen Bereich und in denjenigen industriellen Bereichen, die von ökologisch vermittelten Inputs (Muskelarbeit und Biomasse sowie thermischen Energiequellen) abhängig waren, oder es musste seine Akkumulation in den Formen von Fernhandel, Sklavenhandel, Kolonialismus und Plantagenökonomie räumlich verlagern. Erst im fossil-industriellen Stoffwechsel fand der Kapitalismus eine materielle Grundlage, die seinem inneren Wesen entspricht: eine erweiterte Reproduktion durch die Kombination von extensiver und intensiver Akkumulation, die eine Wachstumsspirale von Materialströmen und monetären Ansprüchen in Gang setzt. Insbesondere bedient er sich eines biophysikalischen Mehrprodukts als Antrieb für den Maschinenprozess, der die reelle Subsumtion der lebendigen Arbeit vermittelt und rekursiv riesige geologische Reserven erschließen und die extrahierten Materialien produktiv umwandeln kann. Doch auch dieses Regime stößt auf metabolische Grenzen und Beschränkungen. Im vierten Kapitel haben wir auf vier solcher metabolischen Beschränkungen hingewiesen:

1. Erschöpfung oder Auszehrung der Quellen;
2. biophysikalische Grenzen der Effizienz des Maschinenprozesses;
3. Absorptionsbeschränkung am Punkt der Konsumtion;
4. Sättigung der Senken und daraus resultierende biophysikalische Zwänge.

Aber getrieben von seinem Imperativ der Akkumulation hat das Kapital diese Beschränkungen seines Wachstums nicht einfach hingenommen. Im Gegenteil, wie Marx und viele marxistische Autorinnen angemerkt haben, besteht die inhärente Tendenz des Kapitalismus darin, Hindernisse und Grenzen seiner Expansion in Sprungbretter für erneute Zyklen der Akkumulation zu verwandeln. Dass die kapitalistische Entwicklung heute mit absoluten und unüberwindbaren biophysikalischen Grenzen in Form der Klimakrise und des Verlusts der biologischen Vielfalt sowie anderen planetarischen Grenzen konfrontiert ist, bedeutet nicht, dass diese aus Sicht des Kapitals als unüberwindbar erscheinen.[15] Seit den Anfängen des fossil-industriellen Regimes bestand die Reaktion des Kapitals auf metabolische Einschränkungen darin, genau an den

15 Erörtert wird dies in Ulrich Brand u. a.: From planetary to societal boundaries: an argument for collectively defined self-limitation, in: Sustainability: Science, Practice and Policy, 1/2021, S. 264–291.

Punkten zu akkumulieren, an denen diese Grenzen und Einschränkungen auftreten. Zu Beginn des fossilen Zeitalters bedeutete dies, mithilfe von Kohle mehr Kohle zu extrahieren und das Problem des Grubenwassers in den Schächten zu überwinden; heute werden schwer zugängliche Öl- und Gasvorkommen mit unkonventionellen Fördermethoden extrahiert, einschließlich der Nutzung und Speicherung von Kohlenstoffabscheidung (CCUS, Carbon Capture, Utilisation and Storage), bei der CO_2 in ausgebeutete Gas- und Ölquellen gepresst wird, um mehr Kohlenwasserstoffe herauszupressen, als sonst verfügbar wären. In einer Zukunft, auf die große multinationale Unternehmen der fossilen Brennstoffindustrie wie BP, Shell, Total und ExxonMobil hoffen, könnte dies bedeuten, dass synthetische wasserstoffbasierte E-Fuels aus abgeschiedenem atmosphärischen CO_2 hergestellt werden, um damit das ganze gegenwärtige Jahrhundert über weiterhin die spezifischen Maschinenprozesse und Artefakte einsetzen zu können, von denen ihr Anlagekapital seit Beginn des 20. Jahrhunderts abhängig ist: fossile Brennstoffe und von ihnen angetriebene Maschinen sowie die sozialen Praktiken der Mobilität, die sie vermitteln.[16] Diese Strategien setzen auf eine intensive Akkumulation des Kapitals nach einer langen Entwicklung der Extraktion von Kohlenwasserstoffen im Laufe des 20. Jahrhunderts, die hauptsächlich von einer Dynamik der extensiven Akkumulation angetrieben wurde. Dieser Wechsel zu dem, was sozioökologische Bewegungen als unkonventionelle Kohlenwasserstoffe bezeichnen, verändert die Widersprüche und Konflikte entlang dieser extraktiven Grenzen.[17] Die Untersuchung, welche Hindernisse der Akkumulation sich aus der Begrenztheit von Quellen und Senken ergeben könnten, wäre ein Projekt für sich, das zwar auf dieser Arbeit aufbauen kann, aber einen ausgefeilteren und spezifischeren theoretischen Rahmen benötigt.

Wichtiger für unsere Argumentation ist hier, wie das Kapital versucht, Grenzen zu überwinden, die an den Punkten der Produktion und der Konsumtion des Durchsatzes entstehen – Probleme, die klassischerweise als die Widersprüche diskutiert werden, die sich aus der Verwertung und aus der Wertrealisierung ergeben. Zur Großen Beschleunigung kam es aufgrund der Versuche des Kapitals, Schranken in der Konsumtion zu überwinden, die als mangelnde Absorptionsfähigkeit des Marktes zum Ausdruck kommen. Um dieses Phänomen zu erforschen, müssen wir über Marx hinausgehen und auf einen analytischen Ansatz zurückgreifen, der erklären kann, wie die Akkumulation von der Notwendigkeit angetrieben wird, das wirtschaftliche Mehrprodukt zu absorbieren, das

16 Vgl. Falko Ueckerdt u. a.: Potential and risks of hydrogen-based e-fuels in climate change mitigation, in: Nature Climate Change, 5/2021, S. 384–393.

17 Éric Pineault: The capitalist pressure to extract: the ecological and political economy of extreme oil in Canada, in: Studies in Political Economy, 2/2018, S. 130–150.

der Kapitalismus ständig in immer größerem Umfang erzeugt. Mit genau diesem Problem haben sich jene Wirtschaftswissenschaftler beschäftigt, die Mitte des 20. Jahrhunderts zur Entwicklung einer Theorie des Monopolkapitals beigetragen haben. Auf ihre Arbeiten werden wir im nächsten Kapitel zurückgreifen, um das Modell der Triebkräfte des kapitalistischen Stoffwechsels während der Großen Beschleunigung zu vervollständigen.

6 —— Akkumulation und sozialer Stoffwechsel in der großen kapitalistischen Beschleunigung

Das im fünften Kapitel skizzierte Akkumulationsmodell, das auf den Erkenntnissen von Marx aufbaut, gibt uns ein grobes Bild des im 19. Jahrhundert entstandenen kapitalistischen Stoffwechselregimes, das fossile Brennstoffe und Stoffe aus geologischen Materiequellen vermittelte. Im vierten Kapitel haben wir gesehen, dass es in der Entwicklung des Stoffwechsels kapitalistischer Gesellschaften nach 1950 zu einer dramatischen Veränderung der Wachstumsdynamik gekommen ist. Die meisten Variablen, die verschiedene materielle Aspekte des ökonomischen Prozesses der kapitalistischen Gesellschaft ausdrücken und darstellen, verschieben sich nach 1950 von einem Muster des linearen und progressiven Wachstums hin zu einem Muster des exponentiellen und manchmal hyperbolischen Wachstums. Daher sprechen wir von der »Großen Beschleunigung«. Die Frage ist also, was diese Beschleunigung angetrieben hat, oder genauer gesagt, welche sozioökologischen Veränderungen in der kapitalistischen Akkumulation diese Beschleunigung hervorgerufen haben.

Als sich der Kapitalismus am Beginn des 20. Jahrhunderts zu einer monopolistischen Form entwickelte, die von Großunternehmen dominiert wurde, verlagerte sich der Schwerpunkt der Analyse der kapitalistischen Akkumulation durch die kritische politische Ökonomie tendenziell von der Verwertung (der Produktion von Tauschwert in einem vom Kapital subsumierten Arbeitsprozess) hin zur Frage der Realisierung des Werts in der Zirkulationssphäre. Dafür musste untersucht werden, in welchem Maße eine monetäre Wirtschaft die voraussichtlichen Gewinne von Unternehmen realisieren kann, indem tauschwerttragende Waren vom Markt absorbiert und die daraus entstehenden monetären Einkünfte vom Kapital angeeignet werden.[1] Für Marx war Überproduktion ein bestimmendes makroökonomisches Merkmal der kapitalistischen Entwicklung. Laut seinem am Ende des ersten Bands des »Kapitals« vorgestellten Modell werde die Akkumulation durch wiederkehrende Überproduktionskrisen an ihre Grenzen stoßen. Zu Beginn des 20. Jahrhunderts wurde Marxistinnen wie Lenin, Luxemburg und Hilferding sowie

1 John Bellamy Foster: The Theory of Monopoly Capitalism. An Elaboration of Marxian Political Economy, New York 2014.

anderen kritischen Ökonomen wie Veblen klar, dass riesige monopolistische Unternehmen und ihre Zusammenschlüsse in Holdings oder Kartellen in der Lage waren, Überproduktions-/Unterkonsumkrisen bis zu einem gewissen Grad abzumildern, indem sie beispielsweise die Produktion durch eine geplante Unterauslastung von Kapazitäten auf das begrenzten, was der Markt aufnehmen konnte.

In seinem Buch »The Theory of Business Enterprise« (1904) hatte Thorstein Veblen auch erkannt, dass sich die mit der neuen Form der monopolistischen Großkonzerne verbundene organisatorische Macht in entscheidender Weise auf die Zukunft des Kapitalismus auswirken und zu einem einzigartigen Muster seines soziometabolischen Wachstums führen werde. Im Gegensatz zu Marx' bürgerlichen Kapitalisten lernten die kapitalistischen Konzerne schnell, ihre organisatorischen Fähigkeiten zur Bewältigung von zwei der vier im fünften Kapitel behandelten strukturellen Grenzen einzusetzen: die biophysikalischen Grenzen des Maschinenprozesses oder des Verwertungsprozesses und die dem Realisierungsprozess innewohnende Absorptionsgrenze. Kapitalistische Unternehmen reagierten auf die biophysikalischen Grenzen des Maschinenprozesses – die technologische Effizienz –, indem sie Kapital in immer komplexere und (aus Sicht des Kapitals) produktivere Maschinen und industrielle Systeme steckten, eine Dynamik, die Marx im vierten Abschnitt des »Kapitals« über den relativen Mehrwert ausführlich untersucht hat. Für das Kapital bestand das Problem dieses seinem Wesen nach dynamischen Prozesses darin, dass der technologische Durchbruch des einen Kapitalisten der Albtraum eines anderen war, da das in seinem Produktionssystem mit seinem Ensemble produktiver Artefakte und Arbeitspraktiken sowie den notwendigen Materialströmen angelegte Kapital plötzlich oder schrittweise entwertet wurde. Das fixe Kapital war ständig mit einem unerbittlichen Prozess der Entwertung konfrontiert. Angetrieben durch die intensive Akkumulation und den Wettlauf um die Gewinnung eines immer größeren relativen Mehrwerts verlängerte sich die Umschlagszeit des Kapitals, da es in immer größere und komplexere Maschinen und Produktionssysteme angelegt wurde, die von immer größeren Strömen des Durchsatzes abhängig waren. Der Wettbewerbsdruck auf diese starren Strukturen der Akkumulation wurde unhaltbar. Doch anstatt den Kapitalismus an seine Belastungsgrenze zu bringen, drängte er die Kapitalistinnen zu institutionellen Innovationen in den gesellschaftlichen Eigentumsverhältnissen und in der Organisation des Akkumulationsprozesses, um die ständige Entwertung des in den einzelnen Produktionsprozessen gebundenen Kapitals abzumildern. Dies beobachteten sowohl Veblen als auch Hilferding, obwohl sie sehr unterschiedliche Schlussfolgerungen zu den Auswirkungen auf die Zukunft des Kapitalismus zogen. Die Theorie des Monopolkapitals, auf der unsere

Analyse aufbaut, folgte der Intuition von Veblen und nahm die institutionelle Mutation der kapitalistischen Eigentumsverhältnisse ernst, durch die der Konzern zur Form des »verkörperten Kapitals« wurde.

Die Entwertung, der zentrale und progressive Mechanismus in Marx' Modell der intensiven Akkumulation, beruhte auf der Macht des Marktes, kapitalistische Unternehmen entsprechend ihrer unterschiedlichen Produktivität zu sanktionieren. Mit ihrem Aufstieg zu einer marktbeherrschenden Stellung konnten monopolistische Unternehmen aktiv in organisatorische Prozesse investieren, die diese Sanktionsmacht abschwächten. Sie konnten das angelegte Kapital vor zerstörerischen Innovationen schützen, indem sie entweder deren Einführung durch das Patentsystem blockierten oder den Innovationsprozess in eine Richtung lenkten, die ihre vorhandenen Produktionskapazitäten nicht bedrohte. Sie konnten den Wettbewerb zwar nicht gänzlich ausschalten, aber seine Form und Funktion änderten sich grundlegend, als sie die Strukturen einer »monopolistische Konkurrenz« institutionell verankerten. Diese institutionelle Entwicklung veränderte den Akkumulationsprozess erheblich. Die extensive Akkumulation, die ständig mit dem Gespenst der Überinvestition in nicht ausgelastete Produktionskapazitäten konfrontiert war, beinhaltete nun die *geplante Verwaltung* von Überkapazitäten. Und die intensive Akkumulation vollzog sich durch die *geplante Einführung* von möglicherweise zerstörerischen Innovationen, kombiniert mit dem Schutz von fixem Kapital in Form von langlebigen Artefakten durch Patente und den Aufkauf von neuen innovativen Firmen.

Das Management der Entwertung und der Wettlauf um produktivitätssteigernde Innovationen wurden zu einem zentralen Aspekt des Planungsprozesses kapitalistischer Unternehmen. Für Paul Baran, der Mitte der 1960er-Jahre an einem Kapitel für das Buch »Monopolkapital« arbeitete, das nicht in das Buch aufgenommen wurde, war der Kapitalismus in eine Phase eingetreten, in der das zentrale wirtschaftliche Problem nicht mehr die Erzeugung des Mehrwerts war.[2] Für den Kapitalismus bestand das Problem vielmehr darin, wie der produzierte Mehrwert vom Markt absorbiert werden konnte. Paradoxerweise trugen Investitionen in die organisatorische Kapazität zur Verwaltung von Überkapazitäten und Innovation weiter zum Anstieg des Mehrwerts auf makroökonomischer Ebene bei. Dieser Anstieg wurde zur wichtigsten Triebkraft für die beschleunigte Zunahme des Durchsatzes.

Allan Schnaiberg stützte sich auf diese theoretischen Arbeiten und schlug Anfang der 1980er-Jahre das Modell der »Tretmühle der Produktion« *(Treadmill of Production)* vor, um die besondere Wachstumsdynamik des fortgeschrittenen Kapitalismus nach 1950 zu erklären. Sein

2 Paul A. Baran/Paul M. Sweezy: Some Theoretical Implications, edited by John Bellamy Foster, in: Monthly Review, 3/2012.

Modell sei ein »schematisches Hilfsmittel«, das erklärt, »warum die Produktion expandiert, warum das Monopolkapital seinen Anteil an der Produktion im Laufe der Zeit ausbaut und warum die Produktion immer kapitalintensiver wird«.[3] Das Tretmühlen-Modell ist von Interesse, weil es eine starke ökologische Komponente enthält. Es ist zwar kein Modell des kapitalistischen *Stoffwechsels* als solchem, aber es berücksichtigt Elemente des Durchsatzes und verankert den ökonomischen Prozess in dem, was der Umwelt entnommen und hinzugefügt wird, in Quellen und Senken. Da es eine überzeugende strukturelle Erklärung für das Wachstum während der Großen Beschleunigung vorschlug, war dieses Modell in den 1980er-Jahren eine vorherrschende Theorie in der englischsprachigen Umweltsoziologie, ist aber seitdem aus der wissenschaftlichen Literatur nahezu verschwunden. Nicht aufgrund stichhaltiger Kritik geriet es ins Abseits, sondern aus modischen Gründen. Als das Konzept der »nachhaltigen Entwicklung« zu einem zentralen politischen und wissenschaftlichen Paradigma wurde, wurde der eher pessimistische Ansatz von Schnaiberg zugunsten optimistischerer Theorien der ökologischen Modernisierung aufgegeben.[4]

Ein neuer Blick auf die »Tretmühle der Produktion«

Ausgehend von den zuvor skizzierten Theorien des monopolistischen oder oligopolistischen Kapitalismus (Kalecki, Baran und Sweezy, Steindl, Eichner) entwickelt Schnaiberg ein Modell der fortgeschrittenen kapitalistischen Wirtschaft, das auf der grundlegenden marxistischen Klassentrennung zwischen Kapital und Arbeit beruht, bei der die überwiegende Mehrheit den von ihrer Arbeitskraft und dem Gütermarkt abhängigen Klassen angehört. Dieses breite Spektrum der Arbeiter- und Mittelklassen ist auf abhängige Beschäftigung angewiesen, sowohl als Mittel, um ihre produktiven und kreativen Fähigkeiten durch Arbeit zum Ausdruck zu bringen, als auch als Mittel, um ein monetäres Einkommen zu erhalten, mit dem sie ihren Unterhalt und ihre »Konsumbedürfnisse« finanzieren können. Kurz gesagt ist Beschäftigung die soziale Institution, die die Beziehung der überwiegenden Mehrheit zur Produktion und zur Konsumtion vermittelt. Für Schnaiberg, der in den 1970er-Jahren vor dem Niedergang des fordistischen Akkumulationsregimes schrieb, gibt es immer noch »Kleinunternehmerinnen« sowie Subsistenzproduzenten,

3 Allan Schnaiberg: The Environment. From Surplus to Scarcity, New York 1980, S. 227.

4 Nach fast vier Jahrzehnten, in denen auf breiter Ebene eine Politik und Maßnahmen zum Umweltschutz übernommen wurden und die Ziele, Vorgaben, Visionen und Strategien einer nachhaltigen Entwicklung von privaten Organisationen akzeptiert wurden, ist es nicht gelungen, eine sich verschärfende ökologische Krise auf planetarischer Ebene aufzuhalten. Die epistemischen Positionen scheinen sich zwischen diesen optimistischen und pessimistischen Ansätzen verschoben zu haben, was zu einem neuen Interesse am Modell der »Tretmühle der Produktion« geführt hat.

die aber sowohl sozial als auch ökonomisch marginal geworden sind.[5] Die Güter- und Arbeitsmärkte werden von großen monopolistischen kapitalistischen Organisationen dominiert. Abhängigkeit vom Arbeitsmarkt bedeutet, seine Arbeitskraft an monopolistische Unternehmen zu verkaufen. Und aufgrund der Abhängigkeit von Gütermärkten müssen Konsumgüter und Dienstleistungen gekauft werden, die von denselben großen monopolistischen Unternehmen hergestellt wurden.[6]

Die kapitalistische Funktion wird in Schnaibergs Modell von großen, komplexen privaten Konzernen verkörpert, die von einer Elite von Managern und Eigentümerinnen/Rentiers kontrolliert werden, die vom Profit abhängig sind – im Gegensatz zu lohnabhängigen Arbeiterinnen. Der wichtige Aspekt besteht darin, dass es die Konzernorganisation als Organisation ist, die Kapital akkumuliert und die »Produktionsmittel« besitzt. Das Verhältnis der kapitalistischen Elite zum Akkumulationsprozess wird durch ihr Verhältnis zur Konzernorganisation als eigenständige Einheit – einer juristischen Person – vermittelt. Dies ist ein grundlegendes institutionelles Merkmal fortgeschrittener kapitalistischer Ökonomien, das sie von Marktwirtschaften unterscheidet.

Schnaiberg erklärt, dass Marktwirtschaften, von denen die neoklassische Ökonomie fasziniert war, durch eine Tendenz zum Gleichgewicht gekennzeichnet sind, da eine Vielzahl kleiner *preisgebundener* Produzenten und Verbraucherinnen auf wettbewerbsorientierten Märkten interagieren. Fortgeschrittene kapitalistische Wirtschaften werden von großen *preisgestaltenden* Organisationen beherrscht, die sich im Rahmen von Märkten (sowohl für Inputs als auch für Outputs) entwickeln, die sie kontrollieren und monopolisieren, indem sie den preisgebundenen Verbrauchern und kleineren Unternehmen Preise und Güterqualität aufzwingen. Der Grad der Kontrolle über ihre Umgebung hängt von ihrer Größe ab. Im Modell der Tretmühle der Produktion streben Konzerne danach, als Organisationen zu wachsen, sind aber insbesondere gezwungen, mindestens so schnell zu wachsen wie die Wirtschaft, in der sie ihr Kapital einsetzen, um nicht die Kontrolle über diese Umgebung an andere konkurrierende Monopolisten oder an den Staat zu verlieren.

In der Tretmühle der Produktion ist kapitalistisches Wachstum nur durch Investitionen möglich, und Investitionen werden aus Gewinnen

5 Schnaibergs Tretmühle der Produktion ist daher stark auf den »globalen Norden« ausgerichtet und ignoriert die Lage einer großen Mehrheit der globalen Arbeiterklassen, die zwar enteignet wurde, aber nur über prekäre Beziehungen zu Güter- und Arbeitsmärkten verfügt. Vgl. Gargi Bhattacharyya: Rethinking Racial Capital. Questions of Reproduction and Survival, London 2018.

6 Diese Abhängigkeiten könnte durch öffentliche Beschäftigung und die Produktion öffentlicher Güter und Dienstleistungen abgeschwächt werden, aber Schnaiberg stellte fest, dass die Entwicklung des öffentlichen Wirtschaftssektors eingeschränkt sei, weil sein Wachstum den Anteil von Gütern und Dienstleistungen an der gesamten Wirtschaftsleistung verringern würde, aus denen kapitalistische Unternehmen ihre Gewinne ziehen können. Eine Ausweitung des öffentlichen Sektors würde daher von den kapitalistischen Klassen aktiv bekämpft werden.

finanziert. Die Akkumulation von Gewinnen ist das Mittel, durch das Unternehmen wachsen können. Darüber hinaus ist angesichts der hohen Kosten für fixes Kapital, die mit der organisatorischen und materiellen Komplexität dieser Produzenten verbunden sind, ein Mindestmaß an Produktion erforderlich, um die indirekten Kosten zu decken, bevor Gewinne akkumuliert werden können. In einer von Großkonzernen dominierten Wirtschaft, in der die Produktion und die damit verbundenen Durchsatzströme gewissermaßen um ihrer selbst willen aufrechterhalten werden, um die indirekten Kosten zu decken, gibt es daher ein hohes Maß an Trägheit oder Lock-in-Effekten. Dies gilt umso mehr, als ein erheblicher Teil dieser Kosten die Löhne der Elite sind, die die Managementkontrolle über das Unternehmen ausübt, sowie der Bürokratie der Angestellten und Führungskräfte, durch die diese Kontrolle ausgeübt wird. Dies ist eine Ausprägung der Tretmühle der Produktion, aber es gibt eine tiefere und grundlegendere Kraft, die Schnaiberg in einer kapitalistischen Wirtschaft am Werk sieht, die von monopolistischen Unternehmen dominiert wird. Diese tiefere Logik der Tretmühle der Produktion wird deutlich, wenn wir unsere Aufmerksamkeit von der Produktion auf die Akkumulation verlagern.

In Anlehnung an Marx' Theorie der erweiterten Reproduktion geht Schnaiberg davon aus, dass Wachstum – verstanden als die von monopolistischen Konzernen kontrollierte Ausweitung der Produktion – auf eine Erhöhung der Kapitalintensität ausgerichtet ist, oder anders ausgedrückt, auf die Verringerung der unmittelbaren Arbeitskosten für jede produzierte und konsumierte Gütereinheit. Diese klassische Beobachtung bedeutet, dass Investitionen die Tretmühle beschleunigen, während gleichzeitig weniger Arbeitskräfte in der unmittelbaren Produktion eingesetzt werden. Schnaiberg betrachtet dies als einen säkularen Trend des fortgeschrittenen Kapitalismus: Gewinne werden durch neue arbeitssparende Produktionstechniken generiert, die *scheinbar* die Arbeitsproduktivität erhöhen, ohne dabei notwendigerweise die Variablen des Durchsatzes – Energie und Materie – zu verändern. Dies ist ein zentraler Aspekt von Schnaibergs ökologischer Kritik an der Tretmühle: »Im Allgemeinen ist die Erhöhung der Geschwindigkeit der Tretmühle mit einer verstärkten Entnahme aus der Umwelt und Abführung in sie verbunden.« Schnaiberg räumt zwar ein, dass »die Steigerung der Kapitalintensität zu effizienteren Produktionstechniken führen kann«, weist aber darauf hin, dass sich die Substitutionseffekte in vielen Fällen nicht positiv auf die Umwelt auswirken, wie bei der Verdrängung von biophysikalisch einfacheren Materialien wie Holz und Metall durch Kunststoffe. Insgesamt gilt: »Je schneller sich die Tretmühle dreht [...], desto größer ist die Umweltbelastung pro Arbeiter.«[7]

7 Schnaiberg: The Environment, S. 229.

Mit diesen Merkmalen kann Schnaiberg dann die Dynamik modellieren, die die kapitalistische Tretmühle mit zunehmender Geschwindigkeit in Schwung bringt:

1. Der Monopolkapitalismus lenkt Gewinne in verstärkte Investitionen in Kapitalintensität oder »Hochtechnologie«, was einen geringeren Arbeitseinsatz pro produzierter Einheit oder umgekehrt eine höhere Arbeitsproduktivität bedeutet;
2. Ein steigendes Verhältnis von Kapital zu Arbeit erzeugt sozialen Druck, die Produktion auszuweiten, um Arbeitsplätze zu schaffen;
3. Eine ausgeweitete Produktion steigert die Profite, die sich auf die größten Unternehmen konzentrieren;
4. Die höheren Volumen von Profiten werden dem technologischen Wandel zugewiesen, der auf eine verstärkte Kapitalisierung der Produktion abzielt;
5. Die dadurch gesteigerte Produktionsmenge muss von Verbrauchern absorbiert werden.

»Eine derart erweiterte Konsumtion setzt lediglich den oben beschriebenen Prozess fort [...] und beschleunigt ihn oftmals. Dies ist das Wesen der Tretmühle, weil die Konsumtion immer schneller ansteigen muss, um die Substitution von Arbeit durch Kapital im Produktionsprozess auszugleichen.«[8]

Punkt 2 von Schnaibergs Argumentation verdient eine genauere Betrachtung, da er nicht selbsterklärend ist. Woher kommt der Druck, Arbeitsplätze zu schaffen? Es ließe sich behaupten, dass es sich um eine makroökonomische Notwendigkeit handelt: Das Gesamtvolumen der Löhne muss groß genug sein, um mit ihnen den Wert der im fortgeschrittenen Kapitalismus expandierenden Produktion realisieren zu können. Eine funktionale Notwendigkeit ist jedoch noch kein Resultat. In einer von Konflikten geprägten Gesellschaftsform wie dem Kapitalismus ist es wahrscheinlicher, dass die Löhne hinter den Erfordernissen der Realisierung zurückbleiben. Die Regulationstheorie (Aglietta) würde erklären, wie es durch den fordistischen Klassenkampf zu einem ausreichend großen Lohnvolumen gekommen ist. Schnaiberg, der Agliettas Hauptwerk nicht kannte, als er über die Tretmühle der Produktion schrieb, führt den soziopolitischen Begriff der »Wachstumskoalitionen« als hegemonialen sozialen Kräften in fortgeschrittenen kapitalistischen Gesellschaften ein. Diese kollektiven sozialen Kräfte, bestehend aus der Triade von organisiertem Unternehmertum, organisierter Arbeiterschaft und einem interventionistischen Staat, sehen unabhängig von ihren widerstreitenden Interessen alle im Wirtschaftswachstum sowohl ein Mittel zur Förderung ihrer wirtschaftlichen Mittel (mehr Gewinne, mehr Löhne, mehr Steu-

8 Ebd.

ern) als auch ihrer Ziele (Kapitalakkumulation, höherer Lebensstandard, stärkere Wirtschaft). Dieses gemeinsame Bekenntnis zum Wachstum als Mittel und Zweck führe zu einem »Druck, Arbeitsplätze zu schaffen«.

Punkt 5 hat wichtige Auswirkungen auf eine Klassentheorie der Großen Beschleunigung. Im ursprünglichen Modell der Tretmühle der Produktion besteht Schnaiberg auf den sozioökonomischen Mechanismen, die den Rahmen für eine »Konsumkultur« schaffen, die auf die Absorption von Überschüssen ausgerichtet ist. Es muss klar sein, dass die Tretmühle bei zunehmender Produktion auf Schranken der Nachfrage durch den Endverbrauch stößt. Überproduktion und Unterkonsumtion sind Hindernisse, die von der Tretmühle ständig überwunden werden müssen. Dies veranlasst große Konzerne dazu, erhebliche wirtschaftliche Ressourcen (materielle und symbolische) für die Reproduktion einer Konsumkultur einzusetzen, was die Regulationstheorie als Konsumnorm bezeichnet. In seiner Kritik an der Vorstellung, die Verbraucher würden durch ihr Verhalten am Markt die Zusammensetzung der produzierten Güter bestimmen – die sogenannte Konsumentensouveränität –, untersucht Schnaiberg die Konturen dieser Norm und wie sie reproduziert wird. Die Konsumnorm sei nicht durch einen standardisierten Korb von Waren für Subsistenz- oder Prestigezwecke definiert, sondern vielmehr durch eine bestimmte subjektive Einstellung gegenüber Gütern und Dienstleistungen für Subsistenz- und Prestigezwecke (sogenannte Positionsgüter), die auf der Naturalisierung des expansiven Charakters von Bedürfnissen, der positiven Bewertung von Neuheit und einer hohen Toleranz gegenüber verschiedenen Formen der Obsoleszenz, zu der auch Wegwerfartikel gehören, beruht. Diese Einstellung spiegele sich auch in einer Veränderung der Klassenidentität von Lohnarbeiterinnen wider, die zunehmend durch ihre Konsumfähigkeit, ihren Lebensstandard und die Sicherung oder Steigerung ihrer lohnbasierten Kaufkraft definiert werde. Wie Schnaiberg abschließend feststellt, »scheint sich die Tretmühle schneller zu beschleunigen, wenn die Grundbedürfnisse gedeckt sind und mehr frei verfügbares Einkommen für nicht lebensnotwendige Güter zur Verfügung steht.«[9]

Wachstumstreiber des fortgeschrittenen Kapitalismus und ihre metabolischen Auswirkungen

Aufbauend auf den Erkenntnissen des Modells der Tretmühle der Produktion gelangen wir zu einer vollständigeren Darstellung der institutionellen Struktur der Akkumulation im fortgeschrittenen Kapitalismus. Die Akkumulation liegt nicht mehr in den Händen einzelner Kapitalisten, die von großen integrierten und oft multinationalen Konzernorga-

9 Schnaiberg: The Environment, S. 231.

nisationen abgelöst wurden. Diese sozialen Institutionen – buchstäblich verkörpertes Kapital – haben ihre eigenen spezifischen Wachstumstreiber, die mit ihrem monopolistischen Charakter verbunden sind, und diese haben den Stoffwechselprozess der exponentiellen wachsenden Durchsatzströme und akkumulierten Bestände gesteuert. Ein Konzern akkumuliert nicht nur durch die von ihm produzierten Güter und die Gewinne aus dem Verkauf der zu minimalen Kosten produzierten Waren zu einem maximalen Preis, was die Parameter des zuvor beschriebenen Verwertungsprozesses sind. Er akkumuliert auch durch die aktive Kontrolle seines wirtschaftlichen Umfelds, die Verwaltung seiner Lieferanten, die Gestaltung seiner Märkte, die Bestimmung der Nachfrage nach seinen Produkten und deren Gestaltung im Sinne ihrer möglichst schnellen Verwandlung in Abfall. In ihrem bahnbrechenden Werk »Monopolkapitalismus« betonen Paul Baran und Paul Sweezy, dass ein spezifisches Merkmal des fortgeschrittenen Kapitalismus im Unterschied zu Marx' Modell des Wettbewerbskapitalismus darin besteht, dass es durch die »wechselseitige Durchdringung von Produktion und Zirkulation« zu einer Verschmelzung von Verwertung und Wertrealisierung gekommen ist. Konzerne optimieren nicht zuerst ihre Produktionsmenge, um sich erst danach darum zu kümmern, den Wert der produzierten Waren durch ihren Verkauf auf dem Markt zu realisieren. Die Verkaufsstrategien regulieren bereits *im Voraus* die Form und das Volumen der zu verkaufenden Güter und Dienstleistungen. Wenn also Konzerne große Mengen an Kapital in eine langlebige Produktionsstruktur investieren, die sich in einem nach der Logik des Maschinenprozesses organisierten Nexus von Beständen, Strömen und Arbeit materialisiert, so investieren sie auch Kapital in Rendite abwerfende immaterielle Anlagewerte wie Patente, Forschung und Entwicklung, Markenzeichen und andere Formen geistigen Eigentums.[10] Und ein beachtlicher Teil der in den größten Konzernen in die Hunderttausende gehenden Belegschaften arbeitet nicht in der unmittelbaren Herstellung von Gütern und Dienstleistungen, sondern produziert die organisatorische Macht des Unternehmens. Das Produkt dieser Arbeit sind Informationen, Kommunikation, Messung, Koordination und Kontrolle. Wir können all diese Formen der Kontrolle als eine allgemeine und abstrakte Form betrachten: die Akkumulation von kapitalistischer Organisationsmacht über die Gesellschaft, über den sozialen Stoffwechsel und die sozialen Beziehungen zur Natur sowie über die soziale Reproduktion.

Dies gibt dem Wachstum in einer fortgeschrittenen kapitalistischen Wirtschaft eine bestimmte Form und einen bestimmten Inhalt. Jenseits seiner Messung durch das BIP oder die Größe des materiellen Durchsatzes besteht das Wachstum auch darin, dass immer mehr gesellschaftliche

10 Hinzu kommt der immense Wert des Kapitals, das in elektronischen Plattformen angelegt ist, die den Informations- und Warenfluss im Internet monopolisieren.

Verhältnisse in der Produktion, der Konsumtion und der Reproduktion, mehr Erfahrungen und mehr soziale Beziehungen zur Natur durch die organisatorischen Fähigkeiten der Konzerne vermittelt werden – sie werden dem Kapital reell subsumiert. Die enorme Akkumulation von materiellen Beständen in den letzten 70 Jahren, die als besonderes Merkmal des fossil-industriellen Metabolismus gilt und im ersten und vierten Kapitel erörtert wurde, ist ein Instrument dieser Subsumption. Die Produktion, Akkumulation und Verbreitung von Artefakten und Infrastrukturen, die von monopolistischen Konzernen aus geologischen Beständen gebaut und hergestellt werden, bilden eine wesentliche Grundlage für ihre Fähigkeit, sozioökologische Praktiken zu vermitteln und zu subsumieren. In den vorangegangenen Kapiteln haben wir diese Artefakte als Elemente des Nexus von Beständen, Strömen und Praxis in abstrakter Weise untersucht. Jetzt sehen wir, dass Artefakte immer in institutionalisierten sozialen Eigentumsverhältnissen existieren und dies die Art und Weise bestimmt, wie sie die soziale Praxis vermitteln.

Kapitalisierte und kommerzialisierte Bestände und Ströme

Artefakte können als »kapitalisierter Vermögenswert« oder fixes Kapital existieren, das produktive, extraktive, distributive und dissipative Prozesse und die gesellschaftliche Arbeit in den Bereichen der Produktion, der Extraktion und der Entsorgung vermitteln. Das Konzernkapital lässt sich in sechs Vermögensformen unterteilen, die hier dem Grad ihrer Liquidität nach aufgelistet werden.

1. Technische Bauwerke (Infrastrukturen wie Wasserkraftwerke, Tiefseebohrplattformen, Bergwerke)
2. Gebäude
3. Maschinen und Materialien
4. Geistiges Eigentum und immaterielle Vermögenswerte
5. Finanzanlagen
6. Geld

Die ersten vier Anlageformen sind Investitionen in die Akkumulation von produktivem Kapital, während die letzten beiden Formen Ersparnisse und spekulativere finanzielle Anlageformen darstellen. In reifen, fortgeschrittenen kapitalistischen Volkswirtschaften sind die Investitionen oft gleichmäßig auf die vier produktiven Formen verteilt.

Drei dieser Anlageformen existieren als Artefakte: Bauwerke, Gebäude und Maschinen. Einerseits haben sie als Bestände einen bestimmenden Einfluss auf die Ströme, andererseits ist ihre Existenz und Nutzung als kapitalisierte Vermögenswerte selbst durch die Akkumulationsstrategie kapitalistischer Unternehmen bestimmt. Und weil kapitalistische Extraktion, Produktion und Dissipation selbst in von Maschinenprozessen beherrschten Systemen durch Arbeit vermittelt werden, gehören auch die Arbeiterinnen, die Arbeiterbewegung und der Staat zu den Kräften, die die Nutzung, Schaffung und Zerstörung von Artefakten und damit die von ihnen gesteuerten Massenströme beeinflussen. Die von Schnaiberg skizzierte Form der Wachstumskoalition betrifft nicht nur die Wirtschaft als Ganzes, sondern kann auch zu einer entscheidenden Kraft in Bezug auf bestimmte Schlüsselartefakte werden, wie die Debatten um eine »gerechte Transformation« und den Ausstieg aus der Kohle oder anderen Kohlenwasserstoffen gezeigt haben. Aber im Allgemeinen sind monopolistische Konzerne die vorherrschenden Kräfte, die durch ihre täglichen Entscheidungen zur Entwertung oder Erhaltung von fixem Kapital den Zusammenhang zwischen Beständen, Strömen und Praxis vermitteln, der sich um produktive kapitalisierte Artefakte herum aufbaut. Und die längerfristigen Akkumulationsstrategien, die diese Unternehmen in Bezug auf Sektoren und das Verhältnis von extensiven und intensiven Ansätzen verfolgen, bestimmen das Wachstumsmuster des »produktiven« Teils der materiellen Bestände. In Bezug auf die ökologischen Auswirkungen dieser Bestände (z. B. in Form von Treibhausgasemissionen) sind die von ihnen vermittelten Verhältnisse der Extraktion, Produktion und Dissipation, ihr Betrieb und ihre Nutzung, die von ihnen erzeugte Leistung und ihr Durchsatz viel schwerwiegender als die Auswirkungen, die sich aus ihrer Herstellung ergeben. Die ökologischen Auswirkungen von Investitionen in fixes Kapital müssen im Hinblick auf die langfristigen Folgen der hinzugefügten Bestände und die zukünftigen Durchsatzströme, die von ihnen gesteuert werden, berücksichtigt werden (aus diesem Grund greifen viele Kampagnen gegen fossile Brennstoffe Pipelineprojekte an, statt Orte der Extraktion wie Bohrlöcher und Gruben zu besetzen und zu stören).

Kapitalisierte Vermögenswerte sind auch für die Vermittlung von Konsumgewohnheiten an der Schnittstelle zwischen Produktion und Konsumtion von entscheidender Bedeutung, denn Artefakte, Infrastrukturen und Gebäude vermitteln den Erwerb von Waren und Dienstleistungen als kapitalistische Versorgungssysteme. Und dadurch vermitteln sie auch die Arbeit derjenigen, die in diesen Versorgungssystemen beschäftigt sind.

Artefakte existieren auch als mehr oder weniger langlebige Güter, die reproduktive Praktiken vermitteln. Diese Artefakte werden von Konzernen gestaltet und produziert, aber von Haushalten und Einzelpersonen in ihrem Privatbesitz für Konsumzwecke akkumuliert.[11] Auch wenn sie bewusst für eine unproduktive Verwendung gestaltet wurden, vermitteln

11 Wohnstrukturen sind eine komplexere Angelegenheit. Einige befinden sich in Privatbesitz, andere in Unternehmensbesitz, und beide werden finanziell, aber nicht produktiv kapitalisiert. Unproduktivität ist in ihrer materiellen Form eingebaut oder wird durch Institutionen wie Bebauungsvorschriften auferlegt. Sie haben eine längere Lebensdauer als Aktien, aber der Einfluss, den sie auf die Ströme ausüben, ist beträchtlich, sowohl materiell als auch energetisch, und schließlich sind sie als »Ort« des Konsums anderer kommodifizierter Artefakte und Ströme gestaltet und werden als solcher genutzt.

diese Artefakte bei ihrem Gebrauch massenhafte Ströme von Materie und Energie. Die Art und Weise, wie sie reproduktive Praktiken und soziale Aktivitäten im Allgemeinen subsumieren, zielt darauf ab, diese Praktiken in eine Aktivität umzuwandeln, die von kommodifizierten Artefakten und von kommodifizierten Stoff- und Energieflüssen abhängig wird. Im Laufe ihrer Entwicklung während der Großen Beschleunigung wurde der maschinelle Prozess allmählich und unaufhaltsam zum bestimmenden Prinzip ihres Wesens. Von Elektrowerkzeugen über elektrische Zahnbürsten bis hin zu Autos und Waschmaschinen wurden Motoren zu Kernmerkmalen automatisierter Funktionsweisen, zu denen heute Computer und Internetschnittstellen hinzukommen, die jedes Artefakt als Knotenpunkt in ein von Unternehmen kontrolliertes Kommunikations- und Informationssystem einbinden. Und all dies erfordert natürlich immer mehr Energie.

Ein so einfacher Vorgang wie das Verquirlen eines Eis, für den früher eine Henne und ihr Futter, eine Schüssel und ein Holz- oder Metallwerkzeug benötigt wurden, erfordert heute eine durch fossile Brennstoffe unterstützte industrielle Landwirtschaft, eine Kühlmaschine mit Touchscreen und Internetverbindung sowie einen aus Kunststoff geformten, billig hergestellten elektrischen Schneebesen mit einer Lebensdauer von höchstens zwei Jahren und Strom für den Kühlschrank, den Schneebesen und eventuell die Spülmaschine für die anschließende Reinigung. Laubbläser treiben diese Entwicklung auf die Spitze. Seit mindestens 7000 Jahren harkt die Menschheit Laub mit fast derselben Art eines einfachen, aber effizienten Werkzeugs, das erst im letzten Jahrzehnt durch spritschluckende und ineffiziente Luftblasmaschinen ersetzt wurde (mit einem Design, das entfernt an einen tragbaren Raketenwerfer erinnert, was wahrscheinlich dazu beiträgt, das Produkt an Männer verkaufen zu können).

Die Unterscheidung zwischen produktiven und unproduktiven[12] – aber reproduktiven – Artefakten ist auch eine Unterscheidung zwischen *Kapitalisierung*[13] und *Kommodifizierung* als das Prinzip, das die sozialen

12 Im fortgeschrittenen Kapitalismus führt diese Aufteilung zu einer interessanten Dialektik, die mit dem Imperativ der Realisierung des Werts verbunden ist. Bei ihren auf Privathaushalte ausgerichteten Verkaufsstrategien spielen Konzerne durch »transgressive« Marketingtricks ganz bewusst mit dieser Grenze. Ein Beispiel dafür ist die Do-it-yourself-Kultur, aber sehr viel spektakulärer und umweltschädlicher sind SUVs und Pick-ups. Durch ihr Design und vom Marketing wird ihre Leistung und Brauchbarkeit als Arbeitsgeräte betont, was sie von klassischen Limousinen und kleineren Kompaktwagen unterscheiden soll. Nach den Erfahrungen des Autors ist es bei den meisten dieser Fahrzeuge jedoch gefährlich, sie tatsächlich für »nützliche Arbeiten« zu verwenden, die über den Personentransport auf befestigten Straßen hinausgehen, und für größere Transporte sind sie ungeeignet. (Eine ähnliche Erfahrung habe ich beim Vergleich von Kettensägen für Heimwerker und professionellen Geräten gemacht.) Was ist ein SUV letztendlich? Ein Symbol und ein Mittel, um pro verkauftem Fahrzeug eine größere Menge an extrahierten Metallen, produzierten Kunststoffen und raffiniertem Öl zu absorbieren, als wenn ein einfaches und kraftstoffsparendes Kompaktfahrzeug hergestellt werden würde. Zur umfassenderen »politischen Ökologie des SUV« vgl. Ulrich Brand/Markus Wissen: Imperiale Lebensweise. Zur Ausbeutung von Mensch und Natur im globalen Kapitalismus, München 2017, Kapitel 6.

13 Investitionsgüter wie Maschinen, technische Anlagen und Gebäude können als Waren existieren, aber die meisten werden auf Bestellung gefertigt und weisen einen sehr geringen Liquiditätsgrad auf, daher der Ausdruck »fixes« Kapital.

Eigentumsverhältnisse, die Nutzung und das materielle Sein und die Form der Bestände organisiert. Damit bestimmt diese Unterscheidung auch die Art und Weise, wie diese Bestände die Ströme beherrschen und regulieren. Konzerne bemühen sich, die Nutzungsdauer kapitalisierter Artefakte zu verlängern und ihre Ersetzung möglichst lange hinauszuzögern, während sie versuchen, die Nutzungsdauer kommodifizierter Artefakte so weit wie möglich zu verkürzen und die Rate ihres Austauschs zu erhöhen. Industriekonzerne müssen diese Objekte entsprechend einer geplanten und optimierten Austauschrate entwerfen und produzieren (z. B. streben Mobiltelefonhersteller an, dass die Geräte in der Regel alle zwei Jahre ausgetauscht werden), ein Prinzip, das in den 1920er-Jahren von General Motors für Automobile optimiert wurde. Flucht- und Glückspunkt der Warenproduzenten ist die Kombination aus einem Wegwerfartikel und die Verfestigung der mit ihm verbundenen Gewohnheiten.

Frühe soziale Experimente mit dieser Warenform waren die ersten Einwegrasierklingen. Im 21. Jahrhundert ist diese Form von Artefakten allgegenwärtig und mit dem Aufkommen persönlicher elektronischer Geräte invasiv geworden. Die metabolischen Folgen dieser Objektform sind vielfältig. Zum einen strömen sie selbst von der Quelle zur Senke. Die hohe Rate ihrer Ersetzung und das Wachstum ihrer Bestände durch funktionale Diversifizierung – mehr Objekte pro Haushalt, um mehr Dinge zu tun – und Vermassung – gleichmäßigere Verteilung oder Zugang zu diesen Objekten zwischen Einkommensgruppen und entlang der Nord-Süd-Kluft – haben daher wichtige quantitative und qualitative Auswirkungen auf die Extraktion und Entsorgung: vom explosionsartigen Wachstum der Bergbauaktivitäten für seltene und kritische Metalle bis hin zur massenhaften Entsorgung von Elektroschrott von Nord nach Süd. Aber diese Artefakte, selbst die kurzlebigsten, steuern oft selbst die Ströme, wenn sie soziale Praktiken vermitteln – insbesondere Energieflüsse. Der massive Energiebedarf von Internetaktivitäten, die durch verschiedene elektronische Geräte vermittelt werden, ist zu einer Realität geworden, mit der Energieversorgungssysteme zurechtkommen müssen.

Und schließlich existieren sie als öffentliche und private Infrastrukturen, Gebäude und Artefakte, die kollektiv genutzt werden, wie Einkaufszentren, Kinos und Vergnügungsparks, die eine gesellschaftliche Reproduktion stützen, die nicht vom Kapital als Konsumtion subsumiert wird (wie etwa die Infrastruktur für die Wasserversorgung und Kanalisation oder öffentliche Bibliotheken), oder die Praktiken der Mobilität und Zirkulation unterstützen und vermitteln – Straßen, Brücken, Eisenbahnen, Häfen und Kanäle, öffentliche Verkehrssysteme und Flughäfen. Das Kapital besitzt erstere und produziert letztere, die durch die neoliberale Politik zunehmend seiner Logik des Profits unterworfen werden. Und auch der abschließende Punkt der Dissipation wird durch Artefakte strukturiert, die durch ihre Gestaltung als mehr oder weniger langlebige Konsumgüter und als Einwegartikel soziale Praktiken der Verschwendung vermitteln. Diese Designbemühungen entsprechen den immateriellen Vermögenswerten, die von Unternehmen akkumuliert werden, sowie maschinenbasierten Systemen der Abfallentsorgung und -bewirtschaftung, die Arbeit erfordern und oft in kapitalistisch-korporativen Eigentumsverhältnissen eingebettet sind.[14] Die spezifischen kapitalistischen Beziehungen zu diesen Artefakten vermitteln nicht nur die soziale Praxis, sondern implizieren auch eine kapitalistische Regulierung des Durchsatzflusses, der von diesen Artefakten gemäß den im ersten Kapitel dargelegten Prinzipien gesteuert wird.

Abb. 6.1 fasst die kapitalistische Bestimmung der Materialbestände und -ströme entlang des Durchsatzes zusammen und zeigt, wie dies den Akkumulationsprozess vermittelt.

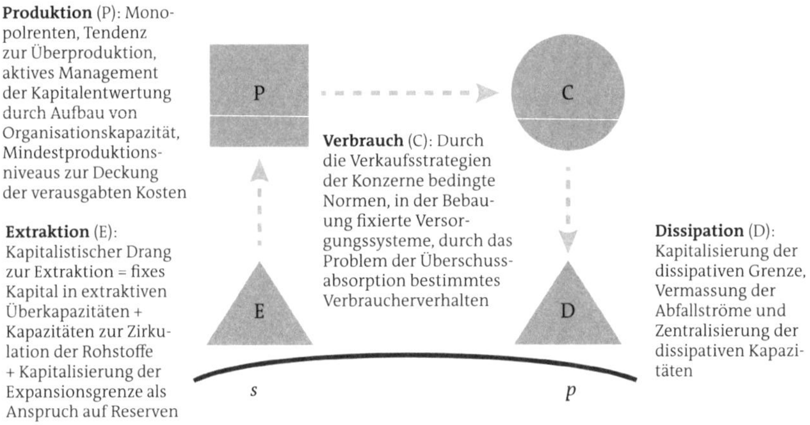

Abb. 6.1 Kapitalistische Bestimmung des Durchsatzes
Quelle: Autor.

Wachstumsimpuls und Wachstumsimperativ als Triebkräfte des Durchsatzes und der Akkumulation

Die Kräfte, die den Wachstumsprozess im fortgeschrittenen Kapitalismus antreiben – und auf denen seine besondere Akkumulationslogik basiert – sind einerseits ein *Wachstumsimpuls* und andererseits ein *Wachstumsimperativ*. Bei der Untersuchung dieser Triebkräfte haben wir uns auf Elemente der Analyse von Marx wie auch des Modells der Tretmühle der Produktion gestützt und beide zusammenfassend dargestellt.

Der Wachstumsimpuls entsteht im fortgeschrittenen Kapitalismus durch die Profite, die von kapitalistischen Organisationen akkumuliert werden. In einer monopolistischen Wirtschaft fließen die Gewinne ten-

14 Michael Dawson: The Consumer Trap. Big Business Marketing in American Life, Champaign/IL 2005.

denziell zu den größten Konzernen, die damit die Möglichkeit erhalten, auf Kosten anderer, kleinerer und weniger mächtiger Unternehmen in die Ausweitung ihrer Aktivitäten zu investieren. Aber je größer eine Organisation ist, desto mehr muss sie investieren, um den Umfang ihrer wirtschaftlichen Tätigkeit zu kontrollieren, weil sowohl ihr internes als auch ihr externes Umfeld gewachsen sind. Dies führt dazu, dass große Konzerne unter Druck stehen, ihre Wachstumsraten zu maximieren.[15] Dafür müssen sie die Produktion von Waren und Dienstleistungen so weit maximieren, wie sie vom Markt absorbiert werden können, was wiederum zum Aufbau von überschüssigen Produktionskapazitäten führt. Konzerne werden daher einen erheblichen Teil ihrer Profite in langlebiges, materielles und immaterielles, fixes Kapital investieren, mit dem sie diese Waren und Dienstleistungen produzieren können. Aber sie werden es nicht passiv dem Markt überlassen, wie viel ihres Mehrprodukts absorbiert wird. Sie werden in ihre organisatorischen Kapazitäten investieren, mit denen sie die Produktions- und Konsumtionsregime dieser Güter und Dienstleistungen, also Angebot und Nachfrage, kontrollieren, gestalten und bestimmen können. Wie wir bereits gesehen haben, wurde diese Art der Akkumulation als »extensiv« bezeichnet, weil sie nur die bereits bestehenden aktuellen Produktions- und Verbrauchsmuster ausweitet. Und mit ihnen wird auch das Volumen des Durchsatzes wachsen.

Aber Konzerne stecken ihre Gewinne auch ständig in ihre Innovationsfähigkeit, was aus marxistischer Sicht mit paradoxen Auswirkungen verbunden ist. Einerseits kann ein innovatives Unternehmen sich buchstäblich »seinen Markt schaffen« und für einen begrenzten Zeitraum eine Monopolstellung und hohe wirtschaftliche Erträge genießen. Andererseits zerstören Innovationen, sei es im Produktions- oder im Konsumtionsregime, den Wert von Anlagen in fixes Kapital, die plötzlich unproduktiv werden (wie durch Automatisierung) oder die Nachfrage nach einem Produkt, das niemand mehr haben will (wie im Fall von Tonbandgeräten). Die Einführung neuer Technologien, neuer Waren und Dienstleistungen, neuer Bedürfnisse und Wünsche ist im Kapitalismus ein geplanter und organisierter Prozess, durch den jeder Konzern versucht, die Entwertung seines fixen Kapitals zu kontrollieren. Diese »intensive« Form der Akkumulation verändert die Zusammensetzung des Durchsatzes, und das daraus resultierende Wachstum hat wichtige ökologische und biophysikalische Folgen. Da die Prozesse der Extraktion und der Externalisierung in dieser Art von kapitalistischer Wirtschaft selbst hochgradig kapitalisiert und durch Konzernmacht organisiert sind, ist der Durchsatz »billig« – um einen Ausdruck von Jason Moore

15 Alfred S. Eichner: The Megacorp and Oligopoly. Micro Foundations of Macro Dynamics, Cambridge 1976; und Marc Lavoie: Post-Keynesian Economics. New Foundations, Cheltenham 2022.

zu verwenden.[16] Aufgrund von Rebound-Effekten werden effizientere Artefakte aus biophysikalischer Sicht den Durchsatz eher erhöhen als verringern. Und schließlich erfordern komplexere und intelligentere Artefakte vielfältigere und komplexere Materialien mit potenziell toxischeren Komponenten. Jenseits der Rhetorik der Nachhaltigkeit werden Unternehmensinnovationen im produktiven und konsumtiven Bereich also zu einem Stoffwechsel führen, der biophysikalisch intensiver und ökologisch zerstörerischer ist.

Ob extensiv oder intensiv, in beiden Fällen wird Wachstum zu einer Kombination aus vergrößertem Output, gesteigerter Produktionskapazität und erweiterter Konsumtion führen. Jeder einzelne Konzern wird seine Wachstumsrate maximieren, um die Kontrolle über seine Umwelt, seine Produktion und die Änderungsrate beider zu erweitern, da er weiß, dass seine Konkurrenten dasselbe tun. Das Ergebnis ist ein unternehmerischer *Wachstumsimperativ*. Wenn ein bestimmter Konzern seine Wachstumsrate nicht maximiert, verliert er seine Monopolmacht, seinen Anteil an den Profiten und schließlich seine relative Kontrolle über die ökonomischen Verhältnisse von Produktion und Konsumtion, auf deren Grundlage er akkumulieren kann. Und auf diese Weise wird der Wachstumsimperativ, dem jedes einzelne Unternehmen ausgesetzt ist, zur Triebkraft der Gesamtakkumulationsrate einer kapitalistischen monetären Produktionswirtschaft. Diese Akkumulation treibt dann die biophysikalischen Prozesse in der Wirtschaft an, die Akkumulation von durchsatzhungrigen Beständen und die Beschleunigung des durchsatzorientierten Ausstoßes von Waren und Dienstleistungen.

Zusammenfassung: Die soziale Ökologie des kapitalistischen Stoffwechsels

Kapitalistisches Wachstum existiert sowohl als Expansion der monetären Produktionswirtschaft als auch als Vergrößerung des sozialen Stoffwechsels. Erstere wird durch das BIP erfasst und gemessen, letzterer durch die physikalischen Einheiten des Durchsatzes, der für die Aufrechterhaltung einer bestimmten Konstellation von Artefakten und Lebewesen erforderlich ist. Die Größenordnung ist die Kombination beider Phänomene, die Aspekte derselben Realität sind. Wenn eines der beiden verändert wird, verändert sich auch das andere. Wenn also ein Kapitalist Geld im produktiven oder extraktiven Bereich ausgibt, dann werden Werkzeuge und Maschinen durch Arbeit bewegt, kontrolliert und gesteuert, was zur Pro-

16 Aber hier in einer Weise, die das genaue Gegenteil seines allumfassenden und transhistorischen »Gesetzes« eines tendenziellen Falls des ökologischen Überschusses bedeutet. Hier wird behauptet, dass der Durchsatz im spezifischen historischen Kontext des fortgeschrittenen Kapitalismus billig ist, weil er kapitalisiert wird, nicht weil er es nicht wird. Dies ergibt sich aus Wrigleys Regel, die im vierten Kapitel dargelegt wurde; vgl. E. A. Wrigley: Energy and the English Industrial Revolution, Cambridge 2010.

duktion von Rohstoffen, Waren und Dienstleistungen führt. Aber Arbeit kann Maschinen nur bewegen, kontrollieren und steuern, wenn sie mit dem entsprechenden Durchsatz an Energie und Materie versorgt werden. Darüber hinaus benötigen Maschinen einen konstanten Materiezufluss, um ihre Produktionskapazität aufrechtzuerhalten, da sie sich abnutzen und Teile ersetzt oder überholt werden müssen. Und die Materieströme dehnen sich aus, wenn die monetäre Produktionswirtschaft expandiert. Materie wird als wachsender Bestand an neuen Maschinen akkumuliert, die einen höheren Energie- und Materiedurchsatz benötigen. In dieser Arbeit haben wir durchgehend diesen Stoffwechselprozess gemessen und analysiert. Für die soziale Ökologie des Kapitals existiert das marxsche Ausbeutungsverhältnis von Kapital und Arbeit nicht isoliert, sondern in einer materiellen Welt von Energie- und Materieströmen, biophysikalischen und ökologischen Vermittlungen der Akkumulation und des daraus resultierenden Wirtschaftsprozesses. Um arbeiten zu können, fixes Kapital zu akkumulieren und den Output zu steigern, muss der Durchsatz extrahiert, verarbeitet und schließlich von ökologischen und biogeochemischen Senken absorbiert werden. Am Ende dieser analytischen Reise können wir unsere Erkenntnisse in den folgenden vier Punkten zur Stoffwechseldimension des Kapitalismus zusammenfassen:

1. Produktionsverhältnisse implizieren immer Bündel von fixem Kapital (K), Arbeit (L), Energie (E) und Materialien (M) in bestimmten Formen und Mengen, die sich im kapitalistischen Maschinenprozess gegenseitig vermitteln. Das bedeutet, dass eine bestimmte Einheit der Arbeitszeit oder eine bestimmte Einheit der Produktion von Waren und Dienstleistungen immer eine bestimmte Einheit von Energie und Materie in einer bestimmten Form impliziert. Energie und Materie, die extrahiert, umgewandelt und in Senken absorbiert werden muss, erzwingen in gewissem Maße Ökosysteme und biogeochemische Kreisläufe. Das Verhältnis dieser vier Faktoren (KLEM) führt durch Investitionsentscheidungen zu einer bestimmten *Form* des Bestands an produktiven Artefakten in einer kapitalistischen Gesellschaft. In einer fortgeschrittenen kapitalistischen Wirtschaft werden Investitionsentscheidungen hauptsächlich von großen Konzernen kontrolliert und durch die Aufnahme von Krediten auf zentralisierten Märkten finanziert. Dies führt zu einer kapitalistischen Fixierung des KLEM-Verhältnisses in langlebigen, privat kontrollierten produktiven Artefakten, die sowohl für die Unternehmen wie für die Kreditgeber eine Rendite generieren müssen. Auch die Konsumtion ist ähnlich wie das KLEM-Verhältnis mit einer bestimmten Zusammensetzung der Faktoren verbunden, aber die Artefakte in den Haushalten unterliegen keinem kapitalistischen Verwertungsprozess – sie sind kommodifiziert und nicht kapitalisiert. Die Fixierung ihrer Zusammensetzung

beruht auf einem anderen Imperativ: Diese Artefakte werden nach Marketingprinzipien gestaltet, sodass ihre Veralterung und damit die Nachfrage nach ihnen vom Konzernsektor kontrolliert werden kann. Die KLEM-Verhältnisse regeln auf diese Weise den biophysikalischen Durchsatz des ökonomischen Prozesses.

2. Dieser Durchsatz unterliegt dem Entropiegesetz, das besagt, dass Materie und Energie, die durch die Wirtschaft fließen, irreversibel umgewandelt und biophysikalisch abgebaut werden. Ein gefällter Baum kann zu Kanthölzern verarbeitet werden, aus denen wiederum ein Holztisch hergestellt werden kann. Während dieses Prozesses geht ein gewisser Anteil des im Baum enthaltenen Holzes als Sägemehl verloren und die für die Formung und Gestaltung der Tischkomponenten aufgewendete Energie geht als Wärme verloren. Der Prozess lässt sich nicht umkehren und aus dem Tisch lässt sich nicht wieder ein Baum machen. Der Tisch könnte nicht einmal wieder in das ursprüngliche Kantholz verwandelt werden. Eine perfekte Kreislaufwirtschaft ist unmöglich. Natürlich kann der Tisch, sobald er als »Abfall« eingestuft wurde, als »recycelte« Materie oder Energie in den Arbeitsprozess einfließen (z. B. durch seine Verbrennung in einer Schmiede), aber diese neue Umwandlung bedeutet einen Netto-Material- und Energieeintrag in den Durchsatz und damit eine stärkere Extraktion und Absorption von Abfall in Senken und damit potenziell zusätzliche ökologische und biogeochemische Belastungen in Abhängigkeit von den KLEM-Verhältnissen. Die einzige Möglichkeit, den Durchsatz und den ökologischen und biogeochemischen Druck signifikant zu reduzieren, besteht in der Herstellung langlebiger, arbeitsintensiver und weitgehend passiver Artefakte. Aber im Kapitalismus entwickelt sich die Produktion genau umgekehrt: Güter und Dienstleistungen sind in der Regel kurzlebig (Smartphones), energieintensiv (Flugreisen), arbeitssparend (Laubbläser) und materialintensiv (Plastikverpackungen). Warum? Weil es dieser hohe Umschlag von Gütern ist, der das Wachstum der Profite in der fortgeschrittenen kapitalistischen Tretmühle garantiert.

3. Die Größe des Durchsatzes ist daher, wenn andere Faktoren gleich bleiben, eine Funktion der Art und Größe der Bestände an kapitalisierten und kommodifizierten Artefakten, die in der monetären Produktionswirtschaft aufgebaut werden. In einer fortgeschrittenen kapitalistischen Wirtschaft befindet sich dieser Bestand überwiegend als fixes Kapital im Besitz großer monopolistischer Konzerne und unterliegt somit einem Verwertungsimperativ. Damit bestimmt dieser Imperativ den Umfang des Durchsatzes und die Auswirkungen seiner ökologischen und biogeochemischen Zwänge. Darüber hinaus werden Konzerne ihre gesamte soziale Macht einsetzen, um diese

langlebigen, kapitalisierten Vermögenswerte vor einer Entwertung durch Innovation oder Regulierung zu schützen. Konkurrierende Technologien oder Produkte werden aufgekauft, bei Regulierungsbehörden wird Lobbyarbeit betrieben und durch die private Akkumulation von Artefakten wird eine steigende Rate des Durchsatzes in der Entwicklung dieser Wirtschaft verankert. Die einzige merkliche Verlangsamung der Gesamtdurchsatzrate ist während der ökonomisch und sozial problematischen Verlangsamung der Akkumulationsrate in Krisenzeiten festzustellen: Rezessionen und Depressionen.[17]

4. Das Verhältnis von Artefakten und Durchsatzströmen ist kurzfristig relativ konstant. Es kann nur durch Investitionen verändert werden, die aber in einer fortgeschrittenen kapitalistischen Wirtschaft weitgehend in den Händen von großen Konzernen liegen und von deren privater Entscheidungsgewalt bestimmt werden. Tendenziell ist die KLEM-Zusammensetzung fixiert, ebenso wie seine ökologischen Folgen. Allgemein wird angenommen, dass »Wachstum«, weil es die monetäre Produktionswirtschaft erweitert, Raum für Investitionen in neue produktive Artefakte schafft, die »effizienter« sind, und dass diese Effizienz positive ökologische Auswirkungen haben kann, weil diese Artifakte mit einer umweltfreundlicheren KLEM-Zusammensetzung verbunden sind. Dies führt dann zu der gängigen These, dass Wachstum irgendwie von biophysikalischen Beschränkungen und ökologischen Folgen entkoppelt werden könne – die soziale Ökologie des kapitalistischen Stoffwechsels führt zu einer ganz anderen Reihe von Schlussfolgerungen. Drei ökonomische Mechanismen durchkreuzen den Entkopplungsprozess: der Rebound-Effekt, die Kapitalisierung der Extraktion und die Kapitalisierung der Externalisierung.

Der erste Mechanismus wurde von Umweltökonomen umfassend untersucht. Er bezieht sich auf eine Situation, in der Effizienzsteigerungen zu höheren Durchsätzen von Energie oder Materie führen, weil ein bestimmtes Artefakt oder eine bestimmte Technologie stärker angenommen oder intensiver genutzt wird. Eine andere Form des Rebound-Effekts tritt auf, wenn die Effizienz zu niedrigeren Kosten führt, wodurch Einkommen frei wird, das dann für den Konsum anderer Güter und Dienstleistungen verwendet wird, was wiederum zu einem höheren Durchsatz führt. Die Kapitalisierung der Extraktion basiert auf der Tatsache, dass im fortgeschrittenen Kapitalismus die Extraktion sehr hohe Anfangsinvestitionen in den Abbau und vor allem in die Transportkapazitäten für Rohstoffe erfordert. In dieser Struktur sind die Ströme von extrahierter Materie und Energie erst ab einer bestimmten Größenordnung wirt-

17 Qinglong Shao/Anke Schaffartzik/Andreas Mayer/Fridolin Krausmann: The high »price« of dematerialization: A dynamic panel data analysis of material use and economic recession, in: Journal of Cleaner Production, 167/2017, S. 120–132.

schaftlich rentabel. Je schwieriger die biophysikalischen Bedingungen der Extraktion sind, desto mehr wird der Prozess kapitalisiert und desto größer muss der Warenstrom sein, um die Kosten zu decken. Dieser Kapitalisierungsprozess erzeugt einen stetigen Strom an reichlich vorhandenen, kostengünstigen und standardisierten Stoffen, die »in die kapitalistische Wirtschaft gedrückt« werden und die Nutzung bestimmter Materialien und Energiequellen festschreiben, wodurch Alternativen verdrängt werden. Darüber hinaus ist das in der Rohstoffinfrastruktur gebundene Kapital umfangreich und so langlebig, dass die Amortisationszeit dieser Investitionen in Jahrzehnten gemessen werden kann. Die Kapitalisierung der Extraktion sorgt also dafür, dass der Durchsatz durch den »Überflusseffekt« von versunkenen Kosten und massenhafter Extraktion und Zirkulation weiter wächst.

Ein ähnlicher Prozess ist auf der Seite der Senken zu beobachten, und zwar in der spezifischen Form einer Kapitalisierung der Externalisierung von Abfällen und ökologischen Störungen. Die archetypische Form der kapitalisierten Externalisierung ist der Industrieschornstein oder der Abwasserkanal, der Abfälle und Verschmutzungen in Gewässer leitet. In beiden Fällen wird fixes Kapital in die Fähigkeit investiert, den Endpunkt des Durchsatzes und seine ökologischen Auswirkungen von den kapitalistischen Kerngesellschaften und vor allem von ihren Eliten fernzuhalten. Und je effizienter der Mechanismus der kapitalisierten Externalisierung ist, desto mehr Spielraum hat die »Wirtschaft«, um ihren Durchsatz zu steigern oder ein Durchsatzvolumen aufrechtzuerhalten, das ökologisch nicht nachhaltig ist.

Kapitalisierung in der Form von Investitionen ist eine Wachstumsstrategie, durch die Bestände akkumuliert werden, indem fixes Kapital in produktiven Artefakten gebunden wird. Die drei oben genannten Mechanismen sorgen dafür, dass Investitionen in einem kapitalistischen Umfeld nicht zu ökologisch effizienteren KLEM-Zusammensetzungen führen, die den Materialdurchsatz verringern oder verlangsamen könnten. Sicherlich wird es zu einigen Substitutionseffekten kommen, wie dem Ersatz von Kohle durch gefracktes Erdgas, aber es besteht eine inhärente Tendenz der Verschlechterung oder zumindest der Beibehaltung der bisherigen KLEM-Verhältnisse.

Das daraus resultierende Wachstum im fortgeschrittenen Kapitalismus wird sich somit wie folgt bemerkbar machen:

1. als wachsende – kapitalistisch bestimmte – Produktion oder als wachsende Fülle von kommodifizierten Gütern und Dienstleistungen,
2. als die fortgesetzte Vermittlung immer größerer Aspekte der produktiven, konsumtiven und reproduktiven täglichen Lebensaktivität durch große Konzerne, einschließlich der reproduktiven und pflegerischen Aktivitäten sowie der metabolischen und ästhetischen Bezie-

hungen zur Natur. Diese Erfahrung wird zur Akzeptanz und Legitimität dieser Vermittlung durch das Privatkapital führen,
3. als Erfahrung des sozialen Wandels in Form einer kontinuierlichen Veränderung der Zusammensetzung der produzierten Güter (und dem Wunsch nach dem Neuen) sowie einer Veränderung der Arbeitserfahrungen und Konsumgewohnheiten (als Wunsch nach sozialer Beschleunigung),
4. als beschleunigter ökologischer Wandel und gestörte biogeochemische Kreisläufe, was als der Zwang erlebt werden wird, sich an neue, ungewohnte und instabile Umweltmuster anzupassen, die sich rückwirkend auf die Bedingungen der Akkumulation und der sozialen Reproduktion auswirken und neue Wachstumszwänge anregen werden.

Dies sind die Kräfte, die den Stoffwechsel der kapitalistischen monetären Produktionsökonomie prägen werden. Sie werden die Bildung von Beständen in Form von Artefakten steuern, die als Anlagevermögen von monopolistischen Konzernen gehalten werden oder in Form von langlebigen Gütern wie Häusern, Autos, elektrischen Werkzeugen und Haushaltsgeräten. Beide Bestände werden nach kapitalistischen Kriterien entwertet. Der Durchsatz wird in diese Bestände fließen, um sie zu speisen und zu erneuern, aber er wird auch in die geronnene Form von kurzlebigeren Waren eingehen, deren Verwandlung in Abfall ebenfalls kapitalistisch bestimmt ist. Die Raten der Entwertung von fixem Kapital und der Verwandlung von Gütern in Abfall sowie die Durchdringung des gesellschaftlichen Lebens mit kommodifizierten Gütern und Dienstleistungen sind die Mittel, mit denen Konzerne ihre Produktion und organisatorische Kontrolle im Wettlauf um die Umwandlung ihrer Profite in ökonomische Macht über die Gesellschaft ausbauen (Wachstumsimpuls) und ihre Größe und Reichweite in einer wachsenden Wirtschaft aufrechterhalten können (Wachstumsimperativ). Dies sind die sozialen Kräfte einer tiefgreifenderen Tretmühle der Akkumulation, die das fossil-industrielle Stoffwechselregime zur Großen Beschleunigung getrieben haben.

Fazit – Emanzipation aus den Ruinen des fossilen Stoffwechsels

Der Stoffwechsel kapitalistischer Gesellschaften setzt Materialflüsse frei und akkumuliert Materialbestände, die wahrhaft geologische Ausmaße annehmen. Die jährliche Masse an Materie, die vom Kapital extrahiert und in Umlauf gebracht wird, wird bald die Biomasse übersteigen, die von allen terrestrischen Ökosystemen der Erde im gleichen Zeitraum produziert wird. Das exponentielle Wachstum, das den fossil-industriellen Stoffwechsel charakterisiert, verändert das Gesicht des Planeten so sehr, dass die grundlegenden biogeochemischen Kreisläufe, die das Erdsystem formen, sich gefährlichen Kipppunkten und Instabilitätszonen nähern.[1] Dies hat weitreichende Auswirkungen auf die Biodiversität: Die Lebensfähigkeit der letzten nicht anthropogenen Biome (Amazonas, boreale Wälder) wird untergraben, neuartige künstliche Ökosysteme (Anthrome) wie Weiden, Plantagen und agroindustrielle Felder bedecken heute einen Großteil der Erdoberfläche und haben die ökologische Instabilität des Planeten verstärkt. Und schließlich bringt der unablässige Ausstoß von Treibhausgasen das Klima der Erde auf einen Treibhauskurs mit einer wahrscheinlichen Erwärmung von 2 bis 4,5 Grad im nächsten Jahrtausend, wodurch weite Teile des Planeten für den Menschen unbewohnbar werden. Dies sind unumstrittene Tatsachen, die von einer breiten Gemeinschaft von Natur- und Sozialwissenschaftlerinnen akzeptiert werden. Sie scheinen in den neuesten IPCCC-Berichten einen starken Konsens darzustellen und ihre Auswirkungen werden im Rahmen der Debatte über die Existenz eines Anthropozäns, das auf das Holozän folgt, erörtert. Auch wenn wir die Ursprünge des Klimawandels und der globalen Erwärmung auf den Beginn des fossil-industriellen Stoffwechsels vor 200 Jahren datieren können, haben sich die ökologischen Belastungen und nicht nachhaltigen sozialen Vermittlungen der Lebenszyklen der Erde in den letzten 70 Jahren derart verschärft, dass Geowissenschaftler und Umwelthistorikerinnen von einer »Großen Beschleunigung« sprechen. Aus der Perspektive des sozialen Stoffwechsels hat die Zeit nach 1950 ihre eigene Dynamik in Bezug auf Durchsatz und Bestandsaufbau,

1 David I. Armstrong McKay u. a.: Exceeding 1.5°C global warming could trigger multiple climate tipping points, in: Science, 2022, No. 6611.

sowohl quantitativ – in Bezug auf das beispiellose Ausmaß der Ströme und akkumulierten Artefakte – als auch qualitativ – in Bezug auf die beteiligten Arten von Materie.

Wir haben einen analytischen Rahmen bereitgestellt, mit dem wir den kapitalistischen Charakter dieser Großen Beschleunigung verstehen können. Unser Fokus lag darauf, wie im fortgeschrittenen Kapitalismus Überproduktion und Überkonsumtion miteinander verbunden sind, wie extraktive und dissipative Prozesse als solche zu Orten der Kapitalakkumulation werden, wie diese wirtschaftlichen Beziehungen als ein Akkumulationsregime etabliert werden, das die organisatorische Macht des Konzernkapitals als Ganzes reproduziert und den Durchsatzfluss antreibt sowie bestimmt, wie sich dieser in einer Akkumulation materieller Bestände niederschlägt. Wir haben gezeigt, wie die Macht der vom Konzernkapital monopolisierten Investitionen in hohem Maße die Stoffwechselstrukturen – den Nexus von Beständen, Strömen und Praxis – der heutigen Gesellschaften bestimmt. Diese Macht formt und definiert die vier strukturellen Momente, die den Wirtschaftsprozess aus metabolischer Perspektive ausmachen: Extraktion, Produktion, Konsumtion und Dissipation des materiellen Durchsatzes. Das in der Organisationsmacht großer Konzerne verkörperte Kapital wird akkumuliert und an jedem dieser Momente des Durchsatzes in materieller und immaterieller Form als fixes Kapital angelegt, dass den Durchsatz weiter antreibt. Die Akkumulation von Kapital führt zum Wachstum des gesamten ökonomischen Prozesses, das sich makroökonomisch durch das BIP erfassen lässt und als biophysikalisches Phänomen durch die im ersten Kapitel ausführlich behandelten Kennziffern. Das Wachstum ist sowohl Resultat als auch Voraussetzung der kapitalistischen Akkumulation und stellt einen Impuls für die weitere Akkumulation dar, während es zugleich mit dem Imperativ verbunden ist, das ökonomische Mehrprodukt durch die Ausweitung von Konsum und Investitionen zu absorbieren.

Die materiellen Grundlagen dieser Wachstumstretmühle sind die spezifischen Stoffwechselbeziehungen, die das fossile Kapital auf der Grundlage der massenhaften Extraktion und Umwandlung geologischer Quellen entwickelt hat: fossile Brennstoffe, Metalle und nichtmetallische Mineralien, insbesondere solche, die für den Bau von Betonstrukturen benötigt werden. In den fossilen Energiequellen hat das Kapital einen bereits vorhandenen Bestand gefunden, den es im Fall von Kohle und Gas fast sofort nutzen konnte. Erdöl bedurfte zwar einer gewissen Umwandlung, aber durch seine Verbrennung konnte weiteres Öl gefördert und zu nützlichen Brennstoffen raffiniert werden. Der fossile biophysikalische Überschuss hat die Wachstumsdynamik und die Kapitalakkumulation in den letzten zwei Jahrhunderten aufrechterhalten und zur weltweiten – allerdings ungleichen und asymmetrischen – Ausweitung der kapitalistischen Dynamik und des fossil-industriellen Stoffwechsels getrieben.[2] Die Mobilisierung dieses biophysikalischen Überschusses hat auch grundlegend die Art und Weise verändert, in der sich kapitalistische Gesellschaften insbesondere durch die Landwirtschaft Biomasse aneignen. Jahrtausendelang war landwirtschaftliche Arbeit, die mit der organischen Aktivität von Lebewesen (Pflanzen und Tieren) in bewirtschafteten Ökosystemen verbunden war, das vorherrschende Mittel zur Erzeugung eines biophysikalischen Mehrprodukts, das in gesellschaftlichen Formen angeeignet werden konnte. Dieses Mehrprodukt konnte darüber hinaus als Muskelkraft (von Tieren und Menschen) mobilisiert und für die Extraktion von metabolisch wertvollen Stoffen aus geologischen Quellen eingesetzt werden: Metalle, behauener Stein und Mineralien. Trotzdem stammten die meisten Stoffe des Durchsatzes in Agrargesellschaften aus der Landwirtschaft, der Viehzucht und der Forstwirtschaft. Im fossil-industriellen Stoffwechselregime wird die ökologische Struktur der landwirtschaftlichen Produktion umgekehrt, von einer Quelle des biophysikalischen Mehrprodukts wird die Landwirtschaft zu einer materiellen und energetischen Senke. Das organische Wachstum von Biomasse in riesigen Anthromen auf der ganzen Welt ist inzwischen von fossilen Brennstoffen abhängig. Ein treffendes Beispiel ist der Zusammenbruch der landwirtschaftlichen Produktivität in Thailand im Jahr 2022, nachdem die Regierung den Import und die Verwendung von synthetischen Düngemitteln aus wirtschaftlichen und fiskalischen Gründen verboten hatte, die mit dem explosionsartigen Anstieg ihrer Kosten im Zuge des Krieges Russlands mit der Ukraine zusammenhingen.

Zwar existiert noch eine agrarökologische Produktion, die das Potenzial des organischen Wachstums von Nutzpflanzen mit Arbeit und einer gesellschaftlichen Gestaltung der ökologischen Beziehungen von Pflanzengemeinschaften verbindet, aber dieser Komplex soziometabolischer Beziehungen, der seit dem Ende der großen Eiszeit vor 10 000 Jahren menschliche Gemeinschaften gestützt und ernährt hat, wurde stark an den Rand gedrängt. Die scheinbar hohe Produktivität fossiler agroindustrieller Ökosysteme hat einen bedeutenden Teil der Gesellschaft von den Zwängen und Grenzen der landwirtschaftlichen Subsistenzproduktion befreit. Diese materielle Emanzipation hat die Entwicklung einer sich vertiefenden und ausweitenden gesellschaftlichen Arbeitsteilung vorangetrieben. Diese Arbeitsteilung beruht nicht nur auf den Prinzipien der Spezialisierung, sondern auch auf der funktionalen, existenziellen und geografischen Trennung zwischen Extraktion, Produktion, Konsumtion und Entsorgung, die nur aus der Perspektive kapitalistischer Verhältnisse vereint sind. Adam Smith betrachtete diese sich vertiefende

2 Christoph Görg u. a.: Scrutinizing the Great Acceleration: The Anthropocene and its analytic challenges for social-ecological transformations, in: Anthropocene Review, 1/2019, S. 42–61.

gesellschaftliche Arbeitsteilung als Quelle der Produktivität und des potenziellen materiellen Überflusses – solange sie von einer ungehinderten Ausweitung der Märkte begleitet wurde. Für ihn und das liberale Denken nach ihm war die Möglichkeit einer sozialen Emanzipation von Not und Knechtschaft an eine fortschreitende materielle Emanzipation von der unmittelbaren Subsistenzproduktion durch die Vertiefung der gesellschaftlichen Arbeitsteilung gebunden.[3] Marx und die meisten sozialistischen Denker hielten an dieser Auffassung von der materiellen Emanzipation als Voraussetzung und Bedingung für die soziale Emanzipation fest, ersetzten jedoch die ungebändigten Märkte durch eine selbstbewusste Koordination zwischen den unmittelbaren Produzentinnen und führten die Idee ein, dass die Entwicklung der modernen gesellschaftlichen Arbeitsteilung sozial geplant werden könne. Aus Sicht der sozialen Ökologie bilden jedoch die Verbrennung fossiler Energieträger, die Externalisierung und der ungleiche ökologische Tausch die eigentliche materielle Grundlage, auf der diese moderne Arbeitsteilung entwickelt wurde.[4]

Ein zentraler Ausdruck dieser vertieften Arbeitsteilung ist die zunehmende Konzentration des Großteils der Menschheit in riesigen städtischen Umgebungen und die Übernahme urbaner Lebens- und Arbeitsweisen, die auf den soziometabolischen Möglichkeiten dieser Umgebungen beruhen.[5] Der Kapitalismus, wie wir ihn kennen, ist eng mit der Entwicklung urbaner Lebensweisen verbunden. Die moderne Form der Stadt, insbesondere in ihrer ausgedehnten nordamerikanischen Variante, hat sich als besonders geeignet erwiesen, die immensen biophysikalischen und sozialen Überschüsse zu absorbieren, die die kapitalistische Produktion während der Großen Beschleunigung in Gang gesetzt hat. Auf dieser materiellen Grundlage sind – privilegierte als auch prekäre – Lebensstile des Massenkonsums und die entsprechenden Formen der Subjektivierung in fortgeschrittenen kapitalistischen Gesellschaften zur Norm geworden.[6] Die Notwendigkeit, etwas zu produzieren, das nicht von einem selbst konsumiert werden kann, und etwas zu konsumieren, das nicht von einem selbst produziert werden kann – ein Merkmal von Gesellschaften mit ausgeprägter Arbeitsteilung – wurde durch die kapi-

3 Gareth Dale: Seventeenth Century Origins of the Growth Paradigm, in: Iris Borowy/Matthias Schmelzer (Hrsg.): History of the Future of Economic Growth. Historical Roots of Current Debates on Sustainable Degrowth, Abingdon 2017, S. 27–51.

4 Ulrich Brand/Markus Wissen: Imperiale Lebensweise. Zur Ausbeutung von Mensch und Natur im globalen Kapitalismus, München 2017; und Alf Hornborg: Nature, Society, and Justice in the Anthropocene. Unraveling the Money-Energy-Technology Complex, Cambridge 2019.

5 In seiner sozialen Ökologie hat Murray Bookchin eine fruchtbare und originelle Kritik an dieser Entwicklung formuliert. Vgl. Murray Bookchin: Urbanization Without Cities. The Rise and Decline of Citizenship, Montreal 1992.

6 Dennis Eversberg: From democracy at others' expense to externalization at democracy's expense: Property-based personhood and citizenship struggles in organized and flexible capitalism, in: Anthropological Theory, 3/2021, S. 315–340.

talistische Dynamik der letzten Jahrzehnte auf die Spitze getrieben, da globale Konzerne immer längere, komplexere und undurchsichtigere Lieferketten entwickelt haben. Die gewaltigen Stoffströme, das Ausmaß der Extraktion und der daraus resultierende Umfang der Entsorgung, die wir untersucht haben und die die Materialität zeitgenössischer Gesellschaften kennzeichnen, gehen mit einem riesigen Bestand an fossilen Brennstoffreserven einher, die jährlich verbrannt werden müssen, um den Durchsatz aufrechtzuerhalten. Und auch die Art der Stoffe, aus denen Lebenswelten aufgebaut werden, hat sich in den letzten Jahrzehnten radikal verändert. Von fossilen Stoffen abhängige Materialien wie Plastik, energieintensive Metalle wie Aluminium und Titan sowie mit fossilen Brennstoffen verbundene Infrastrukturen und Gebäude aus Beton haben unsere soziale und natürliche Welt grundlegend verändert. Da Informations- und Kommunikationstechnologien für immer größere Teile der Menschheit zu Vermittlern des Alltagslebens werden, gelangen neue seltene Metalle und andere energie- und flächenintensive Materialien in den Durchsatzstrom, was sozioökologische Konflikte sowohl an den extraktiven als auch an den dissipativen Grenzen verschärft – sei es in Tagebau-Graphitminen im fortgeschrittenen kapitalistischen Kern oder auf Deponien für Elektroschrott, die in Randgebiete wie Ghana oder Südostasien ausgelagert werden.

Um aus dieser Wachstumstretmühle auszubrechen, müssen nicht nur die Konzernstrukturen, das kapitalistische Eigentum und die Produktionsverhältnisse im Allgemeinen aufgebrochen und aufgelöst werden, sondern auch ein Großteil des als Maschinen und fossile Infrastrukturen akkumulierten Kapitals muss demontiert und ersetzt werden. Ebenso müssen Gewohnheiten, Lebens- und Arbeitsweisen, materielle Erwartungen und Konsumkulturen, die von immateriellem Kapital in Design, Marketing und Werbung gefördert werden, infrage gestellt und transformiert werden. Die Wachstumstretmühle der modernen kapitalistischen Gesellschaft hat auch eine starke politische Grundlage, auf die wir in dieser Arbeit kaum eingegangen sind, die aber einer kritischen Analyse aus sozioökologischer Sicht bedarf.[7] In einer kapitalistischen Gesellschaft ist Wachstum ein politischer Imperativ. Es spielt eine entscheidende Rolle für die dynamische Stabilisierung dieser von Widersprüchen zerrissenen Gesellschaftsform. Dies bringt uns zurück zu Adam Smith. In »Wohlstand der Nationen« argumentierte er, dass in einer Klassengesellschaft soziale Konflikte zwischen den konstituierenden Klassen der aufkommenden modernen kapitalistischen Gesellschaft – Kapitalistinnen, Landbesitzer als Rentiers (zu denen wir heute das Finanzkapital zählen können) und

7 Melanie Pichler/Anke Schaffartzik/Helmut Haberl/Christoph Görg: Drivers of society-nature relations in the Anthropocene and their implications for sustainability transformations, in: Current Opinion in Environmental Sustainability, 6/2017, S. 32–36.

Lohnempfängerinnen – entweder durch Unterdrückung und Gewalt oder durch Wachstum der Produktion reguliert werden könnten (beide Lösungen werden im achten Kapitel von »Wohlstand der Nationen« vorgestellt). In der modernen kapitalistischen Gesellschaft ist der Klassenkampf, wenn er nicht die bestehenden Produktionsverhältnisse infrage stellt, sondern lediglich innerhalb dieser Verhältnisse ausgetragen wird – was meistens der Fall ist –, ein Kampf um die Verteilung des ökonomischen Mehrprodukts. Die einzige Möglichkeit, ein Nullsummenspiel zu vermeiden, bei dem der Gewinn des einen der Verlust des anderen ist, besteht darin, das Mehrprodukt zu erhöhen. Dies führt zu dem, was Allan Schnaiberg als »Wachstumskoalition« bezeichnet hat. Diese Koalition, die typisch für moderne kapitalistische Klassengesellschaften ist, besteht aus dem Triptychon: Kapital, Arbeit und Staat. Jede Seite hat ein Interesse am Wachstum und jede spielt eine funktionale Rolle in der Makroökonomie des Wachstums: die Arbeiterschaft als Massenkonsumenten und unmittelbare Produzentinnen; die Kapitalisten als Investoren, die die Expansion des Systems lenken; und der Staat durch eine Haushalts-, Steuer- und Handelspolitik, die das Wachstum unterstützt und stabilisiert, sowie durch die Umverteilung von Reichtum in einem legalen Rahmen. Im Rahmen dieses Beziehungsdreiecks zwischen Staat, Arbeit und Kapital lässt sich zwar eine radikalere Theorie der Ausbeutung entwickeln, um zu zeigen, dass letztlich der gesamte gesellschaftliche Reichtum von den Arbeitern produziert wird und sie daher die volle Kontrolle über die Produktionsverhältnisse haben sollten. Es ist jedoch unmöglich, in diesem Rahmen die von uns untersuchten begrenzenden Faktoren des Wachstums und seine sozioökologischen Widersprüche zu erkennen und infrage zu stellen. Im Gegenteil, der soziopolitische Wachstumsimperativ der kapitalistischen Gesellschaft macht es verständlich, warum die konstitutiven Gruppen der Wachstumskoalition – organisierte Arbeiterschaft, Kapital und der moderne Staat – spontan zu wachstumsorientierten Antworten auf die ökologischen Widersprüche der kapitalistischen Expansion konvergieren werden. Daher ist eine autonome Kritik der ökonomischen Dimensionen und des Wachstums als materiellem Ausdruck und Manifestation der Akkumulation notwendig.

Eine wahrhaft ökologische und gerechte Gesellschaft muss aus der hier entwickelten Perspektive mit einem Großteil der Materialität und der Stoffwechselmuster brechen, die das Wachstum des modernen Kapitalismus ermöglicht haben. Die vom Kapitalismus entwickelten »Produktivkräfte« können nicht hoffnungsvoll als Instrumente betrachtet werden, mit denen nach ihrer Vergesellschaftung eine lebensfähige emanzipatorische Zukunft geschaffen werden könnte. Im Gegenteil, sie müssen mit Vorsicht und Argwohn betrachtet werden, als Produkte eines auf fossilen Brennstoffen basierenden Stoffwechsels, verschleiert durch den Maschinenfetischismus, gestützt durch asymmetrische Materialflüsse zwischen Zentrum und Peripherie und externalisierte ökologische Auswirkungen. Ihre Entwicklung, die auf einer radikalen Trennung und Entfremdung von Produktion und Konsumtion basiert, untergräbt und kolonisiert die alltägliche Einheit reproduktiver Aktivitäten durch die Kommodifizierung von gemeinschaftlichen Gegenständen, Formen der Fürsorge und sozialen Beziehungen. Eine emanzipatorische Politik kann ihre Vision von dem, »was sein könnte«, heute nicht auf die durch die kapitalistische Akkumulation entwickelten Möglichkeiten stützen. Darüber hinaus muss sich eine emanzipatorische Politik, die die Materialität der Gesellschaft und ihre ökologischen Widersprüche ernst nimmt, mit den Grenzen des sozialen Stoffwechsels auseinandersetzen. Die Vorstellung, dass die Emanzipation von der Materialität eine Voraussetzung für die soziale Emanzipation sei, muss aufgegeben werden, wenn von der Gesellschaft auf globaler und lokaler Ebene auf bewusste und gerechte Weise Grenzen festgelegt werden sollen.

Unter den Ansätzen zur sozialen Emanzipation scheint der Vorschlag »Degrowth«[8] diese Fragen am gründlichsten untersucht zu haben (einschließlich des an Degrowth orientierten Ökosozialismus).[9] Wir überlassen es anderen, Degrowth als emanzipatorisches Projekt und soziale Bewegung hin zu einer postkapitalistischen Lebensweise im Einklang mit der Natur vorzustellen, zu diskutieren und zu verteidigen.[10] Die Theorie der Sozialen Ökologie des Kapitals ist ein vorgeordnetes und begrenzteres Unterfangen. Sie bietet einen Rahmen für die kritische Untersuchung der materiellen und sozialen Funktionsweise dessen, was wir überwinden wollen. Sie entwickelt eine dialektische Perspektive auf die ökologischen Beziehungen von Gesellschaftsformationen, die die Fallstricke und den Reduktionismus sowohl des idealistischen Konstruktivismus als auch des Naturalismus vermeidet. Wir haben einen allgemeinen Überblick über die von kapitalistischen Ökonomien hervorgebrachten Stoffwechselbeziehungen skizziert, aber es könnte noch viel mehr untersucht werden. Der in dieser Untersuchung skizzierte Rahmen könnte durch die Untersuchung der vielen Akkumulationsgrenzen an den Punkten der Extraktion und der Dissipation, die gestern, heute und morgen weltweit auftauchen, bereichert und ergänzt werden.

---

8 Bengi Akbulut: Degrowth, in: Rethinking Marxism: A Journal of Economics, Culture & Society, 1/2021, S. 98–110.

9 Dieser Ansatz wurde dank der Pionierarbeit von John Bellamy Foster und Paul Burkett in den letzten Jahren im Rahmen der »Monthly Review« entwickelt. Eine aktuelle Zusammenfassung bieten: Alejandro Pedregal/Juan Bordera: Toward an Ecosocialist Degrowth: From the Materially Inevitable to the Socially Desirable, in: Monthly Review, 2/2022, S. 41–54; und Michael Löwy/Bengi Akbulut/Sabrina Fernandes/Giorgos Kallis: For an Ecosocialist Degrowth, in: Monthly Review, 11/2022, S. 56–58.

10 Matthias Schmelzer/Aaron Vansintjan/Andrea Vetter: The Future is Degrowth. A Guide to a World Beyond Capitalism, London 2022.

Dies muss kein rein wissenschaftliches Projekt sein. Im Gegenteil, die sozialen Kräfte, die die kapitalistische Tretmühle des Wachstums antreiben, suchen angesichts der Notwendigkeit, den Klimawandel einzudämmen, nach Wegen, die metabolischen Grundlagen der fortgeschrittenen kapitalistischen Ökonomien zu transformieren und gleichzeitig die sozialen Verhältnisse der Akkumulation, Ausbeutung und Externalisierung aufrechtzuerhalten. Insbesondere streben sie danach, in den kapitalistischen Kernländern jedes schmutzige, auf fossilen Brennstoffen basierende Joule im Energiesystem durch ein sauberes, erneuerbares oder auf Biomasse basierendes Joule zu ersetzen. Ernsthafte Untersuchungen von Industrieökologen haben gezeigt, dass dies für einige Länder möglich sein könnte, sich aber keinesfalls verallgemeinern ließe. Selbst wenn sie auf den kapitalistischen Kern beschränkt bliebe, hätte eine derart drastische Energiewende verheerende Auswirkungen auf die biologische Vielfalt und könnte sogar das verschlingen, was vom Kohlenstoffbudget des Planeten noch übrig ist, weil fossile Energieträger verbrannt werden müssten, um die Infrastrukturen für erneuerbare Energien aufzubauen. Doch die kapitalistischen Sirenengesänge des Techno-Optimismus, die sich auf die Monopolisierung der Investitionen in die zukünftigen Mittel der Extraktion, der Produktion und der Konsumtion stützen können, drängen die soziale Ökologie des Kapitals an neue Grenzen der Akkumulation, an denen neue sozioökologische Kämpfe entstehen werden. Die Versprechungen, privilegierte Lebensweisen im fortgeschrittenen kapitalistischen Kern und unter den Mittelschichten des globalen Südens beibehalten und verbessern zu können, haben ihre Entsprechung bei progressiven Kräften, die sich der Illusion hingegeben, die Produktivkräfte und der Durchsatz könnten weiter gesteigert werden, weil reinere, dichtere und sauberere Energieformen im Überfluss in einem »dort draußen« vorhanden seien, das nur noch gefunden werden müsse. Wenn also die soziale Ökologie, wie in der Einleitung gesagt wurde, eine Sprache für diejenigen ist, die die materielle Entwicklung der kapitalistischen Gesellschaft infrage stellen, dann ist sie auch eine Sprache für diejenigen, die den Lockrufen des progressiven Ökomodernismus und des technologischen Akzelerationismus widerstehen und sie infrage stellen wollen. Sie ist eine Sprache für diejenigen, die inmitten der Ruinen des fossilen Kapitals, seiner Artefakte und der gebrochenen Versprechen einer Emanzipation von der Materialität einen neuen organischen sozialen Stoffwechsel aufbauen und begrüßen wollen.

Anhang zur deutschen Ausgabe

104 Gigatonnen. Das ist die Menge an Materie, die im Jahr 2023 weltweit extrahiert wurde. Als ich 2018 in Jena am Kolleg Postwachstumsgesellschaften mit der Erforschung der sozialen Ökologie des Kapitals begann, lag die weltweite Förderung bei 95 Gigatonnen (Gt). Im Jahr 1970 betrug der globale extraktive Strom 27 Gt. Die Masse an Materie, die das Kapital in Bewegung setzt, ist in einem halben Jahrhundert um den Faktor 3,8 gewachsen und seit Beginn meiner Arbeit an diesem Projekt um fast 10 Gt gestiegen.

Obwohl ich mich bemüht habe, die höchst ungleiche Natur der Materialflüsse und der angeeigneten extrahierten Materie zu berücksichtigen, geht das Buch nicht auf die spezifischen Merkmale des sozialen Stoffwechsels in Deutschland ein. Eine gründliche Analyse würde den Rahmen eines Anhangs sprengen, aber hier seien einige herausragende Merkmale der Materialität des Kapitalismus in Deutschland genannt.

Auf ihrem eigenen Hoheitsgebiet extrahierte die deutsche Gesellschaft im Jahr 2023 etwa 1 Gt Materie, während sich ihr Materialverbrauch oder Durchsatz auf 1,2 Gt belief. 200 Megatonnen mussten also importiert werden. Wie in Abb. 8.1 dargestellt, ist der Trend der Extraktion im letzten halben Jahrhundert durch zwei wichtige Veränderungen gekennzeichnet: Nach der deutschen Wiedervereinigung im Jahr 1990 geht die Förderung von fossilen Brennstoffen, insbesondere von Kohle, stark zurück, und bis Mitte der 2000er-Jahre kommt es zu einem Anstieg der Extraktion von Baumaterialien wie Sand, Kies, Kalkstein für Zement und Bruchstein.

Abb. 8.2 zeigt die Entwicklung des tatsächlichen Stoffdurchsatzes, von dem die materielle Reproduktion der deutschen Gesellschaft abhängig ist. Der Rückgang bei den fossilen Brennstoffen ist hier nicht so dramatisch, weil der Rückgang der Kohleförderung zum Teil durch wachsende Importe von Öl und Gas kompensiert wurde. Aber insgesamt ergibt sich das Bild einer Wirtschaft, die ihre Abhängigkeit von materiellen Strömen stabilisiert oder scheinbar sogar verringert hat, oder wie es im allgemeinen Sprachgebrauch heißt, von der Extraktion entkoppelt hat.

Wenn wir zu dieser Grafik den tatsächlichen Material-Fußabdruck der deutschen Wirtschaft hinzufügen, ändert sich das Bild. Diese in Abb. 8.3 dargestellte Kennzahl erfasst nicht nur das in Deutschland verbrauchte

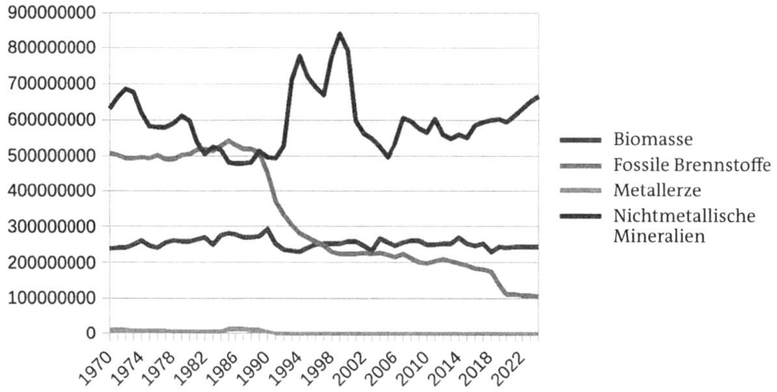

Abb. 8.1 Inländische Extraktion (Gt), Deutschland 1970–2023
Quelle: UNEP, IRP: Global Material Flows Database, 2024 (Berechnung des Autors).

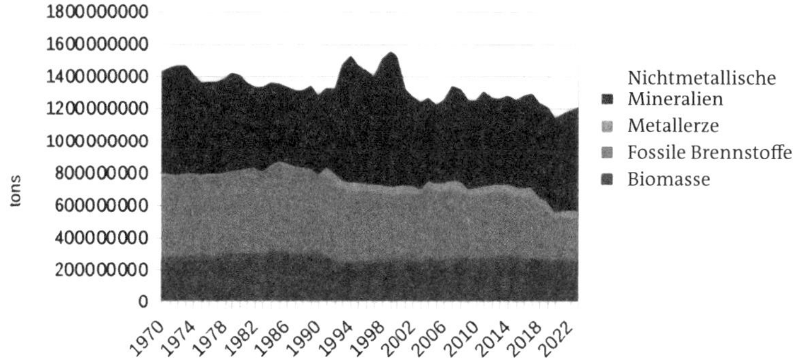

Abb. 8.2 Materieller Verbrauch (Gt), Deutschland 1970–2023
Quelle: UNEP, IRP: Global Material Flows Database, 2024 (Berechnung des Autors).

Material, sondern auch das, was für die Produktion des importierten Anteils des Durchsatzes benötigt wird.

In dieser Darstellung ist der Durchsatz doppelt so groß wie die inländische Extraktion und es ist in allen Kategorien, einschließlich der fossilen Brennstoffe, kein eindeutiger Abwärtstrend mehr zu erkennen. Im Jahr 1970 betrug der Materialverbrauch in Deutschland das 1,3-fache des durchschnittlichen globalen Material-Fußabdrucks, bis 2023 ist dieser Wert auf das 1,7-fache angestiegen. Was sagt uns das? Dass der Kapitalismus und die Gesellschaft in Deutschland in den letzten 50 Jahren wie die meisten Gesellschaften im fortgeschrittenen kapitalistischen oder imperialen Kern den zur Reproduktion ihrer sozialen Ökologie oder ihres Stoffwechsels erforderlichen Materialverbrauch externalisiert haben. Dies bestätigt die im Buch angeführten Analysen zu Externalisierung und imperialer Lebensweise.

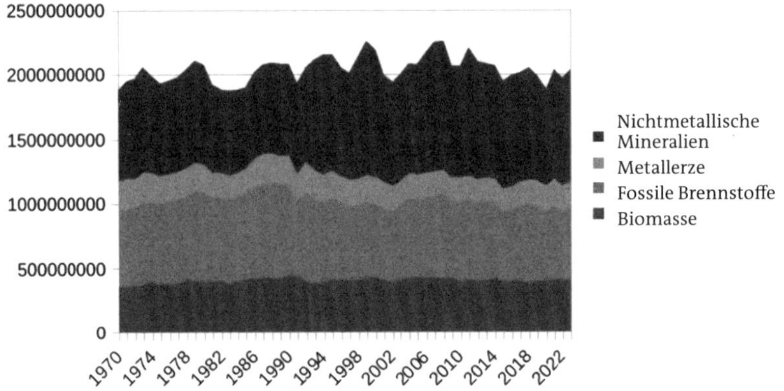

Abb. 8.3 Material-Fußabdruck (Gt), Deutschland 1970–2023
Quelle: UNEP, IRP: Global Material Flows Database, 2024 (Berechnung des Autors).

Am deutlichsten werden diese materiellen Ungleichheiten, wenn wir vom Material-Fußabdruck pro Kopf ausgehen. Im globalen Durchschnitt ist er zwischen 1970 und 2023 von 8,5 Tonnen auf nahezu 13 Tonnen angestiegen. In Deutschland lag er 2023 bei etwas über 24 Tonnen pro Kopf, was fast dem Doppelten des globalen Durchschnitts entspricht. In Brasilien, einem wichtigen Metalllieferanten für die deutsche Industrie, betrug er 2023 etwa 16 Tonnen, und in Kanada, wo dieses Buch geschrieben wurde, belief er sich im selben Jahr auf den kolossalen Wert von 40 Tonnen pro Kopf. Wenn wir uns die in Abb. 8.4 dargestellten Pro-Kopf-Kennzahlen im zeitlichen Verlauf für die deutsche Wirtschaft anschauen, so lässt sich Folgendes feststellen:

1. Die Exporte pro Kopf sind seit der Wiedervereinigung deutlich gestiegen und liegen 2023 bei fast 5 Tonnen pro Kopf.
2. Insgesamt schwankt der Material-Fußabdruck des deutschen Kapitalismus seit den 1970er-Jahren gleichbleibend um etwa 25 Tonnen pro Kopf.
3. Die inländische Extraktion ist in Deutschland zurückgegangen, während der Material-Fußabdruck stabil geblieben ist und die Exporte gestiegen sind.
4. Dies lässt sich durch das stetige Wachstum der Rohstoffäquivalente der Importe pro Kopf erklären, die zwischen 1970 und 2023 von etwas weniger als 10 Tonnen auf 19 Tonnen angewachsen sind und sich damit nahezu verdoppelt haben.

Mehr denn je sind die Akkumulation des Kapitals und der Anstieg des Konsums in Deutschland von der Extraktion des materiellen Durchsatzes an anderen Orten abhängig.

Was aus den Daten zum sozialen Stoffwechsel des Kapitalismus und der Gesellschaft in Deutschland klar hervorgeht, ist Folgendes:

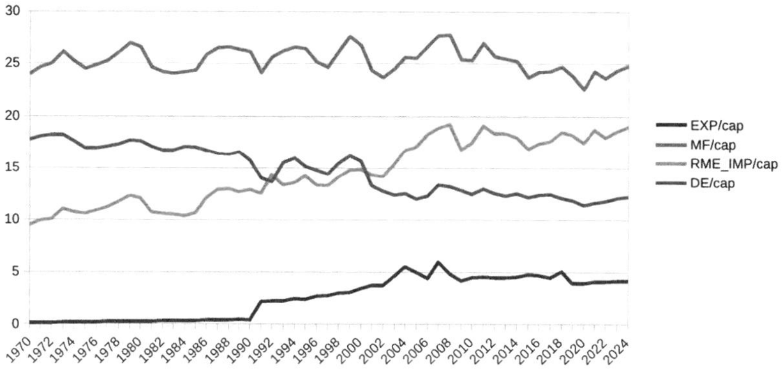

EXP/cap = Physikalische Exporte pro Kopf
DE/cap = Inländische Extraktion pro Kopf
RME_{IM}/cap = Rohstoffäquivalent der Importe pro Kopf
MF/cap = Material-Fußabdruck pro Kopf
$MF = DE + RME_{IM} - RME_{EX}$

Abb. 8.4 Pro-Kopf-Kennzahlen (Tonnen), Deutschland 1970–2023
Quelle: UNEP, IRP: Global Material Flows Database, 2024 (Berechnung des Autors).

1. ist die Gesellschaft nicht weniger abhängig von fossilen Brennstoffen geworden. Die Analyse des materiellen Fußabdrucks zeigt, dass diese Abhängigkeit lediglich in andere Teile der Welt externalisiert wurde,
2. hat das globale Wirtschaftswachstum der letzten sieben Jahrzehnte trotz seines wechselhaften Verlaufs zu keiner wirklichen Gleichheit oder Konvergenz zwischen den Weltregionen, zwischen Zentrum und Peripherie geführt, mit Ausnahme von China.

Auch wenn einige Länder des globalen Südens ihre wirtschaftliche Situation verbessern konnten, hat sich die anderer verschlechtert. Insgesamt wurden die seit Langem bestehenden globalen Ungleichheiten im sozialen Stoffwechsel durch den ungleichen ökologischen Tausch aufrechterhalten und reproduziert.

Wie das Sprichwort sagt: *de te fabula narratur.* Wie der Großteil des fortgeschrittenen kapitalistischen Kerns hat auch die deutsche Gesellschaft eine imperiale Lebensweise beibehalten, die sich auf die in diesem Buch herausgearbeiteten Prozesse und Strukturen stützen kann.

Literatur

Aglietta, Michel: A Theory of Capitalist Regulation. The US Experience. Translated by David Fernbach, London 2000 [1976].

Akbulut, Bengi: Degrowth, in: Rethinking Marxism: A Journal of Economics, Culture & Society, 1/2021, S. 98–110, https://doi.org/10.1080/08935696.2020.1847014.

Akbulut, Bengi/Fikret Adaman: The Ecological Economics of Economic Democracy, in: Ecological Economics, 176/2020, S. 106750–106759, https://doi.org/ 10.1016/j.ecolecon.2020.106750.

Altvater, Elmar: Das Ende des Kapitalismus, wie wir ihn kennen. Eine radikale Kapitalismuskritik, Münster 2005.

Angus, Ian: Im Angesicht des Anthropozäns. Klima und Gesellschaft in der Krise. Aus dem Englischen von Christof Mackinger, Münster 2020 [2016].

Arboleda, Martin: Planetary Mine. Territories of Extraction under Late Capitalism, London 2020.

Arendt, Hannah: Vita activa oder Vom tätigen Leben, Stuttgart 1960.

Armstrong, Joseph E.: How the Earth Turned Green. A Brief 3.8-Billion-Year History of Plants, Chicago/IL 2014.

Ayres, Robert U./Allen V. Kneese: Production, Consumption, and Externalities, in: American Economic Review, 3/1969, S. 282–297.

Ayres, Robert U./Benjamin Warr: The Economic Growth Engine. How Energy and Work Drive Material Prosperity, Cheltenham 2009.

Baran, Paul A.: Politische Ökonomie des wirtschaftlichen Wachstums. Übersetzt von Christel Klose und Gottfried Frenzel, Neuwied 1966 [1957].

Baran, Paul A./Paul M. Sweezy: Monopolkapital. Ein Essay über die amerikanische Wirtschafts- und Gesellschaftsordnung. Aus dem Amerikanischen übersetzt von Hans-Werner Saß, Frankfurt a. M. 1973 [1966].

Baran, Paul A./Paul M. Sweezy: Some Theoretical Implications, edited by John Bellamy Foster, in: Monthly Review, 3/2012, unter: https://monthlyreview.org/2012/07/01/some-theoretical-implications/.

Barca, Stefania: Forces of Reproduction. Notes for a Counter-Hegemonic Anthropocene, Cambridge 2020.

Battye, William/Viney P. Aneja/William H. Schlesinger: Is nitrogen the next carbon?, in: Earth's Future, 9/2017, S. 894–904, https://doi.org/10.1002/2017EF000592.

Beckert, Sven: King Cotton. Eine Geschichte des globalen Kapitalismus. Aus dem Amerikanischen übersetzt von Annabel Zettel und Martin Richter, München 2014.

Bellofiore, Riccardo (Hrsg.): Rosa Luxemburg and the Critique of Political Economy, London 2009.

Bellofiore, Riccardo: The Multiple Meanings of Marx's Value Theory, in: Monthly Review, 11/2018, S. 31–48, unter: https://monthlyreview.org/2018/04/01/the-multiple-meanings-of-marxs-value-theory/.

Bellofiore, Riccardo: Augusto Graziani and the Marx–Schumpeter–Keynes »Cycle of Money Capital«: A Personal Look at the Early Italian Circuitism from an Insider, in: Review of Political Ecomony, 4/2019, S. 528–558, https://doi.org/10.1080/09538259.2020.1748306.

Bhattacharyya, Gargi: Rethinking Racial Capitalism. Questions of Reproduction and Survival, London: 2018.

Biesecker, Adelheid/Sabine Hofmeister: Focus: (Re)productivity: Sustainable relations both between society and nature and between the genders, in: Ecological Economics, 8/2010, S. 1703–1711.

Bonneil, Christophe/Jean-Baptiste Fressoz: The Shock of the Anthropocene. The Earth, History and Us. Translated by David Fernbach, London 2016.

Bookchins, Murray: Die Ökologie der Freiheit. Wir brauchen keine Hierarchien. Aus dem Amerikanischen übersetzt und überarbeitet von Karl-Ludwig Schibel, Weinheim/Basel 1985 [1982].

Bookchin, Murray: Urbanization Without Cities. The Rise and Decline of Citizenship, Montreal 1992.

Brand, Ulrich/Markus Wissen: Imperiale Lebensweise. Zur Ausbeutung von Mensch und Natur im globalen Kapitalismus, München 2017.

Brand, Ulrich/Markus Wissen: The Imperial Mode of Living. Everyday Life and the Ecological Crisis of Capitalism. Translated by Zachary Murphy King, London 2021.

Brand, Ulrich, u. a.: From planetary to societal boundaries: an argument for collectively defined self-limitation, in: Sustainability: Science, Practice and Policy, 1/2021, S. 264–291, https://doi.org/10.1080/15487733.2021.1940754.

Brenner, Robert: The Agrarian Roots of European Capitalism, in: T. H. Aston/C. H. E. Philpin (Hrsg.): The Brenner Debate. Agrarian Class Structure and Economic Development in Pre-Industrial Europe, Cambridge 1985, S. 213–327.

Bunker, Stephen G.: How Ecologically Uneven Developments Put the Spin on the Treadmill of Production, in: Organization & Environment, 1/2005, S. 38–54, https://doi.org/10.1177/1086026604270434.

Burkett, Paul: The Value Problem in Ecological Economics: Lessons from the Physiocrats and Marx, in: Organization & Environment, 2/2003, S. 137–167, https://doi.org/10.1177/1086026603016002001.

Burkett, Paul: Marxism and Ecological Economics. Toward a Red and Green Political Economy, Leiden 2006.

Burkett, Paul: Marx and Nature. A Red Green Perspective, Chicago 2014.

Burkett, Paul/John Bellamy Foster: Stoffwechsel, Energie und Entropie in Marx' Kritik der Politischen Ökonomie. Jenseits des Podolinsky-Mythos (Teil 1 und 2). Übersetzung aus dem Englischen von Henrik Lebuhn und Anne Steckner, in: Prokla 159/2010, S. 217–240, https://doi.org/10.32387/prokla.v40i159.393, und 160/2010, S. 417–435, https://doi.org/10.32387/prokla.v40i160.386.

Burkett, Paul/John Bellamy Foster: Marx and the Earth: An Anti-Critique, Chicago 2019.

Cartelier, Jean: Marx's Value, Exchange, and Surplus Value Theory: A Suggested Interpretation, The Jerome Levy Economics Institute Bard College, Working Paper Nr. 26, 1989, unter: www.levyinstitute.org/publications/marxs-value-exchange-and-surplus-value-theory.

Charbonnier, Pierre: Überfluss und Freiheit. Eine ökologische Geschichte der politischen Ideen. Aus dem Französischen von Andrea Hemminger, Frankfurt a. M. 2022 [2020].

Chen, Ting/James Kai-Sing Kung: Commercial Revolution in Medieval China, SSRN (May 14, 2022), unter: https://ssrn.com/abstract=3960074.

Clark, Brett/John Bellamy Foster: William Stanley Jevons and the Coal Question: An Introduction to Jevons's »Of the Economy of Fuel«, in: Organization & Environment, 1/2001, S. 93–98, https://doi.org/10.1177/1086026601141005.

Clausius, Rudolf: Abhandlungen über die mechanische Wärmetheorie, Braunschweig 1867.

Daggett, Cara N.: The Birth of Energy. Fossil Fuels, Thermodynamics, and the Politics of Work, Durham/NC 2019.

Dale, Gareth: Seventeenth Century Origins of the Growth Paradigm, in: Iris Borowy/Matthias Schmelzer (Hrsg.): History of the Future of Economic Growth. Historical Roots of Current Debates on Sustainable Degrowth, Abingdon 2017, S. 27–51.

Daly, Herman E.: Steady-State Economics, 2nd ed. with New Essays, Washington/DC 1991.

Davies, Jeremy: The Birth of the Anthropocene, Oakland/CA 2016.

Dawson, Michael: The Consumer Trap. Big Business Marketing in American Life, Champaign/IL 2005.

Descola, Philippe: Jenseits von Natur und Kultur. Übersetzt von Eva Moldenhauer, Berlin: 2011 [2005].

Diaz, Robert J./Rutger Rosenberg: Spreading Dead Zones and Consequences for Marine Ecosystems, in: Science, 5891/2008, S. 926–929, https://doi.org/10.1126/science.1156401.

Dowling, Emma: The Care Crisis. What Caused It and How Can We End It? London 2022.

Eichner, Alfred S.: The Megacorp and Oligopoly. Micro Foundations of Macro Dynamics, Cambridge 1976.

Ekers, Michael/Scott Prudham: The Metabolism of Socioecological Fixes: Capital Switching, Spatial Fixes, and the Production of Nature, in: Annals of the American Association of Geographers, 6/2017, S. 1370–1388, https://doi.org/10.1080/24694452.2017.1309962.

Eversberg, Dennis: From democracy at others' expense to externalization at democracy's expense: Property-based personhood and citizenship struggles in organized and flexible capitalism, in: Anthropological Theory, 3/2021, S. 315–340, https://doi.org/10.1177/1463499620977995.

Fischbach, Franck: Sans Objet: Capitalisme, subjectivité, aliénation, Paris 2009.

Fischbach, Franck: La privation de monde: temps, espace et capital. Problèmes et controverses, Paris 2011.

Fischer-Kowalski, Marina: Society's Metabolism. The Intellectual History of Materials Flow Analysis, Part I, 1860–1970, in: Journal of Industrial Ecology, 1/1998, S. 61–78, https://doi.org/10.1162/jiec.1998.2.1.61.

Fischer-Kowalski, Martina: Society's Metabolism. The Intellectual History of Materials Flow Analysis. Part II, 1970–1998, in: Journal of Industrial Ecology, 4/1998, S. 107–136, https://doi.org/10.1162/jiec.1998.2.4.107.

Fischer-Kowalski, Marina/Helmut Haberl: Tons, joules, and money: Modes of production and their sustainability problems, in: Society & Natural Resources, 1/1997, S. 61–85, https://doi.org/10.1080/08941929709381009.

Fischer-Kowalski, Marina/Helmut Haberl: Social metabolism: a metric for biophysical growth and degrowth, in: Joan Martínez-Alier/Roldan Muradian (Hrsg.): Handbook of Ecological Economics, Cheltenham 2015, S. 100–138.

Fischer-Kowalski, Marina/Fridolin Krausmann/Irene Pallua: A sociometabolic reading of the Anthropocene: Modes of subsistence, population size and human impact on Earth, in: Anthropocene Review, 1/2014, https://doi.org/10.1177/2053019613518033.

Fischer-Kowalski, Marina/Anke Schaffartzik: Energy availability and energy sources as determinants of societal development in a long-term perspective, in: MRS Energy & Sustainability – A Review Journal, 1/2015, S. 1–14, https://doi.org/10.1557/mre.2015.2.

Foster, John Bellamy: Marx's Theory of Metabolic Rift: Classical Foundations for Environmental Sociology, in: American Journal of Sociology, 2/1999, S. 366–405, https://doi.org/10.1086/210315.

Foster, John Bellamy: The Ecology of Marxian Political Economy, in: Monthly Review, 4/2011, S. 1–16, unter: https://monthlyreview.org/2011/09/01/the-ecology-of-marxian-political-economy/.

Foster, John Bellamy: The Theory of Monopoly Capitalism. An Elaboration of Marxian Political Economy, New York 2014.

Foster, John Bellamy/Paul Burkett: Value Isn't Everything, in: Monthly Review, 6/2018, S. 1–17, unter: https://monthlyreview.org/2018/11/01/value-isnt-everything/.

Foster, John Bellamy/Brett Clark/Richard York: Der ökologische Bruch. Der Krieg des Kapitals gegen den Planeten. Aus dem US-amerikanischen Englisch von Klaus E. Lehmann, Hamburg 2011 [2010].

Foster, John Bellamy/Brett Clark: The Robbery of Nature. Capitalism and the Ecological Rift, New York 2020.

Fraser, Nancy: Contradictions of Capital and Care, in: New Left Review 100/2016, S. 99–117, unter: https://newleftreview.org/issues/ii100/articles/nancy-fraser-contradictions-of-capital-and-care.

Freitag, Michel: Introduction à une théorie générale du symbolique: dialectique et société, Vol. 2, Montreal 2011.

Freitag, Michel: Culture, pouvoir, contrôle: les modes de reproduction formels de la société: dialectique et société, Vol. 3, Montreal 2013.

Georgescu-Roegen, Nicholas: The Entropy Law and the Economic Process, Cambridge/MA 1971.

Georgescu-Roegen, Nicholas: Energy and Economic Myths, in: Southern Economic Journal, 3/1975, S. 347–381.

Georgescu-Roegen, Nicholas: The Entropy Law and the Economic Process in Retrospect, in: Eastern Economic Journal, 1/1986, S. 3–25, www.jstor.org/stable/40357380.

Geyer, Roland/Jenna R. Jambeck/Kara Lavender Law: Production, use, and fate of all plastics ever made, in: Science Advances, 7/2017, S. 25–29, https://doi. org/10.1126/sciadv.1700782.

Godelier, Maurice: Natur, Arbeit, Geschichte. Zu einer universalgeschichtlichen Theorie der Wirtschaftsformen. Übersetzt von Roswitha Schmid, Hamburg 1990 [1984].

Görg, Christoph, u. a.: Scrutinizing the Great Accleration: The Anthropocene and its analytic challenges for social-ecological transformations, in: Anthropocene Review, 1/2019, S. 42–61, https://doi.org/10.1177/2053019619895034.

Graeber, David/David Wengrow: Anfänge. Eine neue Geschichte der Menschheit. Aus dem Amerikanischen übersetzt von Henning Dedekind, Helmut Dierlamm, Andreas Thomsen, Stuttgart 2022 [2021].

Graeber, David: Schulden. Die ersten 5000 Jahre. Aus dem Amerikanischen von Ursel Schäfer, Hans Freundl und Stephan Gebauer, Stuttgart 2012 [2011].

Graziani, Augusto: The Monetary Theory of Production, Cambridge 2003.

Greenfield, Aaron/T. E. Graedel: The omnivorous diet of modern technology, in: Resources, Conservation and Recycling, 5/2013, S. 1–7, https://doi.org/10.1016/j.resconrec.2013.02.010.

Haberl, Helmut/Dominik Wiedenhofer/Karl-Heinz Erb/Christoph Görg/Fridolin Krausmann: The Material Stock–Flow–Service Nexus: A New Approach for Tackling the Decoupling Conundrum, in: Sustainability (Schweiz), 7/2017, 1049, https://doi.org/10.3390/su9071049.

Haberl, Helmut, u. a.: Contributions of sociometabolic research to sustainability science, in: Nature Sustainability, 3/2019, S. 173–184, https://doi.org/10.1038/s41893-019-0225-2.

Haberl, Helmut, u. a.: Stocks, flows, services and practices: Nexus approaches to sustainable social metabolism, in: Ecological Economics, 182/2021, 106949, https://doi.org/10.1016/j.ecolecon.2021.106949.

Haiven, Max: Palm Oil. The Grease of Empire, London 2022.

Hardt, Michael/Antonio Negri: Empire. Die neue Weltordnung, Frankfurt a. M. 2003.

Haug, Timothée: La Rupture écologique dans l'œuvre de Marx, Analyse d'une métamorphose inachevée du paradigme de la production. Philosophie. Université de Strasbourg, 2022, unter: theses.hal.science/tel-03774950.

Haynie, Donald T.: Biological Thermodynamics. Cambridge 2008.

Hornborg, Alf: Artifacts have consequences, not agency: Toward a critical theory of global environmental history, in: European Journal of Social Theory, 1/2017, S. 95–110, https://doi.org/10.1177/1368431016640536.

Hornborg, Alf: Nature, Society, and Justice in the Anthropocene. Unraveling the Money-Energy-Technology Complex, Cambridge 2019.

Hornborg, Alf: Why ecological economics should not adopt marxian value theory, in: Ecological Economics, 193/2022, 107334, https://doi.org/10.1016/j. ecolecon.2021.107334.

Hornborg, Alf: The Magic of Technology. The Machine as a Transformation of Slavery, Abingdon 2023.

Huber, Matt: Reinvigorating Class in Political Ecology: Nitrogen Capital and the Means of Degradation, in: Geoforum, 2017, S. 345–352, https://doi.org/10.1016/j.geoforum.2017.01.010.

Huber, Matthew T.: Climate Change as Class War. Building Socialism on a Warming Planet, London 2022.

Ingham, Geoffrey: The Nature of Money: New Directions in Political Economy. Cambridge 2004.

IPCC: Climate Change 2021. The Physical Science Basis. Contribution of Working Group I to the Sixth Assessment Report of the Intergovernmental Panel on Climate Change, herausgegeben von Valérie Masson-Delmotte u. a., Cambridge 2021, unter: www.ipcc.ch/report/ar6/wg1/.

Jessop, Robert: Regulation Theory in Retrospect and Prospect, in: Economy and Society, 2/1990, S. 153–216.

Jessop, Robert: Twenty Years of the (Parisian) Regulation Approach: The Paradox of Success and Failure at Home and Abroad, in: New Political Economy, 3/1997, S. 499–522.

John, Robert: Sand geographies: Disentangling the material foundations of the built environment, in: Geography Compass, 5/2021, e12560, https://doi.org/10.1111/gec3.12560.

Kallis, Giorgos/Erik Swyngedouw: Do Bees Produce Value? A Conversation Between an Ecological Economist and a Marxist Geographer, in: Capitalism Nature Socialism, 3/2018, S. 36–50, https://doi.org/10.1080/10455752.2017.1315830.

Kander, Astrid/Paolo Malanima/Paul Warde: Power to the People. Energy in Europe Over the Last Five Centuries, Princeton/NJ 2013.

Kleidon, Axel: Life, hierarchy, and the thermodynamic machinery of planet Earth, in: Physics of Life Reviews, 4/2010, S. 424–460, https://doi.org/10.1016/j.plrev.2010.10.002.

Klein, Naomi: Die Entscheidung. Kapitalismus vs. Klima. Aus dem Englischen von Christa Prummer-Lehmair, Sonja Schuhmacher und Gabriele Gockel, Frankfurt a. M. 2015 [2014].

Klinger, Julie Michelle: Rare Earth Frontiers. From Terrestrial Subsoils to Lunar Landscapes, Ithaca/NY 2017.

Kramm, Johanna, u. a.: Societal Relations to Nature in Times of Crisis – Social Ecology's Contributions to Interdisciplinary Sustainability Studies, in: Sustainability, 7/2017, 1042, https://doi.org/10.3390/su9071042.

Krausmann, Fridolin/Karl-Heinz Erb/Simone Gingrich/Christian Lauk/Helmut Haberl: Global patterns of socioeconomic biomass flows in the year 2000: A comprehensive assessment of supply, consumption and constraints, in: Ecological Economics, 3/2008, S. 471–487, https://doi.org/10.1016/j.ecolecon.2007.07.012.

Krausmann, Fridolin/Marina Fischer-Kowalski/Heinz Schandl/Nina Eisenmenger: The Global Sociometabolic Transition: Past and Present Metabolic Profiles and Their Future Trajectories, in: Journal of Industrial Ecology, 5–6/2008, S. 637–656, https://doi.org/10.1111/j.1530-9290.2008.00065.x.

Krausmann, Fridolin/Christian Lauk/Willi Haas/Dominik Wiedenhofer: From resource extraction to outflows of wastes and emissions: The socioeconomic metabolism of the global economy, 1900–2015, in: Global Environmental Change, 2018, S. 131–140, https://doi.org/10.1016/j.gloenvcha.2018.07.003.

Lapavitsas, Costas: Social Foundations of Markets, Money, and Credit, London 2003.

Lavoie, Marc: Post-Keynesian Economics. New Foundations, Cheltenham 2022, https://doi.org/10.4337/9781839109621.

Lavoisier, Antoine de: Traité élémentaire de chimie, présenté dans un ordre nouveau et d'après les découvertes modernes, Paris 1789.

Lessenich, Stephan: Neben uns die Sintflut. Die Externalisierungsgesellschaft und ihr Preis, München 2016.

Lohmann, Larry/Nicholas Hildyard: Energy, Work and Finance. Sturminster Newton 2014, unter: www.thecornerhouse.org.uk/sites/thecornerhouse.org.uk/files/EnergyWorkFinance%20%282.57MB%29.pdf.

Löwy, Michael/Bengi Akbulut/Sabrina Fernandes/Giorgos Kallis: For an Ecosocialist Degrowth, in: Monthly Review, 11/2022, S. 56–58, https://monthlyreview. org/2022/04/01/for-an-ecosocialist-degrowth/.

Malm, Andreas: Fossil Capital. The Rise of Steam Power and the Roots of Global Warming, London 2016.

Malm, Andreas: For a Fallible and Lovable Marx: Some Thoughts on the Latest Book by Foster and Burkett, in: Critical Historical Studies, 2/2017, S. 267–275, https://doi.org/10.1086/693903.

Malm, Andreas: Der Fortschritt dieses Sturms. Natur und Gesellschaft in einer sich erwärmenden Welt. Aus dem Englischen von David Frühauf, Berlin 2021 [2018].

Marx, Karl: Das Kapital. Erster Band, in: Karl Marx/Friedrich Engels: Werke [MEW], Berlin 1956 ff., Bd. 23.

Marx, Karl: Theorien über den Mehrwert, in: Karl Marx/Friedrich Engels: Werke [MEW], Berlin 1956 ff., Bd. 26.1–3.

Marx, Karl/Friedrich Engels: Die deutsche Ideologie [1845/1846], in: Karl Marx/Friedrich Engels: Werke [MEW], Berlin 1956 ff., Bd. 3, S. 9–530.

McKay, David I. Armstrong, u. a.: Exceeding 1.5°C global warming could trigger multiple climate tipping points, in: Science, 2022, No. 6611, https://doi.org/10.1126/science.abn7950.

McNeill, John R./Peter Engelke: Mensch und Umwelt im Zeitalter des Anthropozän [The Great Acceleration]. Übersetzt von Thomas Atzert, in: Akira Iriye/Jürgen Osterhammel (Hrsg.): Geschichte der Welt – 1945 bis heute. Die globalisierte Welt, München 2013, S. 357–534.

Melgar-Melgar, Rigo E./Charles A. S. Hall: Why ecological economics needs to return to its roots: The biophysical foundation of socio-economic systems, in: Ecological Economics, 169/2020, 106567, https://doi.org/10.1016/j.ecolecon.2019.106567.

Mészáros, István: Beyond Capital. Toward a Theory of Transition, New York 1995.

Mies, Maria: Patriarchat und Kapital. Frauen in der internationalen Arbeitsteilung. Aus dem Englischen übersetzt von Stefan Schmidlin, Zürich 1988 [1986].

Moore, Jason W.: The Value of Everything? Work, Capital, and Historical Nature in the Capitalist World-Ecology, in: Review (Fernand Braudel Center), 3–4/2014, S. 245–292.

Moore, Jason W.: Kapitalismus im Lebensnetz. Ökologie und die Akkumulation des Kapitals. Aus dem Englischen von Dirk Höfer, Berlin 2020 [2015].

Morton, Timothy: Hyperobjects. Philosophy and Ecology after the End of the World, Minneapolis/MN 2013.

Parcerisas, Lluis/Jérôme Dupras: From mixed farming to intensive agriculture: energy profiles of agriculture in Quebec, Canada, 1871–2011, in: Regional Environmental Change, 4/2018, S. 1047–1057, https://doi.org/10.1007/s10113-018-1305-y.

Parrique, Timothée, u. a.: Decoupling debunked: Evidence and arguments against green growth as a sole strategy for sustainability, in: European Environmental Bureau, 2019, unter: eeb.org/library/decoupling-debunked.

Parrique, Timothée: Decoupling in the IPCC AR6 WGIII, Lund 2022, https://lup.lub.lu.se/record/5e170956-e539-4287-ac76-ca1265e01cfe.

Pascual, Unai, u. a. (Hrsg.): Summary for Policymakers of the Methodological Assessment of the Diverse Values and Valuation of Nature of the Intergovernmental Science-Policy Platform on Biodiversity and Ecosystem Services (IPBES), Bonn 2022, https://doi.org/10.5281/zenodo.6522392.

Pedregal, Alejandro/Juan Bordera: Toward an Ecosocialist Degrowth: From the Materially Inevitable to the Socially Desirable, in: Monthly Review, 2/2022, S. 41–54, https://doi.org/10.14452/MR-074-02-2022-06.

Pichler, Melanie/Anke Schaffartzik/Helmut Haberl/Christoph Görg: Drivers of society-nature relations in the Anthropocene and their implications for sustainability transformations, in: Current Opinion in Environmental Sustainability, 6/2017, S. 32–36, https://doi.org/10.1016/j.cosust.2017.01.017.

Pineault, Éric: Capital, valeur et réversibilité : recherche sur les fondements de l'approche marxienne du capital financier, in: Olivier Clain (Hrsg.): Marx Philosophe, Quebec 2009, S. 211–259.

Pineault, Éric: Réification et massification du capital financier: une contribution à la théorie critique de la financiarisation à partir de l'analyse de la titrisation, in: Cahiers de Recherche Sociologique, 55/2013, S. 117–154, https://doi.org/10.7202/1027684ar.

Pineault, Éric: The capitalist pressure to extract: the ecological and political economy of extreme oil in Canada, in: Studies in Political Economy, 2/2018, S. 130–150, https://doi.org/10.1080/07078552.2018.1492063.

Pineault, Éric: The Post-Growth Condition, in: Global Dialogue, 1/2019, S. 25–26, unter: https://globaldialogue.isa-sociology.org/articles/the-post-growth-condition.

Pineault, Éric: The ghosts of progress: Contradictory materialities of the capitalist golden age, in: Anthropological Theory , 3/2021, S. 260–286, https://doi.org/10.1177/1463499620980292.

Pirgmaier, Elke: The value of value theory for ecological economics, in: Ecological Economics, 179/2021, 106790, https://doi.org/10.1016/j.ecolecon.2020.106790.

Plank, Christina, u. a.: Doing more with Less: Provisioning systems and the transformation of the stock–flow–service nexus, in: Ecological Economics, 187/2021, 107093, https://doi.org/10.1016/j.ecolecon.2021.107093.

Polanyi, Karl: The Great Transformation. Politische und ökonomische Ursprünge von Gesellschaften und Wirtschaftssystemen. Übersetzt von Heinrich Jelinek, Frankfurt a. M. 1978 [1944].

Reckwitz, Andreas: Das Ende der Illusionen. Politik, Ökonomie und Kultur in der Spätmoderne, Berlin 2019.

Ritchie, Hannah: How have the World's Energy Sources Changed over the Last Two Centuries?, Our World in Data, December 1, 2021, unter: ourworldindata.org/global-energy-200-years.

Rockström, Johan, u. a.: Planetary Boundaries: Exploring the Safe Operating Space for Humanity, in: Ecology & Society, 2/2009, Art. 32, unter: www.ecologyandsociety.org/vol14/iss2/art32/.

Saito, Kohei: Natur gegen Kapital. Marx' Ökologie in seiner unvollendeten Kritik des Kapitalismus, Frankfurt a. M. 2016.

Schaffartzik, Anke/Dominik Wiedenhofer/Nina Eisenmenger: Raw Material Equivalents: The Challenges of Accounting for Sustainability in a Globalized World, in: Sustainabilty (Schweiz), 5/2015, S. 5345–5370, https://doi.org/10.3390/su7055345.

Schaffartzik, Anke, u. a.: The transformation of provisioning systems from an integrated perspective of social metabolism and political economy: a conceptual framework, in: Sustainability Science, 5/2021, S. 1405–1421, https://doi.org/10.1007/s11625-021-00952-9.

Schmelzer, Matthias/Aaron Vansintjan/Andrea Vetter: The Future is Degrowth. A Guide to a World Beyond Capitalism, London 2022.

Schnaiberg, Allan: The Environment. From Surplus to Scarcity, New York 1980.

Seibert, Megan K./William E. Rees: Through the Eye of a Needle: An Eco-Heterodox Perspective on the Renewable Energy Transition, in: Energies, 15/2021, S. 4508, https://doi.org/10.3390/en14154508.

Sieferle, Rolf Peter: Der unterirdische Wald. Energiekrise und Industrielle Revolution, München 1982.

Sieferle, Rolf Peter: Rückblick auf die Natur. Eine Geschichte des Menschen und seiner Umwelt, München 1997.

Sieferle, Rolf Peter: The Subterranean Forest. Energy Systems and the Industrial Revolution. Translated from German by Michael P. Osman, Cambridge 2001.

Smil, Vaclav: Energy and Nature and Society. General Energetics of Complex Systems, Cambridge/MA 2008.

Soiland, Tove: A Feminist Approach to Primitive Accumulation, in: Judith Dellheim/Frieder Otto Wolf (Hrsg.): Rosa Luxemburg: A Permanent Challenge for Political Economy, London 2016, S. 185–217.

Sorman, Alevgul H./Mario Giampietro: The energetic metabolism of societies and the degrowth paradigm: analyzing biophysical constraints and realities, in: Journal of Cleaner Production, 1/2013, S. 80–93, https://doi.org/10.1016/j.jclepro.2011.11.059.

Steffen, Will, u. a.: Global Change and the Earth System. A Planet Under Pressure, Berlin 2004.

Steffen, Will, u. a.: Trajectories of the Earth System in the Anthropocene, in: Proceedings of the National Academy of Sciences of the United States of America, 33/2018, S. 8252–8259, unter: www.pnas.org/doi/pdf/10.1073/pnas.1810141115.

Stewart, Alan E./Jungsu Oh: Weather and Climate as Events: Contributions to the Public Idea of Climate Change, in: International Journal of Big Data

Mining for Global Warming, 2/2019, S. 1950005, https://doi.org/10.1142/S2630534819500050.

Strasser, Susan: Waste and Want. A Social History of Trash, New York 1999.

Sweezy, Paul M.: Theorie der kapitalistischen Entwicklung. Eine analytische Studie über die Prinzipien der Marxschen Sozialökonomie. Aus dem Amerikanischen von Dr. Gertrud Rittig-Baumhaus, Frankfurt a. M. 1970 [1942].

Ueckerdt, Falko, u. a.: Potential and risks of hydrogen-based e-fuels in climate change mitigation, in: Nature Climate Change, 5/2021, S. 384–393, https://doi. org/10.1038/s41558-021-01032-7.

UNEP (United Nations Environment Programme), IRP (International Resource Panel): Global Material Flows Database, unter: www.resource-panel.org/global-material-flows-database.

Vatin, François: Le travail, économie et physique, 1780–1830, Paris 1993.

Warr, Benjamin/Robert Ayres/Nina Eisenmenger/Fridolin Krausmann/Heinz Schandl: Energy use and economic development: A comparative analysis of useful work supply in Austria, Japan, the United Kingdom and the US during 100 years of economic growth, in: Ecological Economics, 10/2010, S. 1904–1917, https://doi.org/10.1016/j.ecolecon.2010.03.021.

Williams, Raymond: Keywords: A Vocabulary of Culture and Society, New York 1976.

Wood, Ellen Meiksins: Das Imperium des Kapitals. Aus dem Englischen von Harald Etzbach, Hamburg 2016 [2003].

Wrigley, E. A.: Energy and the English Industrial Revolution, Cambridge 2010.

York, Richard/Shannon Elizabeth Bell: Energy transitions or additions?: Why a transition from fossil fuels requires more than the growth of renewable energy, in: Energy Research & Social Science, 5/2019, S. 40–43, https://doi.org/10.1016/j.erss.2019.01.008.

Danksagung

Die soziale Ökologie des Kapitals in seiner jetzigen Form ist ein unvollendetes Projekt. Ich war in der Lage, eine einführende Untersuchung der Theorie und der Empirie vorzuschlagen, die für das Verständnis der Funktionsweise und des Entwicklungsverlaufs des sozialen Stoffwechsels des fortgeschrittenen Kapitalismus erforderlich sind. Ich hoffe, dass die Leserin in dieser Arbeit Elemente und Ideen findet, die zu weiteren Analysen in einer systematischen und fruchtbaren Richtung anregen. Ich habe Forschungsstränge und Resultate aus dem aufstrebenden Bereich der metabolischen und biophysikalischen Analyse des ökonomischen Prozesses zusammengetragen und diese mit der kritischen politischen Ökonomie des fortgeschrittenen Kapitalismus in einem Rahmen kombiniert, der sowohl kohärent als auch originell und von Bedeutung für aktuelle sozioökologische Kämpfe ist. Ich stehe tief in der Schuld des Wiener Instituts für Soziale Ökologie, das den Weg für eine empirisch fundierte Bewertung der Materialität der kapitalistischen Akkumulation geebnet hat. Die in dieser Arbeit verwendeten Daten gäbe es nicht ohne ihre sorgfältige und gründliche empirische Forschung sowie die visionären methodischen und epistemologischen Fortschritte, auf denen ihre Forschung beruht. Ich hoffe aufrichtig, dass mein Versuch, ihre Erkenntnisse in einer kritischen ökonomischen Theorie der kapitalistischen Akkumulation zusammenzufassen, zur Weiterentwicklung ihres Forschungsprogramms beiträgt.

Meine Arbeit ist auch von den Aktivisten in Quebec und anderswo inspiriert, mit denen ich zusammengearbeitet habe und mit denen ich »Schulter an Schulter und Herz an Herz«[1] stand, um den sozialen Stoffwechsel der Zukunft zu blockieren, zu transformieren und zu gestalten, in Kämpfen gegen den Bau und die Förderung von Infrastrukturen für fossile Brennstoffe sowie im Kampf um die Definition einer sozial gerechten ökologischen Transformation auf der Grundlage der Prinzipien von Degrowth.

Das Buch wurde unter dem Eindruck eines Satzes von Murray Bookchin geschrieben, dem dieses Buch gewidmet ist, der mir nicht mehr aus dem Kopf ging. Es war während eines lockeren Gesprächs zwischen

1 Die Worte stammen aus Bruce Springsteens Lied »We Are Alive« von seinem Album »Wrecking Ball«.

Mentor und Student, das Anfang der 1990er-Jahre auf der Veranda eines Lebensmittelladens in Plainfield, Vermont, stattfand, und bei dem sie ausgerechnet Limonade tranken! Jeden Sommer kamen junge radikale Ökologen aus ganz Amerika und anderen Ländern zusammen, um am Institut für Soziale Ökologie in diesem kleinen Dorf in den Green Mountains zu studieren. »Eric, wir wissen noch nicht, was Kapitalismus ist.« Dieser Satz fand später Eingang in einen seiner Essays. Auf diese Weise führte Bookchin mich und andere in eine dialektische Herangehensweise an die sozioökologische Theorie ein. Dinge sind keine festen Wesenheiten, sie werden. Ich denke, wir werden erst im Nachhinein wissen, was der Kapitalismus als soziale Formation gewesen ist. Bookchins rätselhafte Aussage ist für mich paradoxerweise ein Hoffnungsschimmer. Es wird eine Gesellschaft geben, die die historische Überwindung der kapitalistischen Akkumulation und ihrer zerstörerischen ökologischen Beziehungen erlebt und überlebt hat. Ich hoffe, mit dieser Arbeit ein wenig zum kollektiven Verständnis dieser sozialen und ökologischen Formation und ihrer Grenzen beigetragen zu haben. Mir ist sehr bewusst, dass ich Murrays bahnbrechendem und grundlegendem Beitrag zur Entwicklung der sozialen Ökologie als einer kritischen Theorie und Praxis der gesellschaftlichen Transformation auf diesen Seiten nicht gerecht werden konnte. Ich hoffe, er würde zustimmen, dass das Folgende dennoch ein Beitrag zu seiner Politik der Emanzipation und von seiner Dialektik inspiriert ist. Natürlich bin ich mir der Unzulänglichkeiten dessen, was ich hier zusammengestellt habe, voll und ganz bewusst. Teile dieses Buches stammen aus zuvor veröffentlichten Artikeln, insbesondere die Kapitel 5 und 6 basieren auf überarbeiteten Auszügen aus »The ghosts of progress«[2], und das Fazit enthält Argumente, die erstmals in »The Post-Growth Condition«[3] entwickelt wurden.

Ohne die Unterstützung von Klaus Dörre, Stephen Lessenich, Hartmut Rosa und ihren Kolleginnen am Institut für Postwachstumsgesellschaften an der Friedrich-Schiller-Universität Jena wäre diese Arbeit nicht möglich gewesen. Sie haben mich und meine Familie während eines Sabbatjahres 2018–2019 großzügig aufgenommen, sodass ich mich der Grundlagenforschung widmen konnte, aus der dieses Buch hervorgegangen ist. Es entstand auch aus Gesprächen mit Dennis Eversberg, Matthias Schmelzer, Emma Dowling, Ulrich Brand und anderen während dieses Aufenthalts in Jena sowie mit Forschern am Institut für Soziale Ökologie in Wien. Ich möchte auch Gareth Dale danken, der dieses Manuskript sorgfältig gelesen und kommentiert hat, sowie den Mitarbeitern von Pluto Press, die dieses Projekt während seiner langen Entstehungsphase unterstützt haben.

2 Éric Pineault: The ghosts of progress: Contradictory materialities of the capitalist golden age, in: Anthropological Theory, 3/2021, S. 260–286.

3 Éric Pineault: The Post-Growth Condition, in: Global Dialogue, 1/2019, S. 25–26.